Dieter Albrecht (Hrsg.)   **Regensburg —
Stadt der Reichstage**

Universitätsverlag Regensburg

Schriftenreihe der Universität Regensburg

Herausgegeben von Helmut Altner

Band 21

Universitätsverlag Regensburg — Eine Gründung
der Universität Regensburg und der Mittelbayerischen Zeitung

Dieter Albrecht (Hrsg.)

Regensburg - Stadt der Reichstage

Vom Mittelalter zur Neuzeit

Mit Beiträgen von Dieter Albrecht, Fritz Blaich,
Karl-Heinz Göller, Otto Kimminich,
Max Piendl, Alois Schmid, Peter Schmid,
Friedrich-Christian Schroeder
und Gerhard B. Winkler

Universitätsverlag Regensburg

Die Deutsche Bibliothek — CIP-Einheitsaufnahme
Regensburg — Stadt der Reichstage / Dieter Albrecht (Hrsg).
Mit Beitr. von Dieter Albrecht ... — Regensburg : Univ.-Verl., 1994
  (Schriftenreihe der Universität Regensburg; N.F., Bd. 21)
  ISBN 3-9803470-9-5
NE: Albrecht, Dieter [Hrsg.]; Universität ‹Regensburg›: Schriftenreihe der Universität ...

Schriftenreihe der Universität Regensburg, Band 21
Dieter Albrecht (Hrsg.)
Regensburg — Stadt der Reichstage
Vom Mittelalter zur Neuzeit
Stark erweiterte und verbesserte Neuauflage von Band 3 der Schriftenreihe
der Universität Regensburg, Regensburg 1980

© Universitätsverlag Regensburg GmbH, 1994
Gestaltung: Klaus Marinoff
Gesamtherstellung: Druckzentrum der Mittelbayerischen Zeitung Regensburg

ISSN 0171-7529
ISBN 3-9803470-9-5

Vorwort

Auf der Suche nach demokratischen Traditionen in der deutschen Geschichte und nach Vorläufern oder Vorformen des gegenwärtigen deutschen Parlamentarismus ist man auch in die Zeiten des Alten Reiches vor 1806 zurückgegangen und man hat dort die alten Ständeversammlungen vorgefunden, die Landtage der Landstände in den deutschen Territorien, die Reichstage des Kaisers und der Reichsstände im Reichsganzen. Das schon stets vorhandene Interesse an diesen Institutionen, ihrer Zusammensetzung, ihren Verfahrensweisen, ihren Kompetenzen, ihrer politischen und sozialen Bedeutung ist dadurch verstärkt worden und eine intensivierte Forschung hat in den letzten Jahrzehnten besonders hinsichtlich der Landstände eine Reihe wichtiger Ergebnisse hervorgebracht. Was die Reichstage betrifft, so hat von diesem Interesse nicht zuletzt auch unsere Kenntnis des Regensburger Reichstagsgeschehens profitiert, denn nach 1582 haben sämtliche Reichstage in Regensburg stattgefunden. Nun ist allerdings die Frage, inwieweit die alten Reichstage mit modernen Parlamenten verglichen werden können und insbesondere der Immerwährende Reichstag in Regensburg seit 1663 als das erste deutsche Parlament bezeichnet werden kann, wie man gemeint hat. Denn die Reichsstandschaft beruhte überwiegend nicht auf Wahl, sondern auf dem Besitz eines entsprechenden Territoriums, also auf Geburt und auf Amt, und einem Gesandtenkongreß kann wohl kaum Repräsentativcharakter zugeschrieben werden. Dennoch kommt den alten Ständeversammlungen für die Vorgeschichte des modernen Verständnisses von Selbstbestimmung eine große Bedeutung zu, insoferne durch sie der Gedanke wenn nicht individueller, so doch korporativer Freiheit (und damit der Freiheitsgedanke überhaupt) durch die Jahrhunderte getragen worden ist, und insofern durch die Landstände bzw. die Reichsstände immer auch ein zweiter Herrschaftsträger und eigenständiger Rechtskreis neben dem Landesfürsten bzw. dem Kaiser bestanden hat — so daß, um das schöne Bild von Werner Näf zu gebrauchen, aus einer Ellipse mit den beiden Brennpunkten Stände und Herrscher auch in der Zeit des sogenannten Absolutismus nie ein Kreis mit nur einem Mittelpunkt und der damit gegebenen Gefahr völlig unkontrollierten Machtgebrauchs geworden ist.

Mit Recht war also die Stadt Regensburg immer stolz darauf, eine Stadt der Reichstage gewesen zu sein. Verschiedenen Aspekten einiger dieser Reichsversammlungen war eine Vortragsreihe der Universität Regensburg gewidmet, deren Referate 1980 im

Druck erschienen. Dieser Band ist seit längerem vergriffen. Für die vorliegende, in verbesserter Ausstattung erscheinende Neuauflage wurden von den Verfassern alle Aufsätze durchgesehen und teilweise überarbeitet, die Literaturhinweise wurden ergänzt.[1] Darüber hinaus konnten als neue Beiträger Alois Schmid und Peter Schmid gewonnen werden. Ein Wort der Erinnerung gilt den inzwischen verstorbenen Kollegen Fritz Blaich und Max Piendl. Ihre Aufsätze wurden in dankenswerter Weise von Rainer Gömmel und Martin Dallmeier durchgesehen. Freundliche Hilfe bei der Bereitstellung der Bildvorlagen hat Archivoberamtsrat Erwin Probst von der Fürstl. Thurn und Taxis'schen Hofbibliothek geleistet.

Dieter Albrecht

---

[1] Neuere Literatur zur Geschichte der Reichstage in Regensburg findet sich in folgenden seither erschienenen Werken: Thomas Michael *Martin*, Auf dem Weg zum Reichstag. Studien zum Wandel der deutschen Zentralgewalt 1314–1410, Göttingen 1993; Erich *Meuthen* (Hg.), Reichstage und Kirche, Göttingen 1991; Heinrich *Lutz*-Alfred *Kohler* (Hg.), Aus der Arbeit an den Reichstagen unter Kaiser Karl V., Göttingen 1986; Helmut *Neuhaus*, Reichsständische Repräsentationsformen im 16. Jahrhundert. Reichstag-Reichskreistag-Reichsdeputationstag, Berlin 1982; Maximilian *Lanzinner*, Friedenssicherung und politische Einheit des Reiches unter Kaiser Maximilian II. (1564–1576), Göttingen 1993; Albrecht P. *Luttenberger*, Kurfürsten, Kaiser und Reich. Politische Führung und Friedenssicherung unter Ferdinand I. und Maximilian II., Mainz 1994; Anton *Schindling*, Die Anfänge des Immerwährenden Reichstags zu Regensburg. Ständevertretung und Staatskunst nach dem Westfälischen Frieden, Mainz 1991; Karl Otmar Frhr. *von Aretin*, Das Alte Reich 1648–1806, Band 1: Föderalistische oder hierarchische Ordnung (1648–1684), Stuttgart 1993; Karl *Härter*, Reichstag und Revolution 1789–1806, Göttingen 1991. Vgl. auch die Literaturhinweise der folgenden Aufsätze.

Inhalt

Vorwort 5

Peter Schmid
Regensburg als Schauplatz mittelalterlicher Reichsversammlungen 9

Alois Schmid
Von der bayerischen Landstadt zum Tagungsort des Immerwährenden
Reichstages 29

Friedrich-Christian Schroeder
Die Peinliche Gerichtsordnung Kaiser Karls V. (Carolina) von 1532 44

Gerhard B. Winkler
Das Regensburger Religionsgespräch 1541 72

Dieter Albrecht
Der Regensburger Kurfürstentag 1630 und die Entlassung Wallensteins 88

Otto Kimminich
Der Regensburger Reichstag als Grundlage eines europäischen Friedensmodells 109

Fritz Blaich
Das zünftige Handwerk als Problem des Immerwährenden Reichstags 127

Karl Heinz Göller
Sir George Etherege und Hugh Hughes als englische Gesandte am Reichstag .. 143

Max Piendl
Prinzipalkommissariat und Prinzipalkommissare am Immerwährenden Reichstag 167

Autorenverzeichnis 185

Personenregister 189

Peter Schmid

Regensburg als Schauplatz mittelalterlicher Reichsversammlungen

Ein Reich ohne Hauptstadt wird das mittelalterliche Deutschland genannt. Damit soll u. a. zum Ausdruck gebracht werden, daß es keinen zentralen Ort gegeben hat, von dem aus das Reich regiert worden ist. Ein Staat ohne Hauptstadt ist für einen Menschen, der von den Erfahrungen eines modernen Staates bestimmt ist, eine Vorstellung, die er nur mit Mühe nachvollziehen kann, erfährt er doch im täglichen Leben die Ausübung staatlicher Herrschaft und staatlicher Verwaltung durch anonyme Institutionen und Bürokratien, deren hierarchische Spitzen in einem Regierungs- und Verwaltungszentrum zusammengefaßt sind. In seiner Hauptstadt manifestiert sich zu einem guten Teil der Staat. Von dieser modernen Selbstverständlichkeit unterscheiden sich Herrschaftsausübung und Verwaltung des mittelalterlichen Reiches in fundamentaler Weise. Das mittelalterliche Reich basierte nicht auf Verwaltungsstrukturen, sondern bestand aus einem vielschichtigen Lehnssystem, in dem das personale Element der Beziehung zwischen Lehnsherrn und Lehnsmann eine entscheidende Rolle spielte. So manifestierte sich das mittelalterliche Reich nicht in unpersönlichen Regierungseinrichtungen und nicht in einem zentralen Ort. Es hatte sein Zentrum und seine Mitte vielmehr in der Person des Königs und seinem Hof. Die Ausübung der Königsherrschaft erfolgte nicht durch anonyme Bürokratien, sondern durch den König persönlich. Um dies bewerkstelligen zu können, mußte er nahezu ohne Unterlaß durch die verschiedenen Teile des Reiches ziehen, um sich als König zu zeigen, die Huldigung der Großen entgegenzunehmen, Recht zu sprechen und seinen Willen vor Ort zur Geltung zu bringen. Mit Recht spricht man deshalb von einem Reisekönigtum. Es liegt auf der Hand, daß der König trotz seiner schier unermüdlichen Reisetätigkeit nicht in allen Teilen des Reiches in gleichem Maße präsent sein konnte. In der Praxis kristallisierten sich deshalb in den verschiedenen Reichsteilen bestimmte Orte heraus, die der König in bevorzugter Weise aufsuchte. Diese Orte fungierten bereits aufgrund besonderer Gegebenheiten als Mittelpunkte von überregionaler Bedeutung und zogen deshalb den König an oder erhielten durch die häufige Anwesenheit des Königs zentralörtliche Funktionen. Sie zeichneten sich daneben vor anderen durch besonders günstige Voraussetzungen für die Verköstigung und Unterbringung des Königs und seines Gefolges aus. Diese Orte werden als Vororte des Reiches in den einzelnen Reichsteilen bezeichnet. Diese Vorortsfunktion war freilich bei den meisten nicht auf Dauer festgeschrieben, sondern hing in hohem Maße von der Gunst des Königs ab und war daher einem Wandel unterworfen. Diese Vorortsfunktion zeigte sich am deutlichsten nach außen hin darin, daß der König an diesen Orten die Großen der entsprechenden Reichsteile zu Versammlungen zusammenrief, ihren Rat und ihre Hilfe einforderte und ihnen seinen Willen kundtat. Zu diesen Vororten des Reiches gehörte auch Regensburg und nahm unter ihnen eine herausragende Position ein.

I. Mittelalterliche Reichsversammlungen in Regensburg

Wenn man heute von Regensburg im Zusammenhang mit Reichstagen spricht, so denkt man nahezu zwangsläufig an die in der Regierungszeit Karls V. einsetzende Serie von Reichstagen, die schließlich in den Immerwährenden Reichstag einmündete. Unbeachtet und auch weitgehend unbekannt ist dagegen, daß Regensburg auch für das Mittelalter auf eine lange und stete Tradition von Reichsversammlungen verweisen kann, die ihren Anfang bei Karl dem Großen nahm und bis in die Mitte des 13. Jahrhunderts andauerte. Dabei sollte man sich freilich davor hüten, eine örtliche und sachliche Kontinuitätsbrücke zwischen den Reichsversammlungen des Mittelalters und den Reichstagen der Neuzeit zu schlagen. Die mittelalterliche Tradition spielte nämlich für die Entscheidung der habsburgischen Kaiser seit Karl V., Regensburg bei der Einberufung von Reichstagen den Vorzug vor anderen Städten wie Nürnberg, Augsburg, Speyer oder Worms zu geben, sicherlich keine Rolle. Es ist auch von der Sache her problematisch, einen Zusammenhang zwischen den Reichstagen der Neuzeit und den mittelalterlichen Versammlungen herzustellen, denn zu groß waren die Unterschiede in organisatorischer und verfassungsrechtlicher Hinsicht, als daß man hier von einer organischen Weiterentwicklung sprechen könnte. Wohl aber kann man davon ausgehen, daß die Reichstage der Neuzeit und die Versammlungen des Mittelalters am Hof des Königs die jeweils ihrer Zeit angemessenen Ausdrucksformen eines gemeinsamen Grundanliegens waren, das darin bestand, daß einerseits der König Rat und Hilfe der Großen des Reiches bzw. von Teilen des Reiches einforderte, und daß andererseits die Großen an den Entscheidungen des Königs und der Reichspolitik beteiligt sein wollten. So gesehen, verbindet bei allen Unterschieden in der Sache die mittelalterlichen Reichsversammlungen mit den neuzeitlichen Reichstagen die Gemeinsamkeit, daß sie die jeweiligen Tagungsorte am politischen Geschehen Anteil nehmen ließen und einen Gradmesser dafür abgeben, welche Bedeutung der jeweiligen Stadt für das Königtum und das Reich zugemessen wurde.

Regensburg genoß wie kaum eine andere Stadt des mittelalterlichen Reiches die Wertschätzung des Königs als Tagungsort für Reichsversammlungen. Zahlenmäßig lassen sich für die Zeit von 788 bis zum Ende der Stauferzeit in der Mitte des 13. Jahrhunderts ca. 60 Versammlungen nachweisen, zu denen der König Große aus Bayern, verschiedenen Teilen des Reiches — gelegentlich auch aus allen Stämmen des Reiches — und Fürsten aus Böhmen nach Regensburg rief. Der Schwerpunkt lag dabei mit 18

Versammlungen unverkennbar in der Stauferzeit. Die Versammlungen, die in den Quellen als colloquium, concilium, conventus, curia, placitum oder synodus bezeichnet und mit den Adjektiven celeberrimus, generalis, publicus, magnus, regalis und solemnis in besonderer Weise hervorgehoben wurden, konnten unterschiedliche Charaktere aufweisen und verschiedene Funktionen wahrnehmen. Das wohl älteste aus der merowingisch-karolingischen Tradition stammende Charaktermerkmal bestand in der Heeresversammlung, zu der sich das Aufgebot einfand und bei der über Krieg und Frieden entschieden wurde. Nicht selten fungierten die Versammlungen als Fürstengerichte, die über aufständische Herzöge oder rebellische Adelige urteilten. Am häufigsten handelte es sich dabei freilich um Fürstenversammlungen, bei denen sich der Herrscher bei Regierungsantritt den Großen Bayerns und angrenzender Reichsteile als neuer König zeigte und ihre Huldigung entgegennahm und auf denen strittige politische Fragen geregelt wurden, die vornehmlich die Verhältnisse in Bayern und umliegenden Reichsteilen, nicht selten auch im benachbarten Böhmen betrafen. Die Versammlungen in Regensburg wurden gelegentlich auch von Gesandten aus Italien, Ungarn und Byzanz aufgesucht, die ihre Botschaft dem König überbrachten. Regensburg war dadurch ein wichtiger Ort für außenpolitische Beziehungen in den südosteuropäischen Raum hinein.

Welche Bedeutung den Regensburger Reichsversammlungen im politischen Leben des Reiches zukam, läßt sich auch an der Aufmerksamkeit ablesen, die ihnen von der zeitgenössischen Berichterstattung geschenkt wurde. Man kann allgemein beobachten, daß die Regensburger Versammlungen nachhaltig das Interesse der wichtigsten Annalisten und Chronisten der jeweiligen Epochen erregt und in ihren Werken einen breiten Widerhall gefunden haben.

Im Folgenden können nicht alle Regensburger Versammlungen des Mittelalters vorgestellt werden. Es muß eine Konzentration auf einen Querschnitt erfolgen, der als repräsentativ für die einzelnen Phasen der historischen Entwicklung gelten kann.

1. Reichsversammlungen unter Karl dem Großen

Am Beginn der Reihe der Regensburger Reichsversammlungen stand ein Ereignis, das eigentlich als ein schwarzer Tag in der Geschichte des bayerischen Stammesherzogtums und auch seiner Hauptstadt gewertet werden müßte, wenn es nicht doch noch eine positive Wendung genommen und sich in der Rückschau nicht als Beginn eines Geschichtsabschnittes erwiesen hätte, der für Regensburg einen bedeutenden Aufstieg einleitete. Karl der Große setzte im Sommer des Jahres 788 in Ingelheim mit Tassilo III. den letzten bayerischen Herzog aus dem agilolfingischen Haus ab. Um Bayern in Besitz zu nehmen und endgültig ins fränkische Reich einzugliedern, kam Karl im Herbst des Jahres 788 in die Hauptstadt des Landes, um hier den Übernahmeakt zum Abschluß zu bringen. Dazu rief er den Adel des Landes vor sich, ließ sich huldigen und zur Bekräftigung der Unterwerfung Geiseln überstellen, setzte seinen Schwager Gerold anstelle eines Herzogs als Präfekten an die Spitze des Landes, ergriff weitere notwendige Maßnahmen zur Durchsetzung seines Herrschaftsanspruchs im Land und traf Vorkehrungen zur Sicherung der Grenzen und Marken im Osten gegenüber den Awaren, die mit den Franken in Kämpfe verwickelt waren. Karl benutzte offenkundig das Zusammentreffen mit den bayerischen Adeligen in Regensburg dazu, um sich ihnen als ihr neuer Herr zu präsentieren und ihnen den Herrschaftsanspruch des fränkischen Königs über sie in der Hauptstadt ihres Landes vor Augen zu führen. Das Ende der Selbständigkeit des bayerischen Stammesherzogtums war also der Anlaß für die Eröffnung der Reihe der mittelalterlichen Reichsversammlungen in Regensburg. Daß die Geschicke Regensburgs eine solche Wendung nahmen und das Ende der bayerischen Unabhängigkeit nicht das Herabsinken der bayerischen Hauptstadt zur Bedeutungslosigkeit und Provinzialität bedeutete, hatte die Stadt der politischen Großwetterlage zu verdanken, die den fränkischen König veranlaßte, sich in den folgenden Jahren Bayern und damit auch seiner Hauptstadt in besonderem Maße zuzuwenden. Wollte Karl die fränkische Position in Italien sichern, dann mußte er die von den Awaren drohende Gefahr beseitigen. Ein erster Schritt dazu ist sicherlich in der Absetzung Tassilos III. zu sehen, denn ein in seiner Haltung unsicheres Bayern stellte im Verein mit den Awaren ein kaum zu kalkulierendes Risiko für die fränkische Herrschaft in Italien dar. Nach der Absetzung Tassilos III. konnte Karl darangehen, die Entscheidung mit den Awaren zu suchen. Dies bedeutete, er mußte von Bayern als Aufmarschbasis aus das Awarenland mit Krieg überziehen. Um dem Kriegsschauplatz möglichst nahe zu sein und auf die Kriegführung vor Ort Einfluß nehmen zu können, verlegte Karl im August 791 seinen Hof nach Regensburg und residierte hier bis in den Herbst 793. Karl hatte Regensburg auch die Rolle eines zentralen Aufmarschplatzes für die geplante Großoffensive zugedacht. Deshalb berief er die Heeresaufgebote der Franken, Sachsen, Friesen, Alemannen und Bayern nach Regensburg. Ein Aufgebot aus allen Stämmen des fränkischen Reiches fand sich im August 791 zu einer Heeresversammlung ein und zog nach gemeinsamer Beratung in den Krieg. Nach erfolgreicher Beendigung des Krieges kehrte das Heer nach Regensburg zurück und löste sich auf.

Ereignisreich verlief für Regensburg auch das Jahr 792. Im Frühjahr tagte unter dem Vorsitz Karls eine Bischofsversammlung, die sich mit der Irrlehre des Adoptianismus auseinanderzusetzen hatte, die mit der These der Adoption Christi eine Antwort auf die Frage zu geben suchte, wie menschliche Natur und Gottessohnschaft Jesu Christi miteinander verbunden werden können. Diese Frage führte zu Zerwürfnissen in der Kirche und beschäftigte insbesondere die Theologen des fränkischen Reichs, so daß sich Karl aufgerufen fühlte, eine Entscheidung herbeizuführen. Dazu zitierte er Bischof Felix von La Seo de Urgel, den Urheber dieser Lehre, nach Regensburg vor eine Versammlung von Bischöfen und hohen Geistlichen seines Reiches, die den Adoptianismus als Irrlehre verwarf, Felix zur Abkehr von seiner Lehre veranlaßte und ihn zur endgültigen Verurteilung an die Kurie nach Rom überstellte.

Im Sommer 792 sah sich Karl veranlaßt, eine Versammlung fränkischer Großer und anderer Getreuer nach Regensburg einzuberufen. Grund dafür war die Verschwörung Pippins, eines illegitimen Sohnes Karls. Pippin, der für den geistlichen Stand bestimmt war, fühlte sich offenbar gegenüber seinen anderen Brüdern, die alle selbständige Herrschaftsbereiche zugewiesen erhalten hatten, zurückgesetzt. In seiner Unzufriedenheit fand er Unterstützung bei fränkischen Adeligen, die sich wegen der Grausamkeiten der Königin Fastrada auflehnten und wohl als die eigentlichen Drahtzieher der Verschwörung gelten dürfen. Mit ihnen gemeinsam soll er einen Mordanschlag auf den König geplant haben, um die Macht an sich zu reißen. Die Verschwörung wurde allerdings noch rechtzeitig von Fardulf, einem langobardischen Priester, aufgedeckt, der die Gespräche der Verschwörer nachts im Regensburger Dom belauscht hatte. Die Versammlung fällte über Pippin und seine Gefolgsleute harte Urteile. Die meisten der Mitverschwörer Pippins wurden mit dem Schwert hingerichtet. Er selbst wurde zur Klosterhaft begnadigt.

Im Jahr 803 hielt Karl seine letzte Versammlung in Regensburg ab. Er erwartete in der Stadt das siegreich aus dem Awarenland heimkehrende Heer, nahm auf einer Versammlung der Großen die Unterwerfung eines Awarenfürsten und zahlreicher Awaren und Slawen entgegen und traf Vorkehrung zu einer Neuordnung der Verhältnisse in den eroberten Gebieten.

2. Reichsversammlungen unter den deutschen Karolingern

Der Abschied Karls des Großen im Jahr 803 schien bereits das Ende der eben erst begonnenen Ära der Reichsversammlungen in Regensburg zu bedeuten. Unter seinem Nachfolger gerieten Bayern und Regensburg ins politische Abseits. Dies änderte sich erst wieder, als Ludwig der Deutsche im Jahr 830 Bayern als Teilkönigreich übertragen erhielt, das er zur Keimzelle des neu entstehenden ostfränkischen Reiches gestaltete. Als bevorzugter Aufenthaltsort der deutschen Karolinger nahm Regensburg wieder durch Reichsversammlungen in besonderer Weise Anteil an der Reichspolitik. Insgesamt fanden sich während der Zeit der deutschen Karolinger, die mit Ludwig dem Kind im Jahr 911 erloschen, zehnmal Fürsten aus verschiedenen Teilen des Reiches zu Versammlungen in Regensburg ein. Im Mittelpunkt dieser Versammlungen standen dabei Angelegenheiten, die Bayern und seine östlichen Marken und Nachbarländer betrafen. Im Jahr 853 berief Ludwig der Deutsche seine erste Reichsversammlung nach Regensburg ein. Wie bei dieser so standen auch bei den übrigen Reichsversammlungen, die die deutschen Karolinger in Regensburg abhielten, in thematischer Hinsicht gerichtliche Entscheidungen im Vordergrund. Am meisten Aufsehen erregte dabei die Gerichtsversammlung des Jahres 861, auf der Graf Ernst wegen Untreue verurteilt und all seiner Ämter und Lehen entsetzt wurde. Dieser Vorfall verdient deshalb besondere Beachtung, weil es sich bei dem Grafen Ernst um den mächtigsten Mann nach dem König handelte, der zudem mit Ludwig dem Deutschen engstens befreundet war und sich im Krieg gegen Böhmen bestens bewährt hatte. Das Verhältnis zwischen beiden hatte sich aber vor allem deswegen dramatisch verschlechtert, weil Graf Ernst in Bayern eine übermächtige Stellung einzunehmen drohte und dadurch dem König gefährlich werden konnte. Daß der Konflikt zwischen beiden politische Hintergründe hatte, wird daran ersichtlich, daß Ludwig der Deutsche die Abrechnung mit Graf Ernst dazu nutzte, sich zugleich auch der Gruppe der fränkischen Magnaten zu entledigen, die er bei seinem Regierungsantritt mit nach Bayern gebracht hatte, die sich aber mehr und mehr als unzuverlässig erwiesen hatte. Die Versammlungen des Jahres 870 standen im Zeichen der Bereinigung der Verhältnisse in Mähren. In einer Gerichtsversammlung fällten bayerische und fränkische Adelige unterstützt von einer Reihe slawischer Großer ein hartes Urteil über Ratislaw von Mähren, der lange Zeit für Unruhe an der Ostgrenze des Reiches gesorgt hatte. Er wurde in schweren Ketten vorgeführt, geblendet und in ein Kloster verbannt. In enger Verbindung damit ist die Bischofsversammlung zu sehen, die im Anschluß an diese weltliche Gerichtsversammlung zusammentrat. Sie verurteilte Methodius wegen seiner kirchenpolitischen Hinwendung zu Byzanz und schickte ihn für drei Jahre nach Schwaben in die Verbannung. Zwischen beiden Ereignissen bestand insofern ein innerer Zusammenhang, als Ratislaw versucht hatte, sich politisch von der fränkischen Oberhoheit zu befreien, und Methodius unabhängig von der fränkischen Kirche seinen Weg gehen wollte. Aus dem Rahmen der Gerichtsversammlungen fällt die Reichsversammlung zu Weihnachten 887/888. Sie darf als eine der glanzvollsten Versammlungen des 9. Jahrhunderts überhaupt gelten. Arnulf von Kärnten hatte sie einberufen, um im Kreis der Großen aus allen Stämmen des Reiches das Weihnachtsfest als neuer König zu feiern und sich von ihnen huldigen zu lassen.

3. Reichsversammlungen unter den Ottonen

Der Niedergang des ostfränkischen Reiches führte zu einem weitgehenden Verstummen der Geschichtsschreibung, da die Zeitgenossen offenbar die Ereignisse, deren Zeugen sie wurden, nicht für berichtenswert hielten. In der Wortkargheit der Quellen darf jedoch nicht allein die Ursache dafür gesehen werden, daß von 901 bis 960 Nachrichten über Fürstenversammlungen am Königshof in Regensburg fehlen. Die Pause in den Versammlungen spiegelt vielmehr auch die Entfremdung wider, die unter Konrad I. und den Ottonen zwischen Bayern und dem Königtum eingetreten war und sich in wiederholten militärischen Konflikten zwischen dem bayerischen Herzog Arnulf und den Königen Konrad I. und Heinrich I. niedergeschlagen hatte. Die neue Herrscherdynastie der Ottonen stammte zudem aus Sachsen und hatte dort ihren wirtschaftlichen und politischen Rückhalt, so daß Bayern zu einem Nebenland der Königsmacht herabsank. Zusätzlich hatte sich der König mit der wiederbelebten bayerischen Herzogswürde auseinanderzusetzen, deren Inhaber ihn als unliebsamen Konkurrenten im Land betrachtete. So ist es nicht verwunderlich, daß es bis zum Jahr 960 dauerte, bis wieder eine Reichsversammlung in Regensburg stattfand. Eine wesentliche

Voraussetzung dafür bestand darin, daß es Otto I. gelungen war, seinen Bruder Heinrich als bayerischen Herzog zu etablieren und die Aufstände niederzuwerfen, die sich im Jahr 953 von Regensburg aus gegen den sächsischen König und den sächsischen Herzog ausgebreitet hatten. Die Reichsversammlungen, die die Ottonen nach Regensburg einberiefen, spiegelten in thematischer Hinsicht dieses angespannte Verhältnis zwischen Bayern und dem Reich wider. Otto I. hielt zu Weihnachten 960 die Zeit für gekommen, um im Rahmen einer prunkvollen Fürstenversammlung das Weihnachtsfest in Regensburg zu begehen und in der Stadt, die ihm lange Zeit feindselig gegenübergestanden war, in prachtvoller Weise seine königliche Macht und Würde zu entfalten. Diese Versammlung des Jahres 960 kann als Zeichen dafür gelten, daß vorerst die lange drohende Gefahr eines Hinauswachsens Bayerns aus dem Reichsverband gebannt war, wenngleich es auch in der Folgezeit immer wieder zu Aufständen kam, die vom Herzog angezettelt wurden. Im Zusammenhang mit diesen Erhebungen bayerischer Herzöge gegen den König setzte der König die Einrichtung Reichsversammlung als Mittel dazu ein, um vor den Großen des Stammes und Fürsten aus verschiedenen Reichsteilen seine überlegene Macht gegenüber dem bayerischen Herzog zu demonstrieren. Dem Herzog wurde vor Augen geführt, daß er gegen die Macht des Königs keinen Widerstand leisten konnte und seine Unterlegenheit und Abhängigkeit einzugestehen hatte. Dieses Kräfteverhältnis mußte Herzog Heinrich der Zänker auf der Reichsversammlung bitter zur Kenntnis nehmen, die Otto II. im Juli/August 976 nach Regensburg einberief. Heinrich der Zänker war aus der Haft in Ingelheim entflohen und hatte versucht, wieder einen Aufstand gegen den König zu entfachen. Ihm wurde nun in Regensburg erneut sein bayerisches Herzogtum abgesprochen. Gleichzeitig wurde er zusammen mit 27 seiner Bundesgenossen wegen ihrer Übergriffe auf die Regensburger Kirche exkommuniziert. Bayern wurde Otto von Schwaben, einem Freund des Kaisers, übergeben und mußte durch die gleichzeitige Abtrennung Kärntens und der dazugehörigen Marken, die zu einem selbständigen Herzogtum erhoben wurden, eine spürbare Schmälerung seines territorialen Bestandes hinnehmen.

Das gestörte Verhältnis zwischen Bayern und dem Königtum wurde erst durch die Wahl des bayerischen Herzogs Heinrichs IV. zum deutschen König Heinrich II. bereinigt. Bayern und mit ihm auch Regensburg traten wieder in ein engeres Verhältnis zum deutschen Königtum. Dies läßt sich augenfällig daran erkennen, daß Heinrich II. mit drei mehr Reichsversammlungen als seine vier sächsischen Vorgänger zusammen in seine ehemalige Herzogsstadt einberief. Im März 1004 machte er auf seinem Weg nach Rom in Regensburg Station und übergab im Rahmen einer Fürstenversammlung sein bayerisches Herzogtum Heinrich von Lützelburg. Als sich dieser jedoch nicht als zuverlässig erwies und im Jahr 1009 einen Aufstand anzettelte, kam Heinrich II. erneut nach Regensburg, nahm ihm auf einer Reichsversammlung seine Herzogswürde und ließ sich von den bayerischen Großen selbst als Herzog huldigen. Zuvor hatte Heinrich II. im Jahr 1007 Regensburg aufgesucht, um im Kreise der Großen seines Reiches das Osterfest zu feiern. Unversehens wurde er dabei mit der Gefahr eines Krieges mit

Polen konfrontiert, denn die Liutitzen nutzten die Gelegenheit der Reichsversammlung, um dieses Problem an den König und die versammelten Fürsten heranzutragen.

4. Reichsversammlungen unter den Saliern

Im Gegensatz zum Ende des Geschlechts der Karolinger führte das Erlöschen des sächsischen Herrscherhauses zu keinen tiefgreifenden Erschütterungen im Reich. Die Einheit des Reiches wurde jetzt nicht mehr in Frage gestellt. Auch Bayern geriet durch die Herrschaftsübernahme der Salier nicht im geringsten in Gegensatz zum Königtum. Herzog Heinrich von Bayern war vielmehr einer der entschiedenen Befürworter der Wahl Konrads II. gewesen. Dieses gute Verhältnis zwischen Bayern und dem neuen Herrscherhaus brachte es mit sich, daß der Wechsel der Dynastie ohne negative Auswirkungen auf die Kontinuität der Regensburger Reichsversammlungen blieb. Ganz im Gegenteil läßt sich, gemessen an der ottonischen Epoche, die etwa den gleichen Zeitraum umfaßt, mit 15 Reichsversammlungen eine Verdreifachung feststellen. Bis auf Heinrich V. hatten alle salischen Herrscher zugleich für eine gewisse Zeit die bayerische Herzogswürde inne und waren damit auch mit Regensburg, der Hauptstadt des Herzogtums, verbunden. Für Heinrich IV. war Regensburg in den Zeiten der militärischen Konfrontation mit seinen innenpolitischen Gegnern ein entscheidender Rückhalt seines Königtums überhaupt. Den thematischen Schwerpunkt der Regensburger Reichsversammlungen bildeten naturgemäß bayerische Angelegenheiten. Auf Versammlungen in Regensburg wurden in den Jahren 1027, 1054 und 1099 bayerische Herzöge gewählt bzw. bestätigt oder nahmen Besitz von ihrer Herrschaft. Hier huldigten die bayerischen Großen im Jahr 1025 König Konrad II. Es wurde über sie aber auch wie beispielsweise im Jahr 1055 zu Gericht gesessen. In salischer Zeit gewannen neben den bayerischen zunehmend böhmische Fragen für die Regensburger Versammlungen an Gewicht. Im Jahr 1034 versuchte Konrad II. auf einer zahlreich besuchten Reichsversammlung, die ausgebrochenen böhmischen Wirren durch die Teilung der Herrschaft zwischen den herzoglichen Brüdern Udalrich und Jaromir zu beenden. Böhmische Herzöge huldigten auf Versammlungen in Regensburg dem König wie im Jahr 1041, als Bretislav barfuß vor die in der Pfalz versammelten Fürsten trat und sich vor dem König zu Boden warf, suchten wie Spitihnev im Jahr 1055 oder Boriwoi im Jahr 1099 um ihre Belehnung nach oder wurden ihres Lehens enthoben. Relativ häufig standen in dieser Zeit auch Entscheidungen über die Besetzung von Bischofsstühlen an. Im Jahr 1055 fiel sogar auf einer Reichsversammlung in Regensburg durch einen Vertrag zwischen Papst Viktor II. und Kaiser Heinrich III. die endgültige Entscheidung über die Besetzung des heiligen Stuhls. Außerdem wurden in Regensburg in den Jahren 1042 und 1078 Vorbereitungen für Kriegszüge getroffen und im Jahr 1010 ein Romzug zur Kaiserkrönung Heinrichs V. beschlossen. Es läßt sich somit ein vielfältiges und weitreichendes Spektrum an Themen ausmachen, mit denen sich Reichsversammlungen zu beschäftigen hatten. Diese Themen geben auch zu erkennen, auf welch vielfältige Weise Regensburg als Handlungsort in das politische Geschehen des Reiches eingebunden war. Für die Regensburger Lokalgeschichte ist von Interesse, daß die Gründung des Klosters Prüfening mit der Reichsversammlung von 1110 in Zusammenhang gebracht wird. Bischof Otto von Bamberg, der an dieser Versammlung teilnahm, wich der Überlieferung zufolge vor der Menschenmenge, die die Stadt mit Lärm erfüllte, vor die Mauern der Stadt aus und schlug sein Zelt an einem Ort auf, wo er auf göttliche Eingebung hin später das Kloster gründete.

5. Reichsversammlungen unter den Staufern

Die Regierungszeit des staufischen Hauses brachte mit 18 Versammlungen nicht nur zahlenmäßig sondern auch in thematischer Hinsicht den Höhepunkt der Regensburger Reichsversammlungen im Mittelalter. Der Schwerpunkt lag dabei unverkennbar in den Regierungsjahren Friedrich Barbarossas, der mit neun mehr Reichsversammlungen als jeder andere deutsche König nach Regensburg einberief. Darin kommt seine besondere Wertschätzung für die Stadt zum Ausdruck, die ihren Niederschlag auch in dem Versuch des Kaisers fand, die Stadt seiner direkten Herrschaft als Stadtherr zu unterstellen. Wie in den vergangenen Zeiten wurden auf den Regensburger Reichsversammlungen allgemeine Fragen der Reichspolitik behandelt, huldigten die bayerischen und südostdeutschen Großen dem König und erwiesen ihm die Treue, wurde über aufständische Adelige zu Gericht gesessen, wurden Streitfälle zwischen Fürsten geschlichtet und erhielten neugewählte Bischöfe die königliche Bestätigung ihrer Wahl und empfingen ihre Lehen. Von besonderer Bedeutung waren die Regensburger Versammlungen, wie sich bereits unter den Saliern abgezeichnet hatte, für böhmische Angelegenheiten. Auf der Reichsversammlung des Jahres 1158 wurde dem böhmischen Herzog Wladislav zum Dank für seine Verdienste, die er sich im Krieg gegen die Polen erworben hatte, eine besondere Ehre zuteil. Am 11. Januar 1158 verlieh ihm Kaiser Friedrich I. ad personam die Königswürde und krönte ihn mit einem Stirnreif. Neben diesen Ehrenerweisungen gestattete der Kaiser dem neuen König und seinen Nachfolgern, den Tribut, den Polen seit langem schon zahlte, einzutreiben, und erkannte die Rechtmäßigkeit dieser Forderung an. Angesichts dieser Gunsterweise verpflichtete sich Wladislav seinerseits, dem Kaiser beim Kriegszug gegen Mailand zu Hilfe zu kommen. Im Jahr 1187 beschäftigte das Verhältnis zwischen dem Herzog von Böhmen und dem Bischof von Prag eine außergewöhnlich zahlreich besuchte Regensburger Reichsversammlung. Es kam dabei zu tumultuarischen Szenen, ehe man sich auf die Unabhängigkeit der Bischöfe von Prag vom Herzog und die Reichsunmittelbarkeit des Prager Bischofsstuhls verständigen konnte und den Prager Bischof rechtlich den deutschen Reichsbischöfen gleichstellte. Neben den traditionellen Themen ergriff mit der Kreuzzugsstimmung ein neuer Zeitgeist die Regensburger Reichsversammlungen. Die seit dem Jahr 1144 im Reich um sich greifende Kreuzzugsstimmung erfaßte auch Konrad III., so daß er am 27. Dezember 1146 in Speyer das Kreuz nahm und für Februar 1147 eine Versammlung für Bayern und Ostfranken nach Regensburg einberief, um Vorkehrungen für einen Kreuzzug zu treffen. Alles, was im Südosten des Reiches Rang und Namen besaß, fand sich zu dieser Versammlung ein und ließ sich von dem Gedanken eines Kreuzzugs begeistern. Im Sommer 1147 brach dann unter der Führung Konrads III. der Kreuzzug von Regensburg aus auf. Im Mai 1149 kehrte der Kaiser über Aquileia und Salzburg wieder nach Regensburg zurück. Zu seiner Begrüßung fanden sich zahlreiche Große ein. Der Kaiser belohnte in dieser Versammlung seine Getreuen für die Dienste, die sie ihm auf dem Kreuzzug geleistet hatten, und bezeugte denen seinen Dank, die ihm während seiner Abwesenheit in der Heimat die Treue gehalten hatten. Noch einmal wurde Regensburg Ausgangspunkt eines Kreuzfahrerheeres. Im März 1188 hatten Friedrich I. und zahlreiche Große auf dem sogenannten Hoftag Jesu Christi das Kreuz genommen, um gegen die Seldschuken zu ziehen, die im Jahr 1187 Jerusalem und die übrigen heiligen Stätten der Christenheit erobert hatten. Als Sammelplatz bestimmte der Kaiser Regensburg, wo sich am St. Georgstag des Jahres 1189 die Kreuzfahrer einzufinden hatten. Im Kreise der versammelten Kreuzfahrer traf Friedrich I. für die Zeit der Heerfahrt, von der er nicht mehr zurückkehren sollte, seine letzten Anordnungen. Dabei übertrug er seinem ältesten Sohn Heinrich die Regierungsgewalt im Reich und bestätigte seinen übrigen Söhnen die ihnen bereits früher übertragenen Besitzungen. Gewissermaßen als Nachspiel dieses Kreuzzugs beschäftigte im Jahr 1193 das Schicksal des englischen Königs Richard Löwenherz eine Regensburger Reichsversammlung. Auf Befehl des Kaisers brachte Herzog Leopold von Österreich Richard Löwenherz, den er wegen eines Streites, zu dem es bei der Eroberung Akkons gekommen war, auf seinem Rückweg in Österreich gefangengenommen hatte, nach Regensburg. Heinrich VI. beabsichtigte, den englischen König aus der Gefangenschaft freizukaufen. Dieser Versuch scheiterte jedoch an der Unnachgiebigkeit des österreichischen Herzogs, der seinen Gefangenen wieder nach Österreich zurückführte und damit die Regensburger Versammlung scheitern ließ.

Den thematischen Schwerpunkt der Regensburger Reichsversammlungen bildete der Gegensatz zwischen Welfen und Staufern, der zeitweise in der Konfrontation zwischen Welfen und Babenbergern in Erscheinung trat. Bereits die erste Reichsversammlung, die Konrad III. im Jahr 1138 nach Regensburg anberaumte, stand im Zeichen des welfisch-staufischen Gegensatzes. Heinrich der Stolze, Herzog von Sachsen und Bayern, hatte von seinem Schwiegervater Lothar von Supplinburg auf dem Sterbebett die Reichsinsignien übergeben erhalten, was einer Designation gleichkam. Er konnte sich also mit einer gewissen Berechtigung als der künftige König betrachten. Dennoch fiel im Jahr 1138 die Wahl nicht auf ihn, sondern auf den Staufer Konrad. In der folgenden Zeit gelang es dem Staufer, die wichtigsten Fürsten zur Anerkennung seiner Wahl zu bewegen und Heinrich den Stolzen zu isolieren. Um den Widerstand seines Gegenspielers endgültig zu brechen, forderte er die Herausgabe der Reichsinsignien und setzte dafür als Termin den 29. Juni 1138 in Regensburg an. Als Heinrich der Stolze sah, daß ihn auch die bayerischen Großen im Stich ließen, gab er seinen Widerstand auf, kam nach Regensburg und händigte durch Unterhändler dem König die Insignien aus. Konrad III. gewährte ihm jedoch keine persönliche Audienz und ließ es auch offen, ob er ihn wieder mit Bayern belehnen würde. So mußte Heinrich der Stolze, ohne eine Aussöhnung mit dem König erreicht zu haben, Regensburg verlassen. Der Konflikt zwischen Staufern und Welfen war damit vorprogrammiert, in den die Babenberger einbezogen wurden, die zeitweise in Konkurrenz zu den Welfen mit Bayern belehnt wurden. Friedrich I. hatte sich zu Beginn seiner Regierung mit dem Konflikt zwischen Heinrich dem Löwen und dem Babenberger Heinrich Jasomirgott auseinanderzusetzen. Dieser Konflikt war nicht regionaler Art, sondern sorgte immer wieder für Unruhe im ganzen Reich. Friedrich I. gelang es zunächst trotz langer Verhandlungen nicht, eine Einigung zwischen den Kontrahenten herbeizuführen. Da er aber die Unterstützung des Welfen für seine Italienpolitik brauchte, entschied er sich im Jahr 1155 für Heinrich den Löwen. Auf einer Reichsversammlung des Jahres 1155 setzte er Heinrich den Löwen in Regensburg formell als bayerischen Herzog ein, ließ die bayerischen Großen dem neuen Herzog huldigen und zwang die Bürger der Stadt Regensburg, zusätzlich zur Eidesleistung auch noch Geiseln zu stellen. Eine Lösung des welfisch-babenbergischen Konflikts konnte auf diese Weise allerdings nicht erreicht werden, denn Heinrich Jasomirgott weigerte sich, die einseitige Entscheidung des Königs hinzunehmen. Friedrich konnte ihn nicht zwingen, denn eine militärische Auseinandersetzung mit dem Babenberger war ein riskantes Unterfangen. So gingen die Verhandlungen weiter, bis im Juni 1156 in der Nähe von Regensburg der Durchbruch in persönlichen Verhandlungen zwischen dem Kaiser und dem Babenberger gelang und die Lösung verabredet wurde, die dann auf der Reichsversammlung im September 1156 auf den Wiesen von Barbing vor den Toren der Stadt verkündet wurde. Am 8. September 1156 verzichtete Heinrich Jasomirgott vor einer stattlichen Zahl von Fürsten aus Süd- und Südostdeutschland in aller Form auf Bayern. Zum äußeren Zeichen dafür übergab er dem Kaiser sieben Fahnen, der sie sofort an Heinrich den Löwen weiterreichte. Der Welfe gab wiederum zwei Fahnen an den Kaiser zurück, die die Mark Österreich mit allen ihren Rechten und Lehen symbolisierten, die einst Markgraf Leopold vom Herzogtum Bayern besessen hatte. Bevor Friedrich I. die beiden Fahnen dem Babenberger aushändigte, wurden die bisherige Mark Österreich und die dazugehörigen drei Grafschaften durch den Spruch der versammelten Fürsten zum Herzogtum erhoben. Mit diesem neuen Herzogtum belehnte nun der Kaiser nicht nur Heinrich Jasomirgott sondern auch dessen Frau Theodora und gewährte ihnen das Privileg, daß in Zukunft ihre Kinder, Söhne wie Töchter, das Herzogtum zu Erbrecht haben sollten. So schlug also im September 1156 die Geburtsstunde des Herzogtums Österreich auf der Reichsversammlung bei Regensburg. Gewissermaßen als Geburtsurkunde wurde über diesen Vorgang das sogenannte Privilegium minus ausgestellt. Durch die Lösung des Jahres 1156 war der staufisch-welfische Gegensatz fürs erste entschärft, behoben war er aber noch lange nicht. Vielmehr trug die Machtsteigerung Heinrichs des Löwen, der nun Herzog von Sachsen und Bayern war, dazu bei, daß der Konflikt auf eine endgültige

Entscheidung zustrebte. Die Hilfeverweigerung Heinrichs des Löwen im Jahr 1176 in Chiavenna, die mit zur Niederlage des Kaisers in Italien beigetragen hatte, machte deutlich, daß die auf Ausgleich gegenüber den Welfen ausgerichtete Politik Friedrich Barbarossas in entscheidender Stunde versagt hatte und einer Korrektur bedurfte. Der Kaiser war bereit, die Konsequenzen zu ziehen. Als im Jahr 1177 die Kämpfe in Sachsen zwischen dem Adel und dem Herzog wieder aufflammten, nutzte Friedrich I. die Gelegenheit zur Abrechnung. In einem förmlichen Prozeßverfahren steuerte er über die Stationen Worms (Januar 1179), Magdeburg (Juni 1179), Kayna (August 1179), Würzburg (Januar 1180) und Gelnhausen (April 1180) zielstrebig die Entmachtung des Welfen an. Im Juni 1180 wurde in Regensburg der Untergang Heinrichs des Löwen endgültig besiegelt. Mit einem Urteilsspruch der versammelten Fürsten wurde über ihn die Aberacht verhängt, die neben der Aberkennung der Lehen auch den Verlust der Allodien und die Friedlosigkeit nach sich zog. Damit hatte Heinrich den Löwen endgültig sein Schicksal ereilt. In Bayern rührte sich keine Hand für den offenbar unbeliebten Herzog.

Mit Kaiser Friedrich II. verebbte der reiche Fluß der Reichsversammlungen in Regensburg. Noch zweimal versammelte er in Regensburg Fürsten des Reiches um sich. Im Jahr 1213 führte ihn der Umzug, den er nach seiner Krönung durch das Reich antrat, zuerst nach Regensburg, wo sich die geistlichen und weltlichen Fürsten und Adeligen Bayerns, Böhmens, Mährens, Österreichs, Kärntens und Tirols einfanden, um dem neuen König ihre Ergebenheit zu bekunden. Im Jahr 1235 kam Friedrich II. erneut ins Reich, um den Aufstand seines Sohnes Heinrich (VII.) zu beenden. Zahlreiche Fürsten aus allen Teilen des Reiches fanden sich in Regensburg ein, um dem Kaiser ihre Treue zu beweisen. Im Mittelpunkt der Versammlung stand aber die Aussöhnung zwischen dem Kaiser und Herzog Otto II. von Bayern. Zu einem gespannten Verhältnis zwischen beiden war es wegen der mysteriösen Umstände der Ermordung von Ottos Vater Ludwig des Kelheimers im Jahr 1231 auf der Kelheimer Donaubrücke gekommen. Aufgrund des orientalischen Aussehens des Mörders verbreitete sich das Gerücht, der Kaiser habe diesen Anschlag iniziiert, um den Herzog, der in der Auseinandersetzung zwischen dem Kaiser und dem Papst letzterem zuneigte, aus dem Weg zu räumen.

Nach diesem letzten Auftreten Friedrichs II. im Jahr 1235 fanden nur mehr selten Reichsversammlungen in Regensburg statt. Allenfalls lassen sich noch die Versammlungen von 1281, auf der Rudolf von Habsburg einen bayerischen Landfrieden verkünden ließ, und von 1295, als Adolf von Nassau Streitigkeiten zwischen der Regensburger Bürgerschaft und dem Klerus wegen der Abgaben für die Stadtbefestigung zu schlichten suchte, in die Tradition der mittelalterlichen Reichsversammlungen in Regensburg einreihen. Unter Albrecht I., Heinrich VII., Ludwig dem Bayern und Karl IV. fanden nur noch kleinere Versammlungen statt, zu denen sich nur mehr ein Teil der bayerischen Bischöfe und Adeligen einfand. Für diese Zusammenkünfte fand weder in den erzählenden Quellen noch in den Urkunden die in der Zeit für Reichsversammlungen gebräuchliche Bezeichnung curia Anwendung.

II. Materielle Voraussetzungen für die Reichsversammlungen in Regensburg

Zu den Reichsversammlungen fand sich eine stattliche Anzahl von Teilnehmern ein, die je nach ihrem Rang eine entsprechende Begleitung mit sich brachten, die nicht nur der persönlichen Sicherheit sondern auch der persönlichen Reputation diente. Die Menschenmenge, die anläßlich von Reichsversammlungen in der Stadt zusammenkam, konnte dabei allem Anschein nach solche Ausmaße annehmen, daß es innerhalb der Stadtmauern ungemütlich eng wurde. Jedenfalls zog es der Gründungsgeschichte des Klosters Prüfening zufolge Bischof Otto von Bamberg im Jahr 1110 vor, wegen des Gedränges, das anläßlich der Reichsversammlung in der Stadt herrschte, die Ruhe und Einsamkeit in freier Natur zu suchen. Konkrete Angaben lassen sich allerdings über die Zahl der Teilnehmer an den Reichsversammlungen kaum machen. Dazu sind die Quellenhinweise zu ungenau. Wenn die Angaben der Annales Fuldenses zum Jahr 899 glaubwürdig sind, dann hatten sich zur Gerichtsversammlung über die Kaiserin Uta 72 Fürsten eingefunden. Eine solch große Zahl von Teilnehmern dürfte aber abgesehen von den Versammlungen vor dem Aufbruch zu den Kreuzzügen der Ausnahmefall gewesen sein. Im Normalfall bewegte sich die Teilnehmerzahl aller Wahrscheinlichkeit nach zwischen zehn und zwanzig Fürsten. Die Zahl der Fürsten konnte bei besonderen Anlässen wie bei der Erhebung Österreichs zum Herzogtum im Jahr 1156 oder der Klärung des Verhältnisses zwischen böhmischem Herzog und Prager Bischof im Jahr 1187 auf dreißig ansteigen. Hinzu kam noch eine unbestimmte, meist große Zahl von Grafen. Vervollständigt wurde der Kreis der Versammlungsteilnehmer und ihres meist stattlichen Gefolges durch die Mitglieder des Königshofes, deren Zahl in die Hunderte ging. Voraussetzung dafür, daß all diese Personen an einem Ort zu einer Versammlung zusammentreten konnten, war, daß angemessene Unterkunftsmöglichkeiten in ausreichender Zahl zur Verfügung standen, ein ausreichend großer und repräsentativer Versammlungsraum vorhanden war und eine auch gehobenen Ansprüchen gerecht werdende Versorgung gewährleistet werden konnte.

1. Regensburger Pfalzen

Regensburg genügte diesen Anforderungen in nahezu optimaler Weise. In Regensburg standen von der Agilolfingerzeit bis zum Ende der Stauferzeit repräsentative Pfalzanlagen zur Verfügung, in denen der König mit seinem Gefolge Unterkunft finden konnte und die für Versammlungen die entsprechenden Räumlichkeiten boten. Daß die Versammlungen in Regensburg tatsächlich in der Pfalz stattfanden, belegt die Nachricht über die Unterwerfung des Böhmenherzogs Bretislav im Jahr 1041. In Ketten trat er in der Pfalz vor den König und die versammelten Großen und warf sich ihnen zu Füßen. Die Stadtbeschreibung der jüngeren Translatio St. Dionysii aus der zweiten Hälfte des 11. Jahrhunderts betrachtete es als Selbstverständlichkeit, daß in der aula regni der Pfalz die Versammlungen zusammentraten und gemeinsam mit dem

*Die Pfalz am Alten Kornmarkt, Federzeichnung von 1572.
Bayerisches Hauptstaatsarchiv, München*

König ihre Entscheidungen fällten. Karl der Große residierte im Jahr 788 mit Sicherheit in der Pfalz der agilolfingischen Herzöge. Der Standort dieser ersten Regensburger Pfalz ist unbekannt, dürfte aber aufgrund der Ergebnisse der Grabungen, die im Areal der Niedermünsterkirche durchgeführt worden sind, im Bereich der heutigen Mohrenapotheke zwischen der östlichen Stadtmauer und einer parallel dazu verlaufenden Palisadenwand zu suchen sein. Es ist anzunehmen, daß Karl der Große diese Pfalz auch für die Versammlungen der Jahre 791, 792 und 803 benutzte. Die ehemalige Pfalz der agilolfingischen Herzöge scheint durchaus stattliche Ausmaße besessen zu haben, denn nach dem Bericht Notkers von St. Gallen mußte der Priester, der im Jahr 792 die Verschwörung Pippins anzeigte, durch sieben Türen gelangen, bis er die Schlafgemächer des Königs, seiner Familie und seines Gesindes erreichte. Die immer wieder geäußerte Vermutung, Karl habe in Regensburg mit dem Bau einer eigenen Pfalz begonnen, mag vielleicht dem Regensburger Selbstwertgefühl schmeicheln, dürfte aber in den Bereich der ungesicherten Spekulation zu verweisen sein. Zuverlässig gesichert ist dagegen die Bautätigkeit Ludwigs des Deutschen im Pfalzbereich, der im Jahr 830 Bayern als Teilregnum übertragen erhielt. Notker von St. Gallen überliefert, Ludwig habe kurz vor der Mitte des 9. Jahrhunderts die heutige Alte Kapelle an der Südseite des Alten Kornmarkts als seine Pfalzkapelle neu erbaut. In der Forschung wird übereinstimmend davon ausgegangen, daß sich die Bautätigkeit Ludwigs nicht auf die Pfalzkapelle beschränkte, sondern sich auf den gesamten Pfalzbereich erstreckte. Man darf wohl mit gutem Grund davon ausgehen, daß die alte Agilolfingerpfalz in der Zeit von 803 bis 830, als sie keinen Herrscher beherbergte, Schaden genommen hat. Sie dürfte wohl auch den gesteigerten Ansprüchen des neuen Königs nach Repräsentation nicht mehr genügt haben, zumal da er Regensburg zu seiner bevorzugten Residenz und Heimat seiner Familie erwählt hatte. Es ist davon auszugehen, daß sich die Pfalzanlagen von der Alten Kapelle aus nach Norden zu beiden Seiten des Alten Kornmarkts, des Pfalzhofes, erstreckten und damit respektable Ausmaße aufweisen konnten. Dennoch entsprach diese Pfalz nicht mehr den Wünschen Arnulfs von Kärnten. Arnulf, der in besonderer Weise den heiligen Emmeram verehrte, ihn zum Schutzpatron seines Reiches erhob und sein Kloster reich beschenkte, errichtete unmittelbar nach seiner Königswahl im Jahr 888 eine neue Pfalz in der Nähe von St. Emmeram, um dem Heiligen stets nahe zu sein. Wo diese Pfalz, die Arnold von St. Emmeram als grande palatium bezeichnete, näherin zu suchen ist, entzieht sich allerdings unserer Kenntnis, denn einer naheliegenden Lokalisierung im heutigen Paradies und der Vorhalle der Emmeramskirche stehen gewichtige Gründe entgegen. Mit Kaiser Heinrich II. kehrte die Königspfalz wieder an den Alten Kornmarkt zurück. Dort hatten aller Wahrscheinlichkeit nach zwischenzeitlich die bayerischen Herzöge im Bereich um Niedermünster ihre Residenz genommen, während die Ottonen die Alte Kapelle und den Pfalztrakt an der Westseite des Alten Kornmarkt weiterhin als Eigentum des Königs betrachteten. Die Annahme, daß die Herzogspfalz des 10. Jahrhunderts im nördlichen Bereich des Alten Kornmarktes stand, wird durch die Tatsache gestützt, daß Herzog Heinrich I., der Bruder Kaiser Ottos I., um die Mitte des 10. Jahrhunderts die Niedermünsterkirche neu erbaute, die sich auch in Zukunft des Wohlwollens der herzoglichen Familie gewiß sein durfte. Heinrich II., der zunächst die bayerische Herzogswürde beibehielt, gab offenkundig seiner bisherigen Pfalz am Alten Kornmarkt auch weiterhin den Vorzug vor der Pfalz bei St. Emmeram. Der königliche und herzogliche Teil der Pfalz am Alten Kornmarkt verschmolzen nun wieder miteinander zu einer großen Pfalzanlage. Als sichtbares Zeichen dafür, daß die Königspfalz wieder an den Alten Kornmarkt zurückgekehrt war, darf gewertet werden, daß Heinrich II. die Alte Kapelle „a fundamentis" neu erbaute und dort ein Kanonikerstift errichtete. Diese Pfalz wird in der Stadtbeschreibung von 1080/90 als pergrande palatium bezeichnet, wobei als die beiden Hauptkomplexe die „sedes augustorum" und die „aula regni" angesprochen werden. In dieser „aula regni" warf sich Brestislav im Jahr 1041 dem König zu Füßen. In der Pfalz am Alten Kornmarkt fanden die Reichsversammlungen bis in die Stauferzeit statt. Eine Änderung scheint mit dem Übergang der Pfalzgebäude gegen Ende des 12. und zu Beginn des 13. Jahrhunderts an den bayerischen Herzog eingetreten zu sein. Es hat den Anschein, daß die Staufer wieder in St. Emmeram einkehrten. Jedenfalls hielt sich dort Konrad IV. im Januar 1251 „more progenitorum nostrorum" auf, wobei allerdings der wahre Grund für seine Einkehr im Kloster die Feindschaft zum Regensburger Bischof gewesen zu sein scheint, die es nicht gerade empfahl, in der Nähe des bischöflichen Machtbereichs am Alten Kornmarkt Herberge zu nehmen. Wie berechtigt diese Befürchtung war, zeigt der Überfall, den bischöfliche Ministerialen auf den nächtigenden König verübten. Zur Strafe für dieses Attentat ließ Konrad IV. das „palatium monasterii" niederreißen. Mit dieser Strafaktion und dem

Übergang der Pfalz am Alten Kornmarkt in den Besitz des bayerischen Herzogs war die Zeit der Königspfalzen in Regensburg zu Ende gegangen. Es ist wohl kein bloßer Zufall, daß zur selben Zeit auch die intensive Phase der Reichsversammlungen in Regensburg ihrem Ende entgegen ging. Beides dürfte sich vielmehr wechselseitig bedingt haben.

2. Herbergshöfe

Nicht nur für den König und sein Gefolge mußten Unterkunftsmöglichkeiten bereitstehen, auch für die Unterbringung der Versammlungsteilnehmer mußte gesorgt sein. Auch in dieser Hinsicht konnte Regensburg mit Bedingungen aufwarten, die als optimal zu bezeichnen sind und ihm einen besonderen Rang unter den Städten zukommen ließen, an denen Reichsversammlungen im Mittelalter abgehalten wurden. Um den Großen die Teilnahme an den Reichsversammlungen zu erleichtern und für ihre standesgemäße Unterbringung zu sorgen, statteten die Könige seit der Mitte des 10. Jahrhunderts zunächst einzelne Bischöfe mit Höfen in der Stadt aus. Von einem förmlichen Programm zur Schaffung solcher Herbergshöfe kann man in den ersten Regierungsjahren Kaiser Heinrichs II. zu Beginn des 11. Jahrhunderts sprechen. Es war offenkundig das Ziel Heinrichs II., die Bischöfe des bayerischen Herzogtums und der unmittelbar benachbarten Reichsteile sowie große Reichsklöster mit Hofstätten in Regensburg auszustatten, um ihnen den Besuch der Reichsversammlungen zu ermöglichen bzw. zu erleichtern. Diese Herbergen waren, um als Unterkünfte für die Zeit der Versammlungen dienen zu können, in unmittelbarer Nähe um die Pfalz am Alten Kornmarkt gruppiert. Sie waren als Dauereinrichtungen konzipiert und brachten in signifikanter Weise den Charakter Regensburgs als bevorzugte Versammlungsstätte zum Ausdruck. Sie verhalfen Regensburg zu einem einzigartigen Rang unter den deutschen Städten des Mittelalters. Allenfalls Aachen kann sich damit für das 9. Jahrhundert messen lassen. Auch europaweit lassen sich mit Pavia im 9. und 10. Jahrhundert, Paris seit dem späten 12. Jahrhundert und London im 13. und 14. Jahrhundert nur wenige Parallelen aufzeigen. Diese Höfe stellten ein derartig bestimmendes Element im Erscheinungsbild der Stadt im Umkreis der Königspfalz dar, daß der Verfasser der berühmten Stadtbeschreibung aus der 2. Hälfte des 11. Jahrhunderts nicht darauf verzichten wollte, sie eigens rühmend hervorzuheben: „pontificum tam provincialium quam exterorum magnificae aedes curtim regiam ambiunt". Solche Herbergshöfe besaßen der Erzbischof von Salzburg und die Bischöfe von Augsburg, Brixen, Bamberg, Eichstätt, Freising und Passau. Es ist damit zu rechnen, daß neben diesen geistlichen Herren auch weltliche Fürsten Eigentümer solcher Höfe in Regensburg waren, auch wenn sich nur wenige namhaft machen lassen. Nachzuweisen sind im 10. Jahrhundert als weltliche Inhaber solcher Höfe Graf Eberhard von Sempt-Ebersberg, Graf Perhtold, der vermutlich Graf im Nordgau war, und ein Graf Adalbero, der entweder dem Hause der Grafen von Ebersberg angehörte oder mit dem gleichnamigen Markgrafen und Herzog von Kärnten identisch war. Abgerundet wurde die Reihe der Höfe durch eine stattliche Anzahl von Niederlassungen bayerischer Klöster. Auch wenn diese Klosterhöfe nicht in jedem Fall dieselbe Funktion wie die Bischofs- und Fürstenhöfe hatten und vermutlich auch nicht alle auf königliche Schenkungen zurückgehen dürften, so machen sie doch deutlich, wie groß allgemein der Wunsch war, in Regensburg begütert und damit in der Nähe des Königs präsent sein zu können. Zu den ältesten Höfen dieser Art zählen die von Metten (893), Ebersberg (934), Niederalteich (1002), Tegernsee (1002) und Seeon (unter Heinrich II.). Hinzu kamen in späterer Zeit die Niederlassungen von Berchtesgaden, Frauenchiemsee, Kastl, Oberalteich, Pielenhofen, Prüfening, Prüll, Rebdorf, Rohr, St. Walburg in Eichstätt, Walderbach und Weihenstephan sowie wahrscheinlich von Rott, Scheyern und Wessobrunn. Die Aufzählung all dieser Höfe unterstreicht in eindrucksvoller Weise den Charakter Regensburgs als Versammlungsstätte nicht nur für Bayern sondern auch für die angrenzenden Gebiete und bestätigt den Rang der Stadt als Vorort des Reiches in Bayern und im südostdeutschen Raum. Reichsversammlungen und Herbergshöfe ergänzten sich somit gegenseitig und ließen Regensburg zu einer einzigartigen Institution und Manifestation des mittelalterlichen Reiches werden.

3. Versorgung

Eine wesentliche Voraussetzung für den Aufenthalt des Königs und seines Hofes an einem Ort und die Einberufung von Versammlungen bestand in der zuverlässigen Sicherstellung der Versorgung einer größeren Anzahl von Menschen über einen längeren Zeitraum hinweg. Regensburg konnte auch in dieser Hinsicht günstige Voraussetzungen anbieten. Die Karolinger, die ihre Versorgung hauptsächlich mit den Erträgnissen der Königsgüter bestritten, konnten sich des reichen Königsguts um Regensburg bedienen, das in seinem Kernbestand auf ehemaligen herzoglichen Besitz zurückgehen dürfte. Offenkundig handelte es sich bei der unmittelbaren Umgebung im Süden der Stadt bis hinauf zum Höhenkamm mit Prüfening, Dechbetten, Königswiesen, Kumpfmühl und Prüll um einen lange Zeit geschlossenen Königsgutsbezirk mit Äckern und Wiesen, der der Pfalz Regensburg zugeordnet war. Zu den Besitzungen der Pfalz gehörte auch das große Forstgebiet nördlich der Donau, aus dem Konrad I. im Jahr 914 der Regensburger Kirche den Sulzbacher Forst überließ. Forste waren nicht nur wegen der Jagdmöglichkeiten von Interesse, sie dienten hauptsächlich zur Holzgewinnung und zur Mast von Schweinen, die im Rahmen der Versorgung des Königshofes eine gewichtige Rolle spielten. Der benötigte Wein wuchs in den Weinbergen, die von Bergmatting über Winzer bis Kruckenberg reichten und einen durchaus guten Ruf als Weinanbaugebiete besaßen. Diesem Königsgutskomplex waren im Süden der Stadt die königlichen Villenbezirke Riekofen, Mintraching, Aufhausen, Schierling, Lindhart, Bayerbach, Beutelhausen, Rogging, Massing, Bad Abbach, Teugn, Staubing, Sandharlanden und Eining sowie kleinere Besitzungen in Pfatter und Herrenwahlthann vorgelagert. Im Norden der Donau befanden sich königliche Güter in Stadtamhof, Reinhausen, Weichs, Zeitlarn und Lappersdorf. Donauabwärts war der König in Donaustauf, Sulzbach, Bach, Kruckenberg, Wiesent und Wörth begütert. Im Regental lagen die königlichen Zentren Ramspau, Nittenau, Roding und Cham. Im unteren Naabtal und im Tal der Schwarzen Laber sind Etterzhausen, See und Beratzhausen als Königshöfe ausgewiesen. Reichten die Erträge dieser umfangreichen Königsbesitzungen in der Nähe der Stadt und ihrem Einzugsgebiet nicht aus, dann konnten die Könige ihre übrigen Besitzungen in Bayern in Anspruch nehmen. Als Beispiel für eine solche Fernversorgung können Ingolstadt und Lauerhofen gelten, die Ludwig dem Deutschen „ad servitium suum" zugesprochen wurden, also zu seiner Versorgung in Regensburg dienten, wo er seinen Sitz nahm. Subsidiär konnten die Könige sicherlich auch schon zur Karolingerzeit die Dienste des Regensburger Bischofs und der Regensburger Klöster zu ihrer Versorgung heranziehen, die sie zu einem nicht unerheblichen Maße mit Königsgut beschenkten. Die Leistungen des Bischofs scheinen dabei zunächst im wesentlichen noch in Gastmählern bestanden zu haben, die er dem König zu Ehren gab. Die Servitialleistungen der Regensburger Kirche gewannen aber seit dem Ende des 10. Jahrhunderts im Zusammenhang mit dem Entstehen des ottonischen Reichskirchensystems zunehmend an Bedeutung. Verstärkt seit Heinrich II. gingen die Königsgüter auch im Raum Regensburg in den Besitz der Kirche über, die nun auch den Hauptteil des servitium regis zu tragen hatte. In Regensburg ergab sich auch unter diesen veränderten Gegebenheiten für den König eine günstige Konstellation. Die Stadt war Bischofssitz und beherbergte mit Nieder- und Obermünster zwei Reichsklöster. Nieder- und Obermünster hatten dabei bis zum Jahr 1073 zusammen pro Jahr 100 und danach 70 Schweine und die sonstigen üblichen Abgaben für den König bereitzuhalten. Die Hauptlast der Königsgastung hatte aber zweifellos der Regensburger Bischof zu tragen, auch wenn sich seine Leistungen nicht zahlenmäßig beziffern lassen. Vor diesem Hintergrund gewinnt der Ausspruch Lothars von Supplinburg, das Regensburger Bistum gehöre ihm, seinen eigentlichen Aussagewert. Zur Unterstützung hatten auch die übrigen bayerischen Bischöfe und Reichsklöster ihren Anteil beizutragen, ohne daß sich dafür allerdings konkrete Angaben ausfindig machen lassen. Beizusteuern hatten schließlich auch die in Bayern verbliebenen Königsgüter, die im sogenannten Tafelgüterverzeichnis aus der 1. Hälfte des 12. Jahrhunderts aufgeführt sind.

Im Gegensatz zum König und seinem Gefolge waren die Versammlungsteilnehmer und ihre Begleitung natürlich nicht von der Regensburger Kirche zu unterhalten. Sie mußten ihren Unterhalt selbst aufbringen. Ein Mittel dazu waren die Herbergshöfe, die mit gewissen Gütern ausgestattet waren, die Einkünfte erbrachten. Daneben herrschte in Regensburg spätestens seit der Mitte des 10. Jahrhunderts ein reges Handelsleben, so daß die Versammlungsteilnehmer alles Erforderliche auf dem Markt kaufen konnten. Außerdem kann davon ausgegangen werden, daß die Versammlungen auch „fliegende" Händler anlockten, die die Gelegenheit nutzen wollten, ihre Waren zu guten Preisen abzusetzen. Der Bericht Ottos von Freising, wonach auf der Versammlung des

Jahres 1147 durch die Kreuzzugspredigt Adams von Ebrach auch eine Vielzahl von
Räubern und Landstreichern vom Kreuzzugsgeist ergriffen worden sei, deutet jedenfalls darauf hin.

III. Bedeutung der Reichsversammlungen für Regensburg

Es ist unverkennbar, daß die Reichsversammlungen und die häufigen Königsaufent-
halte für Regensburg durchaus mit spürbaren Lasten verbunden waren. Ein beredtes
Beispiel dafür ist die Bitte der Äbtissinnen von Nieder- und Obermünster im Jahr 1073
an Heinrich IV., er möge ihnen das servitium regis, die Leistungen also für den Unterhalt des königlichen Hofes, spürbar erleichtern und seine Fälligkeit auf einmal im Jahr
beschränken. Die Bewohner Regensburgs dürften auch nicht gerade erfreut darüber
gewesen sein, daß ihnen Heinrich IV. wiederholt Abgaben und Steuern auferlegte, um
seine Kriegsführung zu finanzieren. Im Gesamtergebnis dürften aber zweifellos für die
Stadt die Vorteile überwogen haben, die die Präsenz des Königs und die Reichsversammlungen mit sich brachten. Die Reichsversammlungen in Regensburg knüpften an
die Funktion der Stadt als Hauptstadt Bayerns an und festigten gleichzeitig diesen Anspruch bis ins 13. Jahrhundert, bis die Stadt Reichsstadt wurde, es dem wittelsbachischen Herzog verwehrte, in ihr Fuß zu fassen, und damit die Absonderung aus dem
Verband des bayerischen Herzogtums einleitete.

Als regelmäßige Teilnehmer an den Regensburger Reichsversammlungen sind neben
dem bayerischen Herzog, soweit dieses Amt jeweils besetzt war, der bayerische Adel,
die Bischöfe von Salzburg, Regensburg, Passau, Freising, Eichstätt, Bamberg und Brixen zu nennen. Gelegentlich lassen sich auch der Patriarch von Aquileia, die Bischöfe
von Trient, Augsburg und Würzburg, der Markgraf bzw. Herzog von Österreich, der
Herzog von Kärnten, die Markgrafen von Steiermark und Istrien als Versammlungsteilnehmer nachweisen. Der österreichische Herzog erhielt im Jahr 1156 bei der Gründung seines Herzogtums die Vergünstigung, am Königshof und zu Versammlungen
nur in Regensburg und sonst nirgends erscheinen zu müssen. Regensburg erhielt damit
in besonderer Weise eine Verbindungsfunktion zwischen Österreich und dem Reich.
Seit den Saliern und verstärkt unter den Staufern suchten auch die Herzöge von Böhmen, böhmische Adelige und der Bischof von Prag die Versammlungen in Regensburg
auf und spielten böhmische Fragen eine gewichtige Rolle unter den Verhandlungsthe-
men. Es läßt sich zwar kein direkter Beweis dafür erbringen, daß Regensburg zum zu-
ständigen Verhandlungsort für böhmische Fragen bestimmt worden ist, doch deutet ei-
niges darauf hin, daß Regensburg von den Zeitgenossen diese Funktion beigemessen
wurde und man diese Fragen mit Vorliebe in Regensburg auf die Tagesordnung setzte.

Aufgrund des angeführten Teilnehmerkreises lassen sich Aussagen über den
Einzugsbereich der Regensburger Reichsversammlungen machen. Als relativ stabiler
Einzugsbereich gibt sich dabei die karolingische Terra Bavarica mit den von ihr abhän-
gigen slawischen Gebieten zu erkennen. In den Regensburger Reichsversammlungen

lebten so die Einheit der Terra Bavarica und die einstigen Bindungen auch dann noch weiter, als die ehemaligen Marken Kärnten, Österreich und Steiermark die Selbständigkeit erreicht hatten. Zu diesem festen Teilnehmerkreis kamen noch sehr häufig Fürsten, Bischöfe und Adelige aus verschiedenen Reichsgebieten hinzu, vor allem aus Ostfranken, Thüringen und Schwaben, gelegentlich wegen besonderer Anlässe auch aus Italien. Daraus wird ersichtlich, daß Regensburg der besondere Rang eines Vorortes des Reiches im südostdeutschen Raum zugemessen wurde. Regensburg war der Ort, an dem der König durch seine persönliche Präsenz im Südosten des Reiches seine Herrschaft zur Geltung brachte und an dem die Großen Südostdeutschlands und auch Böhmens Gelegenheit hatten, an der Reichspolitik teilzunehmen. In den Reichsversammlungen findet somit die herausragende Bedeutung ihren sichtbaren Ausdruck, die Regensburg für das mittelalterliche Königtum hatte. Man ist aufgrund dieser besonderen Umstände geneigt, Regensburg als einer der wenigen unter den Städten des mittelalterlichen Deutschland Eigenschaften einer Hauptstadt zuzuerkennen.

Literatur

Bauerreiß, Romuald, „Caput, matrix, magistra omnium ecclesiarum", in: Münchner Theologische Zeitschrift 13 (1962), S. 202–206.
Brühl, Carlrichard, Palatium und Civitas. Studien zur Profantopographie spätantiker Civitates vom 3. bis zum 13. Jahrhundert, Bd. II: Belgica I, beide Germanien und Raetia II, Köln-Wien 1990.
Kraus, Andreas, Civitas regia. Das Bild Regensburgs in der deutschen Geschichtsschreibung des Mittelalters, Kallmünz 1972 (Regensburger Historische Forschungen 3).
Kraus, Andreas – Pfeiffer, Wolfgang (Hg.), Regensburg. Geschichte in Bilddokumenten, München ²1986.
Piendl, Max, Die Pfalz Kaiser Arnulfs bei St. Emmeram in Regensburg, in: Thurn und Taxis-Studien 2 (1962), S. 96–126.
Piendl, Max, Fragen zur Regensburger Stadttopographie, in: Verhandlungen des Historischen Vereins für Oberpfalz und Regensburg 106 (1966), S. 63–82.
Reindel, Kurt, Regensburg als Hauptstadt im frühen und hohen Mittelalter, in: Dieter Albrecht (Hg.), Zwei Jahrtausende Regensburg, Regensburg 1979, S. 37–54 (Schriftenreihe der Universität Regensburg 1).
Reindel, Kurt, Regensburg als Sitz der Herrscher im 10. Jahrhundert, in: Regensburg-Kelheim-Straubing, Teil 1, bearb. von Sabine Rieckhoff-Pauli und Walter Torbrügge, Stuttgart 1984, S. 245–248.
Schmid, Peter, Die Regensburger Reichsversammlungen im Mittelalter, in: Verhandlungen des Historischen Vereins für Oberpfalz und Regensburg 112 (1972), S. 31–130.
Schmid, Peter, Regensburg. Stadt der Könige und Herzöge im Mittelalter, Kallmünz 1977 (Regensburger Historische Forschungen 6).
Trapp, Eugen, Die Regensburger Reichstage, Regensburg 1921.

Alois Schmid

Von der bayerischen Landstadt zum Tagungsort des Immerwährenden Reichstages

Vorgeschichte

Regensburg, die Hauptstadt des früh- und hochmittelalterlichen Bayern, war in der ersten Hälfte des 13. Jahrhunderts nach heftigen inneren Auseinandersetzungen zur Reichsstadt aufgestiegen, zur einzigen im Südosten des Reiches. Seit 1180 hatten das Königtum, der Herzog von Bayern, der Bischof von Regensburg und das Bürgertum der Stadt um die Herrschaft gekämpft. Sieger in dieser Auseinandersetzung waren die Bürger, die sich der wirkungsvollen Unterstützung durch die städtefreundlichen staufischen Könige erfreuten. Regensburg wurde freie Reichsstadt, die dem Kaiser weder zu huldigen und Abgaben zu leisten hatte, noch einen königlichen Interessenvertreter innerhalb ihrer Mauern dulden mußte. Diese Entwicklung ging vornehmlich zu Lasten der Herzöge von Bayern, obwohl sie gerade in dieser Epoche eine sehr erfolgreiche Territorial- und Städtepolitik betrieben. Dadurch legten sie die Grundlage für den wittelsbachischen Territorialstaat, der sich vor allem durch seine auffallende Geschlossenheit auszeichnete. Daß es nicht gelang, auch Regensburg in diesen einzubauen, hängt mit den ausgeprägten Interessen des Königtums im bayerischen Donauraum zusammen, das als Grundlage seiner Herrschaft eine Landbrücke von Schwaben bis Thüringen aufbauen wollte. Die Sonderentwicklung Regensburgs konnte auch nach dem Untergang der Staufer nicht rückgängig gemacht werden, weil seit der ersten bayerischen Landesteilung von 1255 infolge der Rivalität der Linien des Herzogshauses eine gemeinsame zielstrebige Territorialpolitik nicht mehr möglich war. Nach einem verlorenen Krieg mit der Stadt gaben die wittelsbachischen Herzöge ihre Versuche, an Regensburg als Hauptstadt festzuhalten, 1259 weithin auf. In Zukunft benötigten sie die vermögenden Regensburger Kaufleute als Financiers. Obwohl die wittelsbachischen Herzöge von Bayern von nun an durch vielfältige Geschäftsbeziehungen mit der Bürgerschaft dieser Stadt verbunden waren, haben sie aber deren Sonderentwicklung nie anerkannt. Sie haben sich bemüht, die Lebensfähigkeit Regensburgs zu untergraben, um vielleicht auf diesem Wege die verlorene Hauptstadt zurückzugewinnen.

Einen Ansatzpunkt dazu boten dem Herzogsgeschlecht seine auch in Regensburg noch verbliebenen Rechte. Denn es war nur zurückgedrängt, keinesfalls gänzlich ausgeschaltet worden. Die Wittelsbacher verfügten über geringfügigen Besitz und über eine Reihe von Vogteien in und um Regensburg. An sie waren vor allem die Rechte der Burggrafen nach deren Aussterben 1185 gefallen. Das waren Münz- und Geleitrechte, vor allem aber Gerichtsbefugnisse. Sowohl das Schultheißengericht als auch das Friedgericht im nichtkirchlichen Teil der Stadt war in den Händen der Herzöge, die sie freilich in der Praxis durchgehend mit Angehörigen der angesehensten Ratsfamilien besetzten oder gar an die Stadt verpfändeten. Von dieser Position aus bemühten sich die Wittelsbacher auch nach ihrem Rückzug ab 1259 beständig um die Rückgewinnung der Stadt. Die entscheidenden Vorstöße wurden im Jahre 1337 von Kaiser Ludwig dem Bayern und während des Städtekrieges 1388 von Herzog Albrecht I. von Niederbayern-Straubing vorgetragen. Doch gelang es der Bürgerschaft, diese militärischen Aktionen abzuwehren. Bis zur Mitte des 15. Jahrhunderts war der Sonderstatus Regensburgs von wittelsbachischer Seite her dann nicht mehr ernsthaft bedroht, obwohl die Präsenz des Königtums immer schwächer wurde. Die familieninternen Auseinandersetzungen unterbanden eine konzentrierte Reichs- und Außenpolitik. Diese Voraussetzungen änderten sich erst mit dem Regierungsantritt der „reichen" Herzöge in Landshut und Albrechts IV. in München. Nach zwei Jahrhunderten der Zersplitterung setzte nun eine deutliche Konzentration der Kräfte ein, die auf eine Überwindung der unheilvollen Auswirkungen der Landesteilungen abzielte und eine verstärkte Stoßkraft nach außen zur Folge hatte. Die treibende Kraft wurde Herzog Albrecht IV. von Oberbayern (1465–1508), dessen Ziel der Ausbau der wittelsbachischen Territorien zur bestimmenden politischen Potenz im süddeutschen Raum war, ja zur Vormacht im Reich, die mit dem Haus Habsburg konkurrieren konnte. Er hat an einer Reihe von Punkten angesetzt, um seine Position zu stärken: in Schwaben, in Tirol, in der Reichsgrafschaft Abensberg. Und ein weiterer Baustein in diesem Programm sollte die Rückgewinnung Regensburgs, die Wiedereingliederung der alten Hauptstadt ins herzogliche Territorium werden.

Die Lage Regensburgs im 15. Jahrhundert

Die Stadt Regensburg hatte zu dieser Zeit den Zenit ihrer geschichtlichen Entwicklung bereits überschritten. Ihr blühendes Wirtschaftsleben, das sie in den vorausgehenden Jahrhunderten an die Spitze der oberdeutschen Städte geführt hatte, sah sich nun wachsenden Schwierigkeiten ausgesetzt. Einen ersten Einbruch hatten schon zu Beginn des 15. Jahrhunderts die Hussitenkriege verursacht, die bis an die Regenmündung ausgriffen und die Stadt von ihren Verbindungen nach Osten abschnitten. Dazu kamen die immer deutlicher spürbaren Auswirkungen der bayerischen Abschnürungspolitik, die dem Kleinhandel das natürliche Umland entzog und das Gewerbe auf den innerstädtischen Bereich einengte. Die notwendige Folge war eine bedrohliche Einseitigkeit des Wirtschaftslebens, das ausschließlich auf den Fernhandel ausgerichtet war und nie ein Gewerbe von Rang ausbildete. Gerade hier aber lag die Zukunft, wie am eindrucksvollsten das Beispiel Nürnberg belegt. Das Anwachsen der Städte hatte nämlich eine Umstellung von hochwertigen Luxusartikeln auf billigere Massenware zur Folge. Diesen sich verändernden Gegebenheiten vermochte sich die Regensburger Wirtschaft nie anzupassen. Schließlich verursachten Schwerpunktverlagerungen auf dem Weltmarkt neue Linienführungen im europäischen Fernstraßensystem, das nun Augsburg, Nürnberg, Frankfurt und Wien begünstigte, Regensburg aber schädigte. So büßte die Stadt im 15. Jahrhundert ihren früheren Rang als Wirtschaftszentrum ein. Die einstige Metropole des Transithandels und der politischen Finanz sank zum Umschlagplatz für Transportunternehmer herab. Die Einwohnerzahl ging auf rund 12 000 bis 15 000 Menschen zurück. Das Großkapital wurde in die neuen Zentren abgezogen. Dabei erwies sich für Regensburg der Sonderstatus als Freistadt als besonderer Hemmschuh. Denn die Kaiser taten als Schutzherrn nichts, um die Nachteile, die sich aus der enklaven Lage innerhalb des sich immer mehr abgrenzenden bayerischen Territoriums ergaben, auszugleichen. Vielmehr betrachteten sie das Bürgertum der Reichsstädte in erster Linie als Geldgeber, die angesichts des anwachsenden Finanzbedarfs laufend mit Abgaben belegt wurden. Das bekamen auch die freien Städte zu spüren, die das Königtum am liebsten wie Reichsstädte behandelt hätte. Das gilt in gleicher Weise für Regensburg. Nachdem der Rat bereits in der Auseinandersetzung mit Kaiser Friedrich III. (1440–1493) wegen seines Vorgehens gegen die Juden ab 1476 den kürzeren gezogen hatte und zu einer Geldbuße von 8 000 Gulden verurteilt worden war, wurde Regensburg unter Androhung der Acht im Jahre 1483 mit 6 000 Gulden zur Reichshilfe gegen die Ungarn veranlagt. Die Stadt, die seit Jahren Einnahmen und Ausgaben nicht mehr zur Deckung bringen konnte, war nicht in der Lage, den Betrag aufzubringen. Sie sah sich angesichts ihrer bereits angehäuften Schulden gezwungen, die benötigte Summe auf die Bürger abzuwälzen, indem sie zu den bereits erhöhten Ungeldern nun eine Herdstättensteuer ausschrieb. Diese Maßnahme wirkte wie ein Fanal. Der seit langem angestaute Zorn über die immer höher werdenden finanziellen Belastungen und eine die sozialen Unterschiede noch einmal betonende Kleiderordnung von 1485 entlud sich im August dieses Jahres in einem Aufruhr. Die Zünfte legten beim Rat Beschwerde ein. Die Gemeinde faßte ihre Klagen in neun Artikeln zusammen. Zusammenrottungen unterstrichen den Protest. Die Verärgerung richtete sich vornehmlich gegen den Kaiser, in dem die Träger der Bewegung, Handwerker und Kleinhändler, den Hauptschuldigen für die sich beständig verschlechternde Lage sahen.

Regensburg wird bayerisch

Diese Vorgänge nahm der Herzog von Oberbayern, Albrecht IV., zum Anlaß, sich in die an sich innerstädtische Angelegenheit einzumischen. Seit etwa 1470 betrieb er gezielt die Rückgewinnung der Stadt. Ihm ging es dabei um die Ausbildung eines weithin geschlossenen Territoriums, in dem möglichst wenige Binnengrenzen Wirtschaft und Handel hemmten. Schon 1470 bemächtigte er sich des Schlosses Weichs. Für ein Eingreifen in der Stadt boten ihm seine burggräflichen Rechte einen Ansatzpunkt, nachdem er sie im Jahre 1479 für die gewaltige Summe von 11 000 ungarischen und 7 700 rheinischen Gulden an die Reichsstadt verpfändet hatte. Albrecht IV. bot nun 1485 der von der kaiserlichen Forderung und dem bürgerlichen Protest erschütterten Stadt die Einlösung des Pfandes an. Dadurch wurde diese in die Lage versetzt, nicht nur die ihr auferlegten Abgaben zu bezahlen, sondern erhielt darüber hinaus eine Geldsumme, die ihre finanziellen Nöte zumindest fürs erste spürbar linderte. Der Zeitpunkt war natürlich absichtlich und äußerst geschickt gewählt. Gezwungenermaßen ging der Rat auf das Angebot ein. Das durfte Albrecht IV. auch erwarten, nachdem ihm innerhalb der Stadt eine einflußreiche Anhängerschar zuarbeitete. Durch planvolle Personalpolitik hatte der Herzog den Griff nach Regensburg geschickt vorbereitet. Die wittelsbachische Partei wurde angeführt vom Domdekan Dr. Johannes Neuhauser, einem Nachkömmling seines Vaters Albrecht III. und seit 1473 zugleich herzoglicher Rat, sowie dem seit 1474 in städtischen Diensten stehenden Hans von Fuchsstein. Vor allem diese beiden Parteigänger hatten seit Jahren Stimmung für den Herzog gemacht mit der Begründung, daß allein durch eine Überstellung der Stadt an Bayern eine Besserung ihrer Lage herbeizuführen sei. Tatsächlich löste der Herzog daraufhin das Pfand ein. Er rettete damit die Stadt vor der Zahlungsunfähigkeit, wurde aber zugleich wieder ihr oberster Gerichtsherr. Und Albrecht IV. nahm die Gunst der Stunde wahr, um sie am 16. Oktober 1485 auf 15 Jahre ausdrücklich in seinen Schutz zu stellen, wie das ein Jahrzehnt vorher auch Herzog Ludwig der Reiche von Niederbayern getan hatte. Dafür sollte er ein jährliches Schutzgeld in der erträglichen Höhe von 300 Gulden erhalten. Doch sollten diese Maßnahmen nur Ausgangspunkt einer weiteren Annäherung in der Folgezeit sein. Neuhauser und Fuchsstein sorgten dafür, daß der Rat der bayerisch bestimmten Gemeinde, der Versammlung der Bürgerschaft, den Antrag vorlegte, die Stadt gänzlich dem Herzog zu überstellen, weil sich nur auf diesem Wege die aussichtslose wirtschaftliche Lage der Stadt bessern ließe. Tatsächlich konnten die Parteigänger des Herzogs auch in der Gemeinde eine entsprechende Mehrheit herbeiführen. Sie brauchten dazu den Blick der Regensburger nur auf die aufblühenden bayerischen Städte München, Landshut, Straubing, Burghausen und Ingolstadt zu lenken, um die Bürger mit Neid zu erfüllen. Und sie versprachen, daß die Rückkehr nach Bayern eine ähnliche herzogliche Förderung auch für Regensburg, vor allem die Öffnung des bayerischen Marktes bewirken werde. *„Besser ein Herzog als ein Kaiser! Der Herzog macht reich, das Reich macht arm"* wurde die Losung. Ohne jeden militärischen Druck, allein durch die Kraft der Argumente und einer schlechten Wirtschaftslage beantragte die Reichsstadt Regensburg die Unterstellung unter das landesherrliche Regiment. Das war ein in der Geschichte des Reiches bis ins 18. Jahrhundert hinein einmaliger Vorgang. Keine andere Reichsstadt hat einen vergleichbaren Schritt gewagt.

Noch am 16. Oktober 1485 ging eine städtische Gesandtschaft nach München. Sie wurde angeführt von Hans von Fuchsstein und bot dem Herzog die Unterwerfung an, weil sie davon eine wirtschaftliche Gesundung der Stadt erwarte. Über diese Fragen wurden nun Verhandlungen aufgenommen, die sich über Monate hinzogen. Natürlich

*Herzog Albrecht IV. Ausschnitt aus einem Glasfenster der Klosterkirche Prüll
(Bayerisches Nationalmuseum München)*

konnten sie nicht geheim gehalten werden. Der Kaiser warnte den Rat vor der Ausführung seiner Pläne. Doch war dieser nach den Geldforderungen Friedrichs III. viel zu sehr verstimmt, als daß er der Drohung Beachtung geschenkt hätte. Die Stadt blieb bei ihrem Antrag an Herzog Albrecht IV., so daß am 18. Juli 1486 der Übergabevertrag unterzeichnet werden konnte: Mit Wirkung dieses Tages wurde Regensburg eine bayerische Stadt. Das neue Herrschaftsverhältnis sollte vornehmlich in einer Stadtsteuer zum Ausdruck kommen, die für den Zeitraum von 15 Jahren auf 800 Gulden festgesetzt wurde und sich in der Folgezeit auf 1 200 Gulden erhöht hätte. Alle städtischen Beamten sollten zwar vom Rat ernannt, aber vom Herzog bestätigt werden. Im übrigen erkannte Albrecht IV. sämtliche Rechte der Stadt an und sagte ihr sogar eine Vergrößerung ihres Territoriums zu. Durch den Ankauf der vom Bischof an die Stadt verpfändeten Herrschaft Donaustauf wollte er ihr zu weiterem Geld verhelfen. Nachdem mit diesem Vertrag die rechtlichen Grundlagen für ein neues Kapitel in der Geschichte Regensburgs gelegt worden waren, nahm der Herzog unverzüglich Besitz von seiner Erwerbung. Am 6. August 1486 hielt er prunkvollen Einzug, von der Bevölkerung begeistert empfangen. Der Rat huldigte ihm. Regensburg war eine bayerische Landstadt geworden. Albrecht IV. hatte eine weitere Enklave innerhalb des herzoglichen Territoriums beseitigt und damit einen alten Wunsch der wittelsbachischen Herzöge von Bayern erfüllt.

Albrecht IV. machte sich zuallererst daran, das bayerische Regiment abzusichern, indem er seine Parteigänger in die entscheidenden Funktionen brachte. Das Hansgrafenamt wurde einem Anhänger zugesprochen. Den wichtigsten Posten des Schultheißen erhielt der Fuchssteiner. Der Rat wurde in herzoglichem Sinne umbesetzt. Doch wurde dieses Gremium zugunsten des Äußeren Rates und der Gemeinde in seinen Kompetenzen beschnitten, um die günstige Stimmung in der Stadtbevölkerung auch weiterhin auszunützen. Hinter allen diesen Maßnahmen stand der Herzog selber, wie seine eigenhändigen Marginalien auf einschlägigen Schriftstücken belegen. Er nahm die Angelegenheit in seine eigenen Hände. Mindestens einmal pro Monat ließ er sich aus der Stadt direkt Bericht erstatten. Er suchte sie aber auch persönlich wiederholt auf: im Februar 1487, im Januar 1488, von Dezember 1491 bis Februar 1492.

Wittelsbachische Maßnahmen zum Wohl der Stadt

Die Hauptsorge Albrechts IV. galt tatsächlich, wie zugesagt, der Stärkung ihrer Wirtschaftskraft. Darüber stellte der Hofrat zu München bereits im Dezember 1486 ausgedehnte Überlegungen an. Manche Pläne wurden zur Entschuldung der Stadt durch Erhöhung ihrer Einkünfte ausgearbeitet und erörtert. Sie zielten vornehmlich auf eine allgemeine Besteuerung der Bevölkerung unter Umgehung aller Privilegien. Albrecht IV. ließ eine umfassende Steuer- und Finanzreform in Angriff nehmen. Ungeld und Zölle wurden neu festgesetzt. Die alte Salzniederlage, jahrhundertelang von den Herzogen bekämpft, wurde nun sogar unter landesherrlichen Schutz gestellt. Al-

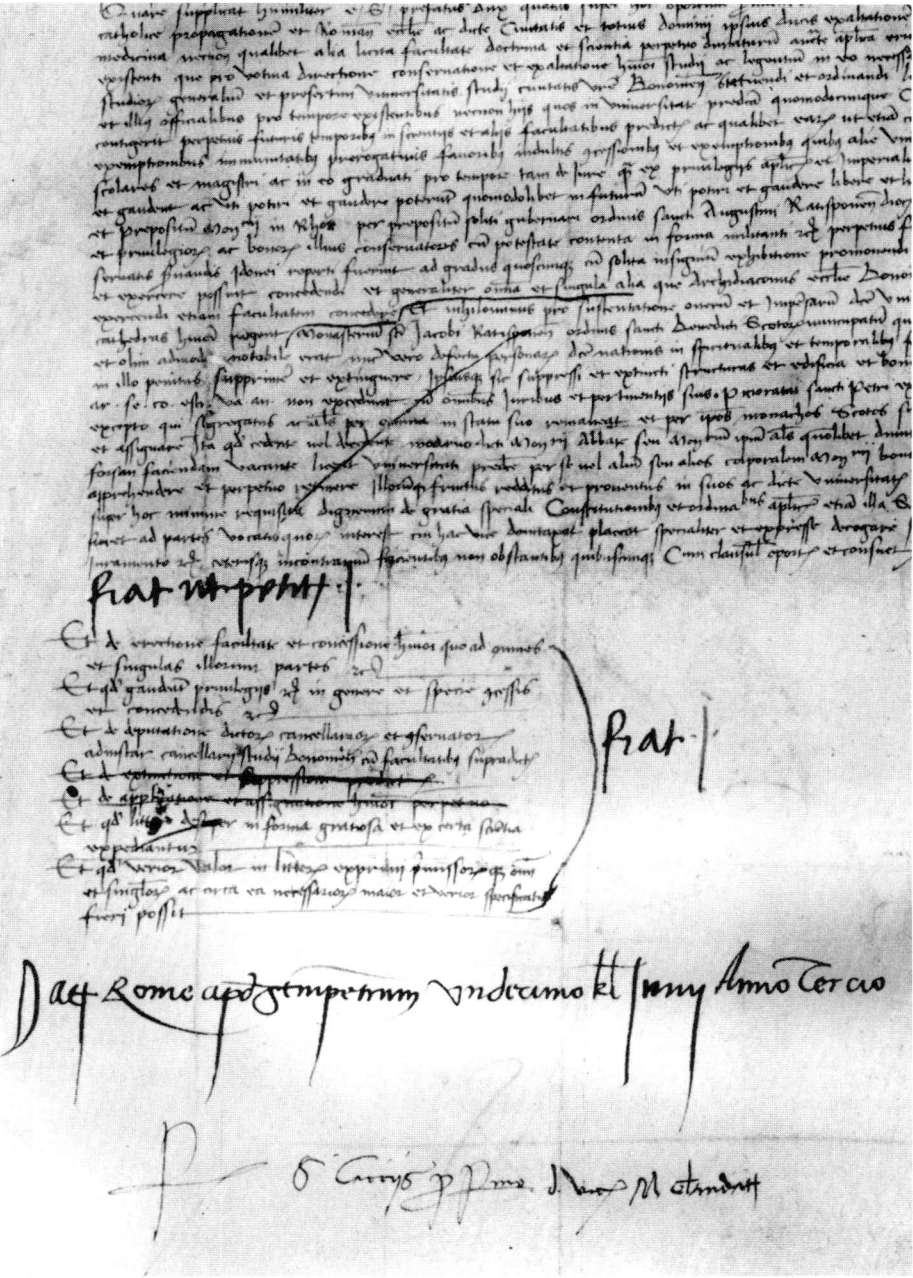

Ausschnitt aus dem päpstlichen Bewilligungsdekret für die Universität Regensburg, 1487

brecht IV. verlieh Stapelrechte. Vor allem wollte er die Stadt wieder zu einem Zentrum machen, das von Auswärtigen aufgesucht wurde, die wie früher Geld bringen sollten. Und in diesem Zusammenhang wird dann das Projekt einer Universitätsgründung geboren. Wie Ingolstadt wenige Jahre vorher durch die Errichtung der ersten bayerischen Landesuniversität für den Verlust der Residenzfunktion entschädigt worden war, sollte nun auch Regensburg durch die Gründung einer solchen Hohen Schule Ersatz für die verlorene frühere Bedeutung erhalten. Die Stadt sollte ein weiteres kulturelles Zentrum innerhalb des Herzogtums werden. Unverzüglich ließ Albrecht IV. darüber in Rom Verhandlungen aufnehmen, die 1487 dann in die erforderliche päpstliche Bestätigungsbulle mündeten. Auch diese geplante Universität sollte wieder Fremde in die Stadt führen. Dem gleichen Ziel diente der Vorschlag, die Regensburger Kirchen sollten ihre Reliquien und sonstigen Heiltümer Jahr für Jahr öffentlich zur Schau stellen. Daß sich auch auf diesem Wege viele Fremde anlocken und spürbare Gewinne erzielen ließen, belegten seit Jahrzehnten mehrere Orte in Bayern. Noch 1487 wurde mit Erfolg die erste Heiltumsweisung durchgeführt, nachdem der Herzog die dafür benötigte päpstliche Genehmigung durchgesetzt hatte. Und er selber demonstrierte der Stadt, wie man derartige Planungen wirkungsvoll in die Tat umsetzte. Schon immer hatte Albrecht IV. voller Bewunderung auf die Höfe der italienischen Renaissancefürsten geblickt und sich dadurch Sinn für Repräsentation angeeignet. Im Februar 1487 veranstaltete er auf dem Platz vor dem Herzogshof, dem heutigen Alten Kornmarkt, ein glanzvolles Ritterturnier. Er lud dazu den Adel aus dem gesamten süddeutschen Raum und dieser leistete ihm in großer Anzahl Folge. An der Spitze von fast 150 Rittern samt ihrer Begleitung zog Albrecht IV. in die Stadt ein und eröffnete ein Spektakel, das tatsächlich viele Schaulustige anzog. Seit einem halben Jahrhundert hatte Regensburg derartiges nicht mehr erlebt. Mit dieser glanzvollen Veranstaltung klingt die Tradition der mittelalterlichen Turniere hier aus. Auch Regensburg bekam also den Geist dieses späten Förderers mittelalterlicher Aventiure-Seligkeit zu spüren.

Albrecht IV. wollte Regensburg wohl nie zur Hauptstadt seines Territoriums machen, wie man in der Stadt gehofft hatte. So weit ging seine Begeisterung für die Vergangenheit nicht, daß er sich deswegen von München, wo er eine glanzvolle Hofhaltung pflegte, hätte trennen wollen. Er stellte zweifellos allenthalben seine eigenen Interessen über die der Stadt. Dennoch war er bereit, Regensburg zentralörtliche Funktionen zurückzugeben. In dieser Absicht verlegte er den Sitz des Viztumsamtes Straubing, dem die neuerworbene Stadt eingegliedert worden war, aus der niederbayerischen Herzogsresidenz in die frühere Reichsstadt. Seit 1488 sind hier Viztum und Rentmeister bezeugt. Auch das Hofgericht sollte nun hier installiert werden. Um die Voraussetzungen dafür zu schaffen, begann Albrecht IV. umfangreiche Baumaßnahmen. Er plante die Errichtung einer Herzogsresidenz. Doch verspürte er erstmals hier Widerstand aus der Bürgerschaft, die das Gebäude nicht im Zentrum der Stadt dulden wollte. Albrecht IV. mußte es außerhalb der Stadtmauer errichten. Er begann mit dem Ausbau des alten wittelsbachischen Besitzes vor dem Prebrunntor. Der dortige ausgedehnte Komplex sollte das herzogliche Schloß werden, dessen Überreste noch zu Beginn des vorigen Jahrhunderts gesehen wurden.

Neben diesem Residenzbau leitete Albrecht IV. weitere Baumaßnahmen ein, die auf eine Förderung des städtischen Handels abzielten. Er ließ einen Salzstadel errichten, einen Weinstadel, ein Lagerhaus für Eisen, in dem das oberpfälzische Eisen umgeschlagen wurde. Durch eigene Bräuhäuser sollte eine Erhöhung des Ungeldaufkommens in die Wege geleitet werden. Der herkömmlichen Klage über die Abschnürung der Stadt versuchte der Landesherr durch die Überlassung des Oberen Wöhrdes abzuhelfen, der für die Bürger wegen der Wiesen und der Sandgrube wichtig war und durch eine Brücke mit dem Festland verbunden wurde. In der gleichen Absicht wurden mehrere Ortschaften am Nordufer der Donau eingegliedert: die Siedlungen „Am Hof" vor der Steinernen Brücke, Steinweg, Pfaffenstein, Winzer, Reinhausen und Kareth. Das auf diese Weise vergrößerte Stadtgebiet wurde durch eine Einteilung in 13 Bezirke verwaltungsmäßig neu geordnet. Um diese Orte besser an das Stadtzentrum anzuschließen, wurde die Straße nach Westen in Richtung Nürnberg, die bisher durch das Prebrunntor bis Prüfening geführt hatte und erst dort die Donau überquerte, nun über die Steinere Brücke nach Steinweg verlegt, von wo aus der Herzog entlang der Donau eine neue Trasse bis Winzer anfertigen ließ und damit die bis heute bestehende Straßenführung begründete. Albrecht IV. machte sich also unverzüglich an die Einlösung seiner Zusagen gegenüber der Regensburger Bürgerschaft. Er hat eine Reihe von Maßnahmen eingeleitet, die den Wohlstand der Stadt wieder heben sollten.

Widerstand gegen den Herzog

Dennoch fand seine Herrschaft nicht allenthalben Beifall. Es gab von Anfang an auch spürbaren Widerstand, der erstmals anläßlich des Residenzbaues deutlich wurde. Er kam weiterhin aus den neu eingegliederten Orten, die nun von der Stadt zur Stadtsteuer veranlagt wurden, womit sie nicht einverstanden waren. Härterer Widerstand kam von den bisher privilegierten Gruppen, die nun tatsächlich zu Abgaben herangezogen wurden: Juden und Klerus. Vor allem die Geistlichkeit hat sich allem Anschein nach nie mit dem neuen Stadtherrn abgefunden, sondern ihn mit sehr scharfen Spottgedichten verfolgt. Sie richteten sich gegen die starke Einmischung des Herzogs vor allem in Angelegenheiten des Bischofsstuhles, den Albrecht IV. ebenfalls in seine Verfügungsgewalt bringen wollte. Schon ließ er in Rom über ein herzogliches Nominations- und Präsentationsrecht verhandeln. Letztlich wollte er Regensburg zum Sitz eines bayerischen Landesbistums machen, das erstmals in dieser Zeit projektiert wurde. Auf dieses Ziel hat er durch sehr umstrittene herzogliche Visitationen in den drei Regensburger Reichsstiften sowie die Übernahme mehrerer bischöflicher Funktionsträger in seinen Ratsdienst zielstrebig hingearbeitet. Diese unverkennbaren Übergriffe Albrechts IV. in den kirchlichen Bereich drängten Bischof Heinrich IV. zusammen mit seinem Klerus in eine oppositionelle Haltung. Aber auch unter den Bürgern gab es neben der nun tonangebenden bayerischen Partei nach wie vor zahlreiche Anhänger des Kaisers. Zwei Jahrhunderte als Reichsstadt ließen sich eben nicht durch einen Vertrag plötzlich gegenstandslos machen. Eine Reihe von Familien verließ aus Protest die Stadt. Auch bei den zurückbleibenden Geschlechtern kehrte nach und nach Ernüchterung ein. Sie hatten alle auf eine rasche Besserung der Verhältnisse gehofft. Und als diese nicht unverzüglich eintrat, sahen sie sich in ihren Hoffnungen enttäuscht und gingen allmählich wieder auf größere Distanz zum Herzog. Für diese sorgte zudem dessen wichtigster Parteigänger, der Schultheiß von Fuchsstein. Er übte anstelle des bisherigen strengen Ratsregiments ein nicht minder strenges herzogliches Regiment, das auf wenig Gegenliebe stieß. Bald machten auch unter den Bürgern Spottverse die Runde. In einem solchen Gedicht heißt es über den bayerischen Löwen, der nun neben das Schlüsselwappen auf die Stadttore gemalt wurde:

*„Darneben der leo stet und zannt
und sicht greulich di schlußel an,
di Rengspurg tut in seim wappen han."*

Man hoffte nun vereinzelt bereits wieder auf den Tag,

*„so der adler an dem marktturm tut fliegen
und beginnt den leben uberkriegen."*

Die Stimmung in der Stadt war also gewiß nicht einhellig bayerisch, sie war gespalten. Nach wie vor standen sich Anhänger des Kaisers und des Herzogs gegenüber.

Der Gegenschlag des Kaisers

Die Unterstellung der Reichsstadt Regensburg unter bayerische Oberhoheit im Juli 1486 war rasch in ganz Deutschland bekannt geworden. Es sind Verse überliefert, mit denen Bänkelsänger die Neuigkeit von Markt zu Markt trugen. Die Stadt selber hatte ihre Entscheidung durch Kuriere den anderen Reichsständen melden lassen. In einem Schriftsatz, den sie zudem durch die junge Kunst des Buchdruckes verbreiten ließ, hatte sie der Öffentlichkeit ihre Gründe vorgelegt. Dieses Druckwerk wurde auch dem Kaiser, ihrem bisherigen Herrn, zugestellt: Friedrich III. Er war damals bereits ein betagter Herr und wurde früher gerne als „des Reiches Erzschlafmütze" belächelt. Wie wenig diese Charakteristik zutrifft, zeigt auch seine Politik im Falle Regensburgs. Der Abfall der Stadt vom Reich hat ihn tief erzürnt. Schon 1487 soll er auf dem Reichstag zu Nürnberg ausdrücklich verkündet haben, er sei gewillt, *„sich ee deß landes Osterich zu verzihen, dann Regenspurg dem riche nochzulassen"*. Friedrich III. war von Anfang an fest entschlossen, die Stadt unter seine Herrschaft zurückzuzwingen. Bot sich doch gerade hier die Möglichkeit, von Reichs wegen gegen den wittelsbachischen Konkurrenten vorzugehen. Und auf dieses Ziel arbeitete der Kaiser mit unverkennbarer Zähigkeit hin. Das begann damit, daß er Regensburg wie jede andere Reichsstadt auch weiterhin zu Diensten und Abgaben an das Reich heranzog. Als die Stadt seinen Aufforderungen nicht nachkam, konnte er aber zunächst nichts unternehmen, weil ihm andere Aufgaben die Hände banden, vor allem das ungarische Problem. König Matthias Corvinus hatte ihm Teile seiner Erblande einschließlich der Residenzstadt Wien weggenommen. Die Rückgewinnung dieses Gebietes mußte die Hauptaufgabe sein. Deswegen hatte Albrecht IV. in Regensburg über Jahre hinweg ziemlich freie Hand. Doch förderte der Kaiser die Gründung des Schwäbischen Bundes, der 1488 zur Eindämmung der wittelsbachischen Expansionspolitik ins Leben gerufen wurde. In gleicher Weise förderte er den 1489 zu Cham gegründeten Löwlerbund, einen ebenfalls gegen die herzogliche Politik gerichteten Zusammenschluß zahlreicher Ritter des Vorderen Bayerischen Waldes. Mit diesen Maßnahmen bereitete Friedrich III. seinen Gegenschlag vor, den er sofort führte, als ihm der Tod von Matthias Corvinus und die Rückeroberung Niederösterreichs 1490 die Möglichkeit dazu boten. Am 13. Dezember 1489 war das Rechtsverfahren gegen die Stadt eröffnet worden, in dem die Stadt zur unverzüglichen Rückkehr ans Reich angehalten wurde. Als sie auf diese wie weitere ähnliche Aufforderungen nicht reagierte, leitete der Kaiser einen förmlichen Prozeß vor dem Reichskammergericht ein, das dann am 1. Oktober 1491 die Reichsacht über die Stadt verhängte. Die Exekution wurde den Löwlern übertragen, die freilich zu schwach waren, um sich gegen den Verurteilten zu behaupten. Aus dem in der Umgebung von Regensburg geführten Kleinkrieg ging der Herzog als Sieger hervor. Weil sich Albrecht IV. damit einem Kammergerichtsspruch widersetzt hatte, wurde auch über ihn die Reichsacht verhängt (23. Januar 1492). Nun wurde die Exekution dem ungleich mächtigeren Schwäbischen Bund übertragen, dem der von Georg dem Reichen damals nicht unterstützte Albrecht IV. nicht mehr gewachsen war. Deswegen schaltete er als Vermittler die Kurie ein. Die Fronten verhärteten sich also zusehends. Die Affäre um Regensburg zog immer weitere Kreise. Es war zu erwarten, daß die Waffen die Entscheidung bringen mußten. Schon marschierten am Lech die Truppen des Schwäbischen Bundes und des Herzogs auf, um die Kraftprobe militärisch zu beenden. Daß es nicht dazu kam, war einem Mann zu danken, der sich auf Anregung der Kurie nun erstmals in die Affäre einschaltete: König Maximilian I. Der Sohn des Kaisers, seit 1486 Mitregent, und Schwager des Herzogs vermittelte. Er führte die beiden Kontrahenten an den Verhandlungstisch. Ergebnis war der Schiedsspruch zu Augsburg vom 25. Mai 1492. Darin wurde der Herzog verpflichtet, zusammen mit der Reichsgrafschaft Abensberg auch Regensburg zurückzugeben, unter Wahrung seiner Rechte und Ansprüche. Albrecht IV. fügte sich diesem Spruch, wenn auch nur widerstrebend. Er mußte erkennen, daß er den Höhepunkt seiner Machtausweitung überschritten hatte. Er hatte den Bogen überspannt und so Gegenkräfte mobilisiert, denen er nicht mehr gewachsen war und die ihn nun zum Einlenken zwangen. Diese Einsicht des Herzogs, den man wegen seiner Besonnenheit auch den Weisen nennt, verhinderte Schlimmeres. Kaiser Friedrich III., obwohl zwischenzeitlich auf dem Sterbebett zu Linz liegend, hatte sich auch in Regensburg nach langem Zusehen und sehr zielgerichtetem Zupacken im entscheidenden Moment wieder einmal durchgesetzt.

Rückgabe Regensburgs an das Reich

Die Rückgabe Regensburgs an das Reich war ausschließlich Ergebnis der machtpolitischen Auseinandersetzung zwischen Kaiser und Herzog. Die Stadt selber hatte darauf keinen Einfluß. Sie hatte allerdings die Folgen zu tragen. Nach ganzen sechs Jahren erlebte Regensburg nun einen zweiten Herrschaftswechsel. Schon am 1. Juni 1492 übernahmen Markgraf Friedrich von Brandenburg und Eitelfritz von Zollern als kaiserliche Kommissare die Stadt wieder in die Pflicht des Reiches, nachdem sie der Herzog aus dem ihm geleisteten Eid entlassen hatte. Der Rat wurde neu gewählt. Die Stadt wurde zur Huldigung an den Kaiser veranlaßt und mußte an diesen ihre Steuern entrichten. Mit den Anhängern des Herzogs wurde hart abgerechnet. Sie wurden vor Gericht gestellt, inhaftiert, gefoltert. Nur mit Mühe entgingen einige Anschlägen. Die kaiserliche Partei übte schlimme Vergeltung. Sie leitete damit über in eine sehr unruhige Epoche Regensburger Stadtgeschichte, die in den kommenden zwei Jahrzehnten mehrere Menschenleben fordern sollte. Der Charakter der Auseinandersetzungen ist schwer zu beurteilen, weil die einzelnen Gruppen sehr unterschiedliche Ziele verfolgten. Es ging sicherlich nicht mehr nur um eine Abrechnung der Kaiserlichen mit den Herzoglichen. Sie wäre auch völlig überflüssig gewesen, nachdem Albrecht IV. nach dem Rückzug lediglich um die Aufrechterhaltung seiner Rechte kämpfte und keine Bemühungen um die Stadt mehr unternahm. Vielmehr geriet die kaiserliche Reaktion nun in das Spannungsfeld sozialer Bewegungen. Regensburg trat in eine Phase des Umbruches, weil die neuen Herrscher zunächst keine wirkungsvolle Autorität an die Stelle des abgelösten strengen herzoglichen Regiments zu setzen vermochten. Diese Übergangsjahre wurden abgeschlossen durch mehrere Vertragswerke, in denen durch eine neue Abgrenzung der Kompetenzen des Inneren und Äußeren Rates sowie der Gemeinde die Grundlagen der Stadtverfassung, aber auch die Beziehungen zum Kaiserhof und zu den wittelsbachischen Herzögen geregelt wurden. Die Stadt erhielt darin ihren früheren Status als Freistadt nicht zurück, sondern wurde Reichsstadt, die in Zukunft verstärkt zu Diensten und Abgaben an das Reich herangezogen werden sollte. Diese Unterordnung unter den Kaiser brachten am deutlichsten die beiden kaiserlichen Kommissare zum Ausdruck, die von der Stadt zu unterhalten waren und eine Wiederholung der Vorgänge von 1485/86 unterbinden sollten. An ihre Stelle trat 1499 der Reichshauptmann als wichtigste staatliche Autorität. Ihm unterstand auch der Innere Rat, der das oligarchische Regiment der Patrizier wieder erneuerte. Das Ergebnis dieser Verfassungskämpfe wurde in den Regimentsordnungen von 1500 und vor allem 1514 niedergelegt, die dann bis zum Ende des Alten Reiches in Kraft bleiben sollten.

Der Vertrag der Stadt Regensburg mit Bayern wurde am 23. August 1496 zu Straubing unterzeichnet. Damals wurden vor allem die Territorien gegeneinander abgegrenzt. Der Herzog machte gegen eine Ablösung von 400 Gulden pro Jahr die eingeleitete Vergrößerung des städtischen Territoriums wieder rückgängig. Er gestand Regensburg nur auf dem Südufer der Donau einen im Vergleich zu früher zwar vergrößerten, aber immer noch sehr begrenzten territorialen Gürtel außerhalb der Stadtmauer als Burgfrieden zu. Innerhalb dieses Areals, dessen Grenzsteine zum Teil noch heute stehen, oblag die Landeshoheit der Stadt. Dagegen blieb das Gebiet nördlich der Donau, abgesehen von einem kleinen Brückenkopf an der Steinernen Brücke und dem städtischen Katharinenspital, bayerisch. Die Siedlung „Am Hof" wurde nun zur Stadt erhoben und damit ein sehr später Vertreter wittelsbachischer Städtepolitik. Doch sollte dieser Handel und Wandel der Regensburger Bürger nicht mehr beeinträchtigen. Auch die Herrschaft Donaustauf blieb bayerisch. Dagegen überließ der Herzog der Stadt nun endgültig das Schultheißenamt, das Friedgericht und das Kammeramt, also hohe und niedere Gerichtsbarkeit samt allen Einkünften, ausgenommen allein die Verleihung des Blutbannes. Diese Formalie wurde der kümmerliche Rest der ursprünglich viel umfassenderen Herrschaftsrechte des Herzogs in der Stadt. Albrecht IV. gab seine Position doch weithin preis, weil er sich nun einem neuen Ziel zuwandte, der Sicherung des niederbayerischen Teilherzogtums. Dieser Vertrag von 1496 sollte die entscheidende Grundlage der Beziehungen zwischen der nunmehrigen Reichsstadt und dem Herzogtum bzw. Kurfürstentum Bayern bis zum Ende des Alten Reiches werden.

Auf dem Weg zum Immerwährenden Reichstag

König Maximilian I. nahm die nunmehrige Reichsstadt in seine besondere Obhut. Regensburg erscheint im Schrifttum der Zeit oftmals mit dem betonten Zusatz „königliche" oder auch „kaiserliche Stadt". So spricht Franciscus Irenicus in seiner „Brevis Germaniae Descriptio" von 1512 ausdrücklich von einer kaiserlichen Bischofsstadt: *„civitas episcopalis simul et imperialis"*. Der kaiserliche Diplomat und Dichter Riccardo Bartolini bezeichnete Regensburg dementsprechend als Stadt des Königs: *„Regensburg id est regiam civitatem"*. Kaiser Karl V. hielt an dieser ausgeprägten Bindung an das Königtum fest, die er im Schutzvertrag vom 2. März 1521 noch einmal rechtlich fixierte.

Die betonte Inpflichtnahme für das Königtum führte im 16. Jahrhundert schließlich zur Wiederaufnahme der Tradition der oftmaligen Reichsversammlungen zu Regensburg in karolingisch-ottonisch-salisch-staufischer Zeit. Sie war während des Spätmittelalters nie gänzlich zum Erliegen gekommen, aber angesichts der verwickelten Hoheitsverhältnisse in der Stadt deutlich eingeschränkt worden. Im Zeitalter der Reformation knüpfte das Königtum aber wieder an die Praxis des frühen und hohen Mittelalters an. Erstmals 1532 suchte der Reichstag wieder die kaiserliche Stadt auf. Seit 1556/57 wurden die Reichstage wieder mit Vorliebe, ab 1594 ausschließlich nach Regensburg ausgeschrieben. Wichtige und zum Teil auch spektakuläre Vorgänge (wie z. B. 1576 das Auftreten einer russischen Gesandtschaft) wurden hier behandelt. Und als sich die Versammlung von 1663 angesichts unbereinigter Streitfragen wider Erwarten nicht mehr auflösen konnte, verblieb der Reichstag ganz ungeplant als beständige Einrichtung am Tagungsort. Der periodisch zusammentretende Reichstag wandelte sich in der Folgezeit zum Immerwährenden Reichstag.

Die Gründe für diese Ortswahl sind sicherlich mehrschichtig. Nachdem Kaiser Karl V. wegen seiner starken Bindung an die Spanischen Niederlande im allgemeinen die rheinischen Reichsstädte und im süddeutschen Raum außerdem Augsburg bevorzugte, glaubte sein Sohn und Nachfolger Ferdinand I. in Regensburg seine Interessen mit mehr Nachdruck verfolgen zu können. Regensburg galt als sehr habsburgisch ausgerichtete Stadt, die freilich den Nachteil hatte, daß sie nur über bayerisches Gebiet erreicht werden konnte. Außerdem stellte ihr gesellschaftliches Leben die hohen Ansprüche der Diplomaten nicht allenthalben zufrieden. Diesen Nachteilen standen aber zahlreiche Vorzüge gegenüber. Vor allem machten die konfessionellen Verhältnisse in der Stadt den Versammlungsort für Katholiken wie für Protestanten gleichermaßen annehmbar. Dazu kam die zweckmäßige Lage an der Wasserstraße der Donau; das Schiff war während der gesamten frühen Neuzeit noch immer das bequemste Verkehrsmittel gerade für Fernreisen. Dabei lag die Stadt etwa in der Mitte zwischen den politischen Brennpunkten Wien, Berlin, Hannover, Köln oder Mainz. Sie galt geradezu als geographisches Herz Deutschlands. Doch spielte auch die Frage der Beherbergungs- und Versorgungskapazitäten eine Rolle. Angesichts eines spürbaren Einwohnerrückganges am Ende des Mittelalters standen hinreichende Unterbringungsmöglichkeiten sowohl für das Reichstagspersonal als auch für ihre Transportmittel wie Pferde und Kutschen zur Verfügung. Die Gastronomie erreichte durchaus ein zufriedenstellendes Niveau. Selbst der Kaiser fand im Goldenen Kreuz oder im Bischofshof eine standesgemäße Absteige. Wegen der vielfältigen Vorzüge war Regensburg — neben Köln — auch als Tagungsort des großen Konzils anstelle von Trient ernsthaft in Erwägung gezogen worden. Die Zentralortfunktion dieser Stadt kommt weiterhin in den drei hier abgehaltenen Religionsgesprächen von 1541, 1546 und 1601 angemessen zum Ausdruck. Unter Kaiser Rudolf II. (1576–1612) wurde erwogen, die kaiserliche Residenz gänzlich von Prag an die Donau zu verlegen, weil Regensburg mehr als jede andere Stadt innerhalb des Reiches die vielfältigen Anforderungen erfüllte, die an den Versammlungsort des Reichstages gestellt werden mußten.

Die Stadt Regensburg war von dieser Entwicklung keineswegs nur angetan. Hier betrachtete man das Geschehen immer mit zwiespältigen Gefühlen. Einerseits brachte der Reichstag mannigfache Vorzüge, andererseits aber auch viele und schwerwiegende Nachteile. Schließlich hat die Stadt mehrfach um Verlegung nachgesucht, zu der es aber nur zwei Mal kurzfristig, nicht jedoch auf Dauer kommen sollte. Der Reichstag blieb ihr bis zum Untergang des Alten Reiches 1806 erhalten. Er wurde das entscheidende Signum der Geschichte Regensburgs in der späten reichsstädtischen Zeit.

Ungedruckte Quellen

Bayerisches Hauptstaatsarchiv München
Nachlaß Gemeiner
Kurbayern Äußeres Archiv
Reichsstadt Regensburg Literalien
Reichsstadt Regensburg Urkunden

Stadtarchiv Regensburg
Politica
Cameralia.

Gedruckte Quellen und Literatur

Angermeier, Heinz, Bayern und der Reichstag von 1495, in: Historische Zeitschrift 224 (1977), S. 580–614.
Aretin, Karl Otmar Frhr. von, Das Reich kommt zur Ruhe. Der Immerwährende Reichstag zu Regensburg, in: Uwe Schultz (Hg.), Die Hauptstädte der Deutschen. Von der Kaiserpfalz in Aachen zum Regierungssitz in Berlin, München 1993, S. 123–135.
Gemeiner, Carl Theodor, Regensburgische Chronik III, Regensburg 1821, neu hg. von Heinz Angermeier, 2. Aufl. München 1987.
Gumpelzhaimer, Christian Gottlieb, Regensburg's Geschichte, Sagen und Merkwürdigkeiten II, Regensburg 1837 (Neudruck 1984).
Krenner, Franz von, Baierische Landtagshandlungen VIII-X, München 1804.
Mayer, Stefan Rudolf, Regensburg, Bayern und das Reich am Übergang zur Neuzeit. Die Beziehungen des Herzogtums Bayern zur Reichsstadt Regensburg als Teil auswärtiger Politik zwischen 1486/92 und 1508, Diss. phil. masch. München 1992.
Schmid, Alois, Regensburg III: Die Reichsstadt und die Klöster (Historischer Atlas von Bayern, Teil Altbayern, Band 60), München 1994.
Schmid, Herbert, Eine „Freistadt" wird zur „gemeinen Reichsstadt". Regensburg in der Zeit der Reichshauptleute unter Kaiser Maximilian I., in: VHVOR 128 (1988), S. 7–79.
Schmid, Peter, Herzog Albrecht IV. von Oberbayern und Regensburg. Vom Augsburger Schiedsspruch am 25. Mai 1492 zum Straubinger Vertrag vom 23. August 1496, in: Festschrift für Andreas Kraus zum 60. Geburtstag, hg. von Pankraz Fried und Walter Ziegler, Kallmünz 1982, S. 143–160.
Schmidt, Georg, Der Städtetag in der Reichsverfassung. Eine Untersuchung zur korporativen Politik der Freien und Reichsstädte in der ersten Hälfte des 16. Jahrhunderts, Wiesbaden 1984.
Stauber, Reinhard, Herzog Georg von Bayern-Landshut und seine Reichspolitik, Kallmünz 1993.
Striedinger, Ivo, Der Kampf um Regensburg 1486–1492, in: VHVOR 44 (1890/91), S. 1–88, 95–205.
Trapp, Eugen, Die Regensburger Reichstage, Regensburg 1921.
Versuch einer Geschichte der Unterwerfung der Reichsstadt Regensburg unter die Herrschaft der Herzoge in Bayern (1486–1492), o.O. 1796.
Völkl, Ekkehard-Wessely, Kurt, Die russische Gesandtschaft am Regensburger Reichstag 1576, 2. Aufl. Regensburg 1992.
Wolff, Helmut, Regensburgs Häuserbestand im späten Mittelalter, in: Studien und Quellen zur Geschichte Regensburgs III, Regensburg 1985, S. 91–198.

Friedrich-Christian Schroeder

Die Peinliche Gerichtsordnung Kaiser Karls V. (Carolina) von 1532

Auf dem Reichstag zu Regensburg von 1532 wurde die „Peinliche Gerichtsordnung Kaiser Karls V. und des heiligen Römischen Reichs" verabschiedet, lateinisch „Constitutio Criminalis Carolina", abgekürzt „Carolina" genannt. Dieses Gesetzbuch war das erste gesamtdeutsche Strafgesetzbuch. Es war etwa dreihundert Jahre lang in Kraft und bestimmte während dieser Zeit das Strafrecht und die Strafrechtswissenschaft in Deutschland. Über mehrere Übersetzungen beeinflußte es auch das Strafrecht im Ausland.

Damit steht die Carolina wie eine knorrige Eiche in den Stürmen der Jahrhunderte. Die berühmtesten Juristen haben sich mit ihr beschäftigt, von den sächsischen Juristen *Benedict Carpzow* und *Johann Gottfried Boehmer* über die Aufklärer *Christian Thomasius* und *Julius Friedrich Malblanc,* Professor der Rechte in Altdorf (also in unserer unmittelbaren Nachbarschaft), bis zu dem Rechtsphilosophen und sozialdemokratischen Justizminister *Gustav Radbruch,* um nur die wichtigsten zu nennen. In der Gegenwart scheint vor allem im Ausland ein neues Interesse an der Carolina zu erwachen: 1967 erschien eine Übersetzung ins Russische mit einer ausführlichen Einleitung,[1] 1974 eine umfangreiche wissenschaftliche Untersuchung mit Übersetzung in den USA.[2]

I. Die bisherigen Forschungsschwerpunkte

Die wissenschaftliche Beschäftigung mit der Carolina ist ihrerseits schon wieder Geschichte und läßt sich historiographisch untersuchen. Dabei fällt auf, daß in verschiedenen Zeiten nicht nur verschiedene Grundzüge der Carolina besonders hervorgeho-

---

Geringfügige Überarbeitung des Beitrags in der 1. Aufl. 1980. Dieser Beitrag wurde nachgedruckt in: Die Carolina. Die Peinliche Gerichtsordnung Kaiser Karls V. von 1532, hg. von *F.-C. Schroeder* (Wege der Forschung, Band 626), 1986, S. 305 ff. Er erschien ferner in polnischer Übersetzung unter dem Titel „Kryminalna ordynacja sadowa cesarza Karola V (Carolina) z 1532 roku" in den „Acta Universitatis Wratislaviensis", No. 1247, Prawo CXCIV, 1992, S. 83 ff.
Die wichtigsten der zitierten Aufsätze sind nachgedruckt bei: *F.-C. Schroeder (Hg.),* Die Carolina. Die Peinliche Gerichtsordnung Karls V. von 1532 (Wege der Forschung, Band 626), Darmstadt 1986. Die Fundstellen in dieser Ausgabe werden im folgenden in Klammern hinzugefügt.

1) Karolina. Ugolovno-sudebnoe uloženie, Alma-Ata (dtsch. Übersetzung des Vorworts bei *Schroeder,* S. 205 ff.).
2) *J.H. Langbein,* Prosecuting Crime in the Renaissance, Cambridge, Massachusetts, S. 167 ff. (dtsch. Übersetzung bei *Schroeder,* S. 231 ff.).

ben wurden, sondern daß es jeweils ganz unterschiedliche Sachbereiche waren, die im Zusammenhang mit der Carolina interessierten. Bis ins 18. Jahrhundert herrschte begreiflicherweise die Interpretation des Gesetzes selbst vor. Danach konzentrierte sich das Interesse auf die Entstehung der Carolina. Auf die „Dissertatio de occasione, conceptione et intentione Constitutionis criminalis Carolinae" des berühmten Vorläufers der Aufklärung *Christian Thomasius* von 1711 folgte die Schrift des Mainzer Hofgerichtsrats und Extraordinarius *Johann Horix* „Wahre Veranlassung der Peinlichen Hals-Gerichtsordnung Kayser Carls des Vten" von 1757, die vor allem von *Johann Christoph Koch* in seine Ausgabe der Carolina aufgenommen und daher bis ins 19. Jahrhundert hinein gedruckt wurde. Im Jahre 1773 verfaßte der schon erwähnte Professor an der Juristen-Fakultät zu Altdorf *Julius Friedrich Malblanc* eine „Geschichte der Peinlichen Gerichts-Ordnung Kaiser Karls V. von ihrer Entstehung und ihren weitern Schicksalen bis auf unsere Zeit". Hundert Jahre später erschien ein umfangreiches Werk mit dem Titel „Die Entstehungsgeschichte der Carolina auf Grund archivalischer Forschungen und neu aufgefundener Entwürfe" von dem Königsberger Professor *Carl Güterbock* (1876).

Frühzeitig hatte sich eine personalistische Geschichtsauffassung auch dem mittelbaren Verfasser der Carolina zugewandt, *Johann Freiherr von Schwarzenberg*.[3]

Es herrschte somit ein ausgesprochen historisches Interesse vor, und zwar historisch in einem doppelten Sinne: nicht an Zuständen in der Vergangenheit, sondern an dem Zustandekommen dieser Zustände selbst. Der *Inhalt* der Carolina blieb dabei weitgehend außerhalb des Interesses. So konnte von *Hippel* noch im Jahre 1925 erklären:

„Es ist sehr merkwürdig, daß *eine Darstellung des Inhalts der Carolina bisher fehlt*. Die neuere Wissenschaft hat große Arbeit auf die Behandlung der *Entstehungsgeschichte* der Carolina verwandt, die Hauptsache, der *Inhalt* des großen Reichsgesetzes, ist dabei zu kurz gekommen."[4]

---

3) S. z. B. *A.E. Rossmann*, Von dem Verfasser der Bambergischen, Brandenburgischen und des heiligen römischen Reiches peinlicher Halsgerichtsordnung, Johann Freiherr von Schwarzenberg, Erlanger gelehrte Anzeigen 1751, Nr. 25 S. 193 ff., und *Schotts* Juristisches Wochenblatt 3, S. 273 ff.; *G.T. Strobel*, Zween Briefe Johann von Schwarzenbergs, nebst einer Nachricht von dessen Leben und Schriften, in: Vermischte Beiträge zur Geschichte der Literatur, 1775, S. 1 ff.; *C.F. Roßhirt*, Johann v. Schwarzenberg in seiner Beziehung zur Bambergensis und Carolina, Neues Archiv für Criminalrecht, IX, 1826; *E. Herrmann*, Johann Freiherr zu Schwarzenberg, Ein Beitrag zur Geschichte des Criminalrechts und der Gründung der protestantischen Kirche, 1841; *W. Scheel*, Johann Freiherr zu Schwarzenberg, 2. Aufl. 1905.
4) Deutsches Strafrecht. 1. Band. Allgemeine Grundlagen, 1925, S. 175. Dieses Urteil traf allerdings nur noch für das materielle Strafrecht zu. Denn schon 1904 war erschienen *August Schoetensack*, Der Strafprozeß der Carolina.

Nach *von Hippels* zwar umfassender, aber zwangsläufig kursorischer Darstellung wurde der Inhalt der Carolina auch sonst näher erforscht.[5] Das Interesse an der Person *Schwarzenbergs* hörte aber schon bei *von Hippel* nicht auf[6] und erfuhr im Dritten Reich aus naheliegenden Gründen einen neuen Höhepunkt.[7] Auch in der Nachkriegszeit ist dieses Interesse nicht abgeebbt.[8]

Im übrigen wandte sich das Interesse aber seit den dreißiger Jahren vor allem dem Einfluß der Carolina auf die weitere Entwicklung zu. Den Auftakt bildete wohl die Habilitationsschrift von *Friedrich Schaffstein* „Die allgemeinen Lehren vom Verbrechen in ihrer Entwicklung durch die Wissenschaft des Gemeinen Strafrechts" von 1930. Neben weiteren Artikeln des gleichen Autors[9] befaßten sich auch andere mit dieser Problematik.[10]

Seit Anfang der sechziger Jahre hat sich das Interesse schon wieder auf einen neuen Aspekt konzentriert: die normative Bedeutung der Carolina[11] und damit zugleich das Problem ihrer Adressaten (Richter oder Bürger).[12]

---

5) So z. B. *R. Ritter*, Die Behandlung schädlicher Leute in der Carolina; Art. 176 i. V. m. Art. 128 der PGO Kaiser Karls V. von 1532 (Strafrechtliche Abhandlungen, Heft 274), 1930; *H. Gwinner*, Die Carolina und das Gaunertum. Eine rechtsgeschichtliche Studie, in: Beiträge zur Kultur und Rechtsphilosophie (Festschr. für Gustav Radbruch) 1948, S. 164 ff.; *G. Radbruch*, Der Raub in der Carolina, in: Elegantiae iuris criminalis, 2. Aufl. 1950, S. 49 ff. (abgedr. auch bei *Schroeder*, S. 7 ff.).
6) A.a.O. (Anm. 4) S. 165 ff.
7) *E. Wolf*, Große Rechtsdenker der deutschen Geistesgeschichte, 1939, 3. Aufl. 1963, S. 102 ff. (abgedr. auch bei *Schroeder*, S. 120 ff.).
8) *H. Rössler*, Der starke Hans Freiherr von Schwarzenberg, Monatsschrift für geistiges Leben in Franken I (1950), Heft 10, S. 2 ff.; *G. Radbruch*, Elegantiae iuris criminalis, 2. Aufl. 1950, S. 70 ff.; *S. Merzbacher*, Ein Schmählied auf Johann Freiherr von Schwarzenberg, Mainfränkisches Jahrbuch für Geschichte und Kunst, Band 3, 1951, S. 288 ff.
9) Beiträge zur Strafrechtsentwicklung von der Carolina bis Carpzow, Der Gerichtssaal, Band 101, 1932, S. 14 ff.; Die Carolina in ihrer Bedeutung für die strafrechtliche Begriffentwicklung, Zeitschrift für die gesamte Strafrechtswissenschaft, Band 52, 1932, S. 181 ff. (abgedr. auch bei *Schroeder*, S. 29 ff.); Raub und Erpressung in der deutschen gemeinrechtlichen Strafrechtsdoktrin, insbesondere bei Carpzow, Festschr. für Karl Michaelis, 1972, S. 281 ff.; Verräterei und Majestätsdelikt in der gemeinrechtlichen Strafrechtsdoktrin, in Dienst an Staat und Recht, Festschr. für Werner Weber, 1974, S. 53 ff.
10) *G. Diedenhofen*, Die Artikel 104/105 der Peinlichen Gerichtsordnung Kaiser Karls V. und ihre Bedeutung für die Geschichte der Analogie, Diss. Bonn 1938; *S. Schmidt*, Stellung und Bedeutung der Carolina im gemeinen Recht, Diss. Bonn 1938.
11) *H. v. Weber*, Die peinliche Halsgerichtsordnung Kaiser Karls V., Zeitschrift der Savigny-Stiftung für Rechtsgeschichte, 77. Band, Germ. Abtlg., 1960, S. 288 ff. (abgedr. auch bei *Schroeder*, S. 162 ff.); *G. Schmidt*, Sinn und Bedeutung der Constitutio Criminalis Carolina als Ordnung des materiellen und prozessualen Rechts, a.a.O., 83. Band, 1966, S. 239 ff. (abgedr. auch bei *Schroeder*, S. 185 ff.).
12) S. z. B. *G. Kleinheyer*, Vom Wesen der Strafgesetze in der neueren Rechtsentwicklung (Recht und Staat, Heft 358), 1968.

Titelblatt der Peinlichen Gerichtsordnung, Edition von 1563

Die folgende Darstellung möchte aus allen aufgewiesenen Gesichtspunkten jeweils das Wichtigste bringen und kann und will dabei ihrerseits eine gewisse Zeitbedingtheit und Ausrichtung auf die Interessen der Gegenwart nicht vermeiden. Beginnen wir also mit der Entstehungsgeschichte der Carolina.

II. Die Entstehung der Carolina

Ende des 15. Jahrhunderts befand sich das Strafrecht in Deutschland in einer tiefen Krise.

Zum einen machten sich die Mängel des überkommenen deutschen Strafprozesses immer mehr bemerkbar. Dabei trat eine Verfolgung nur auf private Klage hin ein: „Wo kein Kläger ist, ist auch kein Richter." Damit wird die Strafverfolgung durch Druck auf den Geschädigten oder durch das Abkaufen der Klagemöglichkeit aufs schwerste beeinträchtigt; die Strafverfolgung hängt von dem Belieben des Geschädigten ab und kann nicht mehr den Eindruck der Gerechtigkeit erwecken. Schwerfällig und unbeholfen war das Beweisrecht mit seinen formalen Beweisen wie Eid, Zweikampf und Gottesurteil. Insbesondere gab der Reinigungseid dem Täter die Möglichkeit, sich der verdienten Strafe zu entziehen. Mit dem Erstarken der Landesfürsten zerbrach das alte Gerichtssystem und verstärkte sich die Zersplitterung des Rechts.

Ausgerechnet in dieser Krise des Strafrechts traten in Deutschland große Gruppen entwurzelter, vagabundierender Menschen auf: Landsknechte, Scholaren, fahrendes Volk, Zigeuner usw. Diese Menschen bildeten den Nährboden für zahllose Straftaten und sogar für ein gefährliches Berufsverbrechertum, die sog. „schädlichen Leute". Die Pest war über Deutschland hereingebrochen und wurde den Juden über eine Brunnenvergiftung in die Schuhe geschoben. Diese Entwicklungen führten dazu, daß sich — vor allem in den Städten — Verfahrensformen herausbildeten, die mehr oder weniger von Amts wegen durchgeführt wurden, die früheren strengen, aber schwerfälligen Beweisvorschriften abstriffen und sogar beim Fehlen von Zeugen nicht halt machten, sondern auf den Beschuldigten selbst zurückgriffen und mit der Folter ein Geständnis erzwangen. Neben das zu wirkungslose alte deutsche trat hier also ein zu rücksichtsloses neues Strafverfahren. Zur gleichen Zeit drang aus den oberitalienischen Juristenfakultäten immer stärker das römische und kanonische Recht nach Deutschland ein, wodurch sich der Zustand der Rechtsunsicherheit noch vergrößerte.

1. Der Beginn der Reformbestrebungen (1495)

Um aus dieser Krise des Strafrechts herauszukommen, wurden auf dem Reichstag in Worms im Jahre 1495 der Ewige Landfriede erlassen und das Reichskammergericht errichtet. Ein Jahr später wandte sich das Reichskammergericht an die in Lindau tagende Reichsversammlung mit folgender Klage:

„Item so teglich wider Fürsten, Reichsstet und ander oberkeit in klagweis in einem gericht anbracht wird, das sy leute unverschuldet on Recht und redlich Ursach zum tode verurteilen und richten lassen haben sollen und durch die Fründt rechts wider dieselben begert, als dann in eyner Supplication hibey gelegt sich auch begeben hat, ist bescheids not, wie es in demselben am Cammergericht gehalten werden sol."[13]

In Lindau konnte hierüber nicht mehr beraten werden. Jedoch wurde auf dem folgenden Reichstag in Freiburg 1498 der Beschluß gefaßt:

„Auf den artikel das viele zum tode one recht und unverschuldet verurtheilt worden, also lautend: Item so teglich wider Fürsten etc. — wirdet es not sein, deshalb ein gemein reformation und ordnung fürzunehmen wie man in criminalibus procedirn sol, und sol ein yeder hiezwischen nechster versammlung daheym davon ratschlagen und seinen ratschlag auf die nechste Versammlung bringen davon entlich zue beschliessen."

Zwei Jahre später, auf dem Reichstag zu Augsburg 1500, wurden das neugeschaffene Reichsregiment und das Kammergericht dann auch mit der Schaffung einer neuen Gerichtsordnung betraut. Es erging folgender Beschluß:

„Auf den artikel das viel zum tod vnrecht vnd vnverschuldet verurteilt werden etc. ist allhie beschlossen, das des reichs verordnet Regiment sampt dem Cammergericht sich nach erkundung der land gewonheit vnd gebrauch ein ziemlich reformation vnd ordnung fürnemen machen vnd allenthalben ausschreiben vnd verkunden sollen danach sich männlich in sollchen fellen hinfuro mög und soll wissen zu halten."

In diesem Beschluß kommt bereits das wichtigste Anliegen der Reform zum Ausdruck. Es sollen einerseits die „Landesgewohnheiten und -gebräuche" berücksichtigt werden, andererseits aber das Kammergericht mit seinen am römisch-kanonistischen Recht geschulten Berufsjuristen. Indessen erwiesen sich das Reichsregiment und das Reichskammergericht als kraftlos und kaum lebensfähig; mit ihnen versandete die geplante Reform.

2. Neue Inangriffnahme der Reform (1518)

Die ständigen Klagen über den Niedergang der Strafrechtspflege auf den Reichstagen konkretisierten sich erst wieder auf dem Reichstag zu Augsburg von 1518. Dabei erging insbesondere ein präzises Gutachten der kaiserlichen Räte, das den sofortigen Erlaß einer neuen Strafgerichtsordnung verlangte:

---

13) Dieses und die meisten folgenden Zitate aus *Güterbock*, a.a.O. (s.o. S. 45).

„Item so deglichs wider Fürsten, Reichstett vnd andere obrigkeit in clagweiss anpracht wurdet, wie sie die leut on recht oder redlich vrsachn vom leben zum tod verurteilen und richten lassen, wie dan das die ordnung allhie zu Augspurg vf dem Reichstag ao. XV gehalten anzeigt, vnter andern dass in solchem ein zimlich Reformation vnd ordnung furgenommen solt werden das aber vntzher nit bescheen, darumb ist für gantz nottürfftig nutz vnd gut angesehen, dass solche Reformation vnd ordnung vf disem Reichstag beschlossen vnd im heiligen Reich allenthalben publicirt verkunt vnd bei grossen poenen zu halten geboten, damit das christlich plut mit vnmenschlicher marter vnd peynigung nit also vnverschuldiglich vergossen vnd mit eignem willen vnd gewalt on recht vnd redlich vrsach on eroffnet jrer verhandlungen auch on genugsam verleymung vnd vberdas dieselben beschuldigte jren vrsprung von erbaren fromen leuten haben, vom leben zum tod pracht."

Indessen wurde dieses Vorhaben dann doch wieder auf den nächsten Reichstag vertagt, und am 12. Januar 1519 starb Kaiser Maximilian.

Inzwischen war der Zustand der Strafrechtspflege so desolat geworden, daß ein weiterer Aufschub nicht mehr möglich schien. Auf dem Reichstag zu Worms im Jahr 1521 wurde daher die Ausarbeitung der Peinlichen Gerichtsordnung erneut in Angriff genommen. Als vorteilhaft erwies sich dabei, daß die Aufgabe der Herstellung eines Entwurfs der Peinlichen Gerichtsordnung von der Verbesserung der Kammergerichtsordnung abgetrennt und einem besonderen Ausschuß übertragen wurde. Den eigentlichen Ausschlag für das zügige Voranschreiten der Reform bot aber ein anderer glücklicher Umstand. Im Jahr 1507 war im Bistum Bamberg eine Halsgerichtsordnung, die sogenannte Constitutio criminalis Bambergensis, ergangen. Dieses Gesetzbuch wurde sogleich als bahnbrechend erkannt und fand in ganz Deutschland eine begeisterte Aufnahme. Nach der in Bamberg erschienenen Erstausgabe legte der bekannte Drucker *Ivo Schöffer* in Mainz bereits im Jahre 1508 acht Drucke auf. Auf dem Titelblatt dieser Drucke hieß es:

„allen stetten, communen, regimenten, amptleuten, vogten, verwesern, schultheyssen, schöffen und richtern dinlich, fürderlich vnd behülfflich darnach zu handeln vnd recht zu sprechen, gantz gleichförmig aus gemeinen geschrieben rechten — daraus auch dis büchlein getzogen vnd fleissig gemeinen nutz zu gut gesamelt vnd verordnet ist".

1510 erschien eine niederdeutsche Übersetzung in Rostock. Auch der bekannte Laienspiegel von *Ulrich Tengler* aus dem Jahre 1509 (2. Aufl. 1511), das gebräuchlichste Hilfsmittel für die Praxis der Untergerichte, übernahm inhaltlich völlig die Bambergische Halsgerichtsordnung. Im Jahre 1516 wurde die Bambergische Halsgerichtsordnung als „Brandenburgische Halsgerichtsordnung" in den Brandenburgischen Fürstentümern Ansbach und Bayreuth eingeführt. Auch der Brandenburgische Schöppenstuhl in Berlin wandte — unausgesprochen — die Bambergische Halsgerichtsordnung an. Es nimmt daher nicht wunder, daß auch der Wormser Ausschuß die Bambergische Halsgerichtsordnung zugrunde legte. *Johann Freiherr zu Schwarzenberg und Hohenlandsberg*, der Schöpfer der Bambergischen Halsgerichtsordnung, war selbst auf dem Wormser Reichstag anwesend, und es gibt einige Indizien dafür, daß er sogar der leitende Kopf des Reformausschusses war.[14] Schon weniger als zwei Monate nach seiner Einsetzung konnte der Ausschuß am 21. April 1521 den ersten Entwurf der Halsgerichtsordnung den Ständen zur weiteren Veranlassung übergeben. Allerdings wurde die Bambergische Halsgerichtsordnung nicht wörtlich übernommen, sondern teilweise bedeutsam abgeändert. So fehlte zum Beispiel in dem Entwurf die Bestimmung der Bambergischen Halsgerichtsordnung über das Majestätsverbrechen. Anfangs hat man geglaubt, die Verfasser des Entwurfs der Peinlichen Gerichtsordnung hätten eine solche Bestimmung für überflüssig gehalten, da sie in der Goldenen Bulle bereits vorhanden gewesen sei. Diese Erklärung befriedigt freilich nicht, da die Goldene Bulle nur den Schutz der Kurfürsten regelte und auch einige andere politische Straftatbestände aus der Bambergischen Halsgerichtsordnung nicht in den Entwurf übernommen wurden. Es ist daher eher wahrscheinlich, daß bei der Beratung ein unüberbrückbarer Streit darüber entstand, wer von den zahlreichen Landesfürsten in den Schutz des Majestätsdelikts einbezogen werden sollte, und man aus diesem Grunde schließlich die Materie völlig ungeregelt gelassen hat.[15]

Wiederum gelang es jedoch nicht, die Peinliche Gerichtsordnung auf dem Reichstag zu verabschieden. Immerhin wurde das Reichsregiment beauftragt, den Entwurf zu überarbeiten und als Gesetz zu verkünden. Indessen hatte das Reichsregiment Bedenken, von dieser Ermächtigung Gebrauch zu machen, und legte den fertiggestellten Entwurf dem Reichstag zu Nürnberg 1524 vor. Auf diesem Reichstag kam es jedoch zu grundsätzlichen Kontroversen über andere Fragen, so daß man überhaupt keine Gelegenheit mehr fand, sich mit der Strafrechtsreform zu beschäftigen.

Sicher spielten bei diesen fortgesetzten Vertagungen sachliche Bedenken eine wichtige Rolle. Sie gingen von zwei Positionen aus. In den Städten hatte sich — wie gesagt — eine ebenso grausame wie schlagkräftige Strafjustiz entwickelt, gegenüber der die vorsichtigen und abgewogenen Bestimmungen der Bambergischen Halsgerichtsordnung und der Entwürfe der Peinlichen Gerichtsordnung für das Reich eine Milderung und Mäßigung bedeuteten. So hieß es schon auf dem Eßlinger Städtetag im Jahre 1522,

„die H.G.O. sei niemanden mehr als den Reichsstädten zum Nachteil erdacht vnd zu nichts fürstendiger als alle Uebelthäter zu harzen vnd zu pflanzen. Vnd da sie den Freiheiten der Reichsstädte entgegen sei, so sei sie ihnen nicht annehmlich".

---

14) *Von Hippel*, a.a.O. (Anm. 4) S. 172, Fußn. 4; *A.A. Güterbock*, a.a.O. (S. 45) S. 71 ff.
15) Nachweise bei *F.-C. Schroeder*, Der Schutz von Staat und Verfassung im Strafrecht. Eine systematische Darstellung, entwickelt aus Rechtsgeschichte und Rechtsvergleichung, 1970, S. 23 f.

Außerdem meldeten sich auch regionale Interessen, die sich in dem konkreten Fall allerdings auch auf die längere historische Tradition berufen konnten. In einer Instruktion an den Vertreter des Kurfürsten von Sachsen beim Nürnberger Reichstag heißt es:

„Die Ordnung des Halsgerichts betreffend ... lassen unser ... Herr (sich) auch gefallen, das dieselb aufgericht werde, doch mit der mass und protestacion, dass (er) sich ihre Gnaden und derselbigen landschaften sunderlichen und privilegirten Sächsischen rechte in dem, was solche Halsgericht belangent nit wollen begeben oder denselben zu abbruch hierein gewilligt haben."[16]

Das einzige Exemplar des Nürnberger Entwurfs wurde übrigens in Königsberg aufgefunden. Der Grund für dieses eigenartige Schicksal des Entwurfs liegt darin, daß Schwarzenberg, der Verfasser der Bambergischen Halsgerichtsordnung, nach seinem Ausscheiden aus dem Reichsregiment in den Dienst der Brandenburgischen Markgrafen Casimir und Georg getreten war und in dieser Eigenschaft im Jahre 1526 als Gesandter zur Vermählung ihres Bruders, des Herzogs Albrecht von Preußen, nach Königsberg geschickt wurde, wo er auch den folgenden Winter verbrachte.

3. Die entscheidende Phase (ab 1529)

Erst der Reichstag von Speyer 1529 befaßte sich wieder mit der Halsgerichtsordnung. Zu diesem Zweck wurde ihm vom Reichsregiment eine neue Bearbeitung des Entwurfs vorgelegt. Dieser Entwurf enthielt eine stärkere zentralistische Tendenz.[17] Er wurde daher einer aus rechtsgelehrten Räten der Stände gebildeten Subkommission überwiesen, die erwartungsgemäß eine gründlichere Erörterung für nötig hielt, als es auf dem Reichstag möglich war. Daher wurde für den Anfang des Jahres 1530 in Speyer eine Konferenz mit je zwei Sachverständigen aus jedem der sechs Reichskreise vereinbart. Zu dieser Konferenz erschien allerdings niemand, offensichtlich wegen der erwähnten Kontroversen und weil inzwischen für den April der Reichstag nach Augsburg einberufen war. Hier wurde der Entwurf wiederum an einen Ausschuß überwiesen. In diesem Ausschuß wurden die schon erwähnten Einwände wiederholt. So berichtete der Frankfurter Reichstagsgesandte *Fürstenberger* nach Hause, die neue Peinliche Gerichtsordnung werde

„den frey- vnd reichstetten, wo sie furtgang gewinnen solt, etwas beschwerlich sein, indem das man widder hergeprachte gewonheit vnd privilegien offentlich vnd lange processe halten müsst, dadurch vil straf der laster vnd bossheit verhindert vnd abgewendt werden mocht; wie wol doneben vil gut dings wie man super indiciis vnd andern handeln sol, verleybt ist".

---

16) Nach *H. v. Weber*, a.a.O. (Anm. 11), S. 298 (bei *Schroeder*, S. 172).
17) *H. v. Weber*, a.a.O. (Anm. 11), S. 298 (bei *Schroeder*, S. 172).

Dazu traten Bedenken Kursachsens, das eine Bestandsgarantie für sein althergebrachtes, im Sachsenspiegel niedergelegtes Recht verlangte. Kurbrandenburg, das ebenfalls sächsisches Recht besaß, trat dieser sogenannten Protestation zugleich bei. Was danach im Ausschuß geschah, liest sich in einem Bericht in den Weimarer Reichsakten so:

„Als aber die andern solch protestacion angehört, haben sie von jrer Herrn freihait, gewonhait vnd statuten auch geredt, vnd sonderlich Pfalz in dem ein bedencken gehabt, das Pfalz mehr befreit sein solt den andere, welchs doch der Sechsischen meynung nit gewest, das sie mit ihrer protestacion ein pracht und eminenz sonder allein die hohe notturft suchen mussen."

Indessen wurde — in offensichtlich schon damals ausgereifter Konferenztaktik — die Frage zurückgestellt und zunächst einmal das Gesetz selbst durchberaten. Aber auch danach gelang es nicht, eine Einigung über den sächsischen Protest herbeizuführen. Der Ausschuß legte daher den Entwurf den Reichsständen ohne Vorrede und Publikationsformel vor. Um auf jeden Fall ein Minimum an Neuerungen verbindlich zu machen, wurde an den Entwurf der Artikel 218 „Von mißbreuchen vnd bösen vnvernünfftigen gewonheyten, so an etlichen orten vnd enden gehalten werden" angefügt, in dem es hieß:

„vnd die vnd dergleichen gewonheyt, Wollen wir, daß eyn jede oberkeyt abschaffen vnd daran sein soll, daß sie hinfürther nit geübt, gebraucht oder gehalten werden, als wir dann auß Keyserlicher macht die selben hiemit aufheben, vernichten vnnd abthun, vnd hinfürther nit eingefürt werden sollen".

Die Aufzählung dieser Gebräuche wirft ein bezeichnendes Licht auf die Gebrechen der damaligen Strafrechtspflege:

„Item nach dem an etlichen orten gebrauchet vnd gehalten würdt, so eyn übelthetter mit gestolner oder gerauber habe betretten vnd gefengklich einkompt, daß alßdann solch gestoln oder geraubt gut dem jhenen, so es also gestoln oder abgeraubt worden, nit widerumb zugestelt sonder der oberkeyt des orts eingezogen, Deßgleichen an vilen enden der mißbrauch so eyn schiffman mit seinem schiff verferet, schiffbrüchig würde, daß er alßdann der oberkeyt des selbigen orts, mit schiff, leib vnd güttern verfallen sein solt, Item so eyn furmann mit eynem Wagen vmbwürffe, vnnd eynen vnversehenlichen tödt, das alßdann der selbig fuhrman der oberkeyt mit wagen, pferden vnd güttern auch verfallen sein soll. So werden auch an vilen peinlichen gerichten vnd der selben mancherley mißbreuch erfunden, als daß die gefengknuß nit zu der verwarung sonder mer peinigung der gefangen vnd eingelegten zugericht, Item daß durch die oberkeyt etwann leichtlich auch erbare personen on vorgeend berüchtigung, bösen leumut vnd andere gnugsam anzeygung angegriffen vnd inn gefengknuß bracht werden, vnd inn solchem angriff etwann durch die oberkeyt geschwindtlich vnd vnbedechtlich gehandelt, dadurch der angegriffen an seinen ehren nachtheyl erleidet, Item daß die vrtheyl durch den nachrichter vnnd nit den richter oder vrtheylet außgesprochen vnd eröffnet werden, Item an etlichen orten, so eyn übelthetter außerhalb des lasters vnser beleidigten Majestet oder sunst in andern fellen, so der übelthetter leib vnnd gut nit verwirckt vom leben zum todt gestrafft, werden weib vnd kinder an bettelstabe, vnnd das gut dem herren zugewiesen."

Neben der zu schnellen Verhaftung wird hier vor allem die schamlose Art und Weise angeprangert, mit der sich die Landesherren sowohl an dem Diebesgut als auch am Gut der Verurteilten bereicherten.

Angesichts des Widerstandes dreier der mächtigsten Fürsten des Reichs gelang es dem Reichstag nicht, zu einer Einigung zu kommen. Immerhin hieß es im Reichsabschied von Augsburg nunmehr ziemlich resolut:

„Dieweyl aber die breuch der Landschafft vngleich/und diß eyn werck vnd sach ist/so des menschen seel/ehr/leib leben und gut antrifft/vnd darumb guts rathschlags und erfarung/wol von noeten/haben wir vns mit Churfürsten/Fürsten vnnd Stenden/vnd sie herwiderumb mit vnß/vereynigt vnd verglichen/das eyn jeder Standt vonn der jetzigen Corrigierten Ordnung abschrifft nemen/und sich darauff endlich entschliessen/wes darin/nach arth/herkommen vnd gebrauch zuthun oder für zunemen sei: also das eyn jeder Standt auff nechstkünfftigem Reichßtag sein endtlich gemüt vnnd meynung in solchen eröffnen/damit man sich deßhalb eyns eynhelligen beschluß/wie es damit gehalten werden soll/vereynigen und vergleichen moegen."

Dieser nächste Reichstag war derjenige zu Regensburg im Jahre 1532, und damit kommen wir zu dem Ereignis, das den Anlaß dafür gegeben hat, diesen Vortrag in die Vortragsreihe „Regensburg — Stadt der Reichstage" aufzunehmen. Auf diesem Reichstag kam es überraschend schnell zu einer Einigung. Der Grund dafür lag allerdings in einer weitreichenden Konzession an die territorialen Rechte. An die Vorrede der Peinlichen Gerichtsordnung wurde nämlich die berühmte salvatorische Klausel angefügt, in der es heißt:

„Doch wollen wir durch diese gnedige erinnerung Churfürsten, Fürsten und Stenden, an jren alten wohlherbrachten rechtmessigen vnnd billichen gebreuchen nichts benommen haben."

Nicht mehr nur Sachsen, sondern allen Kurfürsten und Ständen war nunmehr die Beachtung des überkommenen Rechts zugesichert.

In den Regensburger Reichsabschied wurde — wie üblich — nicht der Text der Halsgerichtsordnung selber aufgenommen, sondern nur die wichtigsten Teile der Vorrede und die Anweisung, daß die Halsgerichtsordnung „in Druck gegeben und in das Reich publiziert und verkündt wirdt". An dem auf dem Reichstag von Augsburg fertiggestellten Entwurf der Carolina wurde in Regensburg außer der Korrektur von Schreibfehlern nichts mehr verändert. Aus diesem Grund heißt es in dem offiziellen Titel der Peinlichen Gerichtsordnung

„auff den Reichßtägen zu Augspurg vnd Regenspurg, inn jaren dreissig, vnd zwen vnd dreissig gehalten, auffgericht vnd beschlossen".

Regensburg muß sich also den Ruhm des Orts des Erlasses der Carolina mit Augsburg teilen.

Ich habe mich bei der Entstehungsgeschichte der Carolina lange aufgehalten. Sie erscheint mir dieser eingehenden Betrachtung aus mehreren Gründen würdig. Sie beleuchtet die turbulenten Verhältnisse an der Wende vom 15. zum 16. Jahrhundert aus einem reizvollen Blickwinkel. Mit ihren Hindernissen und Einwänden und den vielerlei Kunstgriffen zur Fortsetzung der Verhandlungen mutet sie erstaunlich modern an. Daß trotz der vielfach scheinbar hoffnungslosen Situation und der Dauer der Entwurfsarbeiten von 36 Jahren schließlich doch ein so bedeutendes Werk gelingen konnte, gibt Hoffnung und Zuversicht für andere Vorhaben, bei denen man schon nach kürzerer Zeit geneigt ist, die Flinte ins Korn zu werfen. Besonders bemerkenswert erscheint dabei die Tatsache, daß eine überragende gesetzgeberische Leistung die Möglichkeit gab, Konzessionen an das alte Recht zu machen, da es in der freien Konkurrenz über kurz oder lang doch unterliegen mußte. Schließlich hat die Entstehungsgeschichte der Carolina aber auch schon Anhaltspunkte für unsere nächsten beiden Themen gegeben, die normative Bedeutung und die inhaltlichen Neuerungen der Carolina.

III. Die normative Bedeutung der Carolina

Es wurde schon darauf hingewiesen, daß sich seit einiger Zeit das Interesse der Forschung auf die normative Bedeutung der Carolina konzentriert hat. Man ist hierbei so weit gegangen, die Carolina als Sammlung bloßer Empfehlungen und Ratschläge anzusehen.[18]

In der Tat wird die normative Bedeutung der Carolina zunächst durch die schon erwähnte salvatorische Klausel eingeschränkt, die die Geltung des regionalen Rechts anerkennt.

Allerdings enthält diese Klausel bei näherem Zusehen doch ganz erhebliche Einschränkungen. Es muß sich um „alte" Gebräuche handeln; die Schaffung neuen abwei-

---

18) *G. Schmidt,* a.a.O. (Anm. 11), S. 255 (bei *Schroeder,* S. 202).

chenden Rechts war also nicht erlaubt.[19] Diese Konzession konnte die Carolina leicht machen, da sie das fortschrittliche, überlegene Recht war, das sich auf die Dauer von selbst durchsetzen würde. Außerdem mußten diese Bräuche „wohlherbracht, rechtmäßig und billig" sein. Es wurde schon erwähnt, daß in Art. 218 einige Bräuche als „mißbreuche und böse vnvernünftige Gewonheiten" für die Zukunft untersagt wurden. Aber auch darüber hinaus gab diese „Klausel in der Klausel" die Möglichkeit, von Fall zu Fall territoriale Bräuche als nicht wohlhergebracht, rechtmäßig und billig außer acht zu lassen. Schließlich ging der salvatorischen Klausel noch der allgemeine Grundsatz voraus:

> „daß alle vnd jede vnser vnnd des Reichs vnderthanen sich hinfürter in peinlichen ursachen, inn bedenckung der groß und ferligkeyt der selben, jetzt angezeygten begriff, dem gemeynen rechten, billicheyt vnd löblichen herbrachten gebreuchen gemeß halten mögen, wie eyn jetlicher on zweyfel für sich selbst zu thun geneygt, vnd deßhalben von dem Almechtigen belonung zu empfahen verhofft".

Dadurch waren die territorialen Gebräuche eindeutig als Ausnahme gekennzeichnet. Die salvatorische Klausel erweist sich damit als eine gesetzgeberische Meisterleistung.

Die Vorrede der Carolina enthält aber noch einen weiteren Anlaß für Zweifel an ihrer normativen Bedeutung. Es heißt dort:

> „Nachdem durch vnsere vnd des heyligen Reichs Churfürsten, Fürsten vnnd andere Stende, stattlich an vnß gelangt, wie imm Römischen Reich teutscher Nation, altem gebrauch vnd herkommen nach, die meysten peinlich gericht mit personen, die vnsere Keyserliche recht nit gelert, erfarn, oder übung haben, besetzt werden, Vnnd daß aus dem selben an viel orten offter mals wider recht vnd gute vernunfft gehandelt vnnd entweder die vnschuldigen gepeinigt vnd getödt, oder aber die schuldiger, durch unordentliche geuerliche vnd verlengerliche handlung den peinlichen klegern vnd gemeynem nutz zu grossem nachtheyl gefristet, weggeschoben vnd erledigt werden, vnd das nach gelegenheyt Teutscher land in disen allen, altem langwirigem gebrauch vnnd herkommen nach, die peinlichen gericht an manchen orten, mit rechtverstendigen erfarn geübten Personen nit besetzt werden mögen.
> Demnach haben wir sampt Churfürsten, Fürsten vnd Stende aus gnedigem geneygtem willen etlichen gelerten trefflichen erfaren personen beuolhen eyn begriff, wie vnd welcher gestalt inn peinlichen sachen, vnd rechtfertigungen, dem rechten vnd billicheyt am gemeßten gehandelt werden mag, zumachen, inn eyn form zusammen zu ziehen."

---

19) *H. v. Weber* (Anm. 11), S. 305 (bei *Schroeder,* S. 178 f.). Wenn er als Beleg vor allem auf die folgende Rechtsentwicklung verweist, so ist dies keineswegs schlüssig. Denn es kann sich ja auch um eine Entwicklung praeter oder contra legem handeln. Für die hier erfolgte Deutung der salvatorischen Klausel sprechen insbesondere die oben wiedergegebenen Äußerungen, ferner auch die gerade bei *v. Weber* herausgestellte Bedeutung der Carolina als Fortschreibung des überkommenen Rechts.

K. Karls des V. vnd des H. Römischen

gleichen je zu zeiten/an vns gelangt/ wie das kindlin ohn jhr schuld todt von jhr geborn sein solt/wolt sie dann solliche jhr vnschuld durch redlich gůt vrsachen vnnd vmbstende durch kundschafft außführen/ damit soll es gehalten vnnd gehandelt werden/wie ahm lxxiiij. Artickel/anfahend/ Item/so ein beklagter kundschafft/ꝛc. funden wirdt/auch deßhalb zu weiter suchung/anzeygung geschicht/wann ohn obbestimpte genugsame beweisung/ist der angeregten vermeynten entschůldigung nicht zu glauben / sonst möcht sich ein jede thätterin mit einem solchen gedichten fürgeben ledigen. Doch so ein Weibesbild ein lebendig gliedmessig Kindtlin also heymlich trägt / auch mit willen alleyn/ vnd ohn hülff anderer Weiber gebirt/welche ohne hülffliche geburt mit tödtlicher verdächtlicheyt geschehen muß. So ist deßhalb keyn glaublicher vrsach/dann daß dieselbig mutter durch boßhafftigen fürsatz vermeynt/ mit tödtung des vnschüldigen kindtleins/daran sie vor /in/ oder nach der geburt schüldig wird/jhre geübte leichtfertigkeyt verborgen zu halten. Darumb wann ein solche Mörderinn auff gedachten jhrer angemasten vnbeweisten freuenlichen entschůldigung bestehen bleiben wolt/ so soll man sie auff obgemelte genugsame anzeygung bestimpts vnchristlichen vnnd vnmenschlichen erfunden vbels vnnd mordts halber / mit peinlicher ernstlicher frag zu bekenntnuß der warheyt zwingen. Auch auff bekenntnuß desselben mords zu endlicher todtstraff/als obstehet/vrtheylen. Doch wo eins solchen Weibs schuld oder vnschuld halb gezweifelt wird/ so sollen die Richter vnnd Vrtheyler / mit anzeygung aller vmbstende bey den recht verstendigen/oder sonst/wie hernach gemelt wird/raths pflegen.

Straff der Weiber/so jhre kinder/vmb daß sie der
abkommen/in geferlichkeyt von jhnen legen/die
also gefunden vnd ernehrt werden.

CXXXII. Item/so ein Weib jhr kind/vmb daß sie des abkomm/von jhr legt/vnd das kind wird funden vnd ernehrt/dieselbig Mutter soll/wo sie des vberwunden vnd betretten wird/nach gelegenheyt der sach vnnd rath der verstendigen gestrafft werden. Stirbt aber das kind von solchem hinlegen/so soll man die Mutter/ nach gelegenheyt des geferlichen hinlegens an leib oder leben straffen.

Straff der jenen / so schwangern Weibs-
bilden Kinder abtreiben.

CXXXIII. Item/so jemand einem Weibsbild durch bezwang essen oder trincken/ein lebendig Kind abtreibt/ wer auch Mann oder Weib vnfruchtbar macht/so solch vbel fürsätzlicher vnd boßhafftiger weiß beschicht/soll der Mañ mit dem schwert als ein todtschläger/ vnd die Fraw/ so sie es auch an jhr selbs thäte/ertrenckt/oder sonst zum todt gestrafft werden. So aber ein kind/ das noch nicht lebendig wer/von einem Weibsbild getrieben würd/sollen die vrtheyler der straff halber bey den rechtuerstendigen/oder sonst/wie zu end diser ordnung gemelt/raths pflegen.

Straff so ein Artzt durch sein Artz-
ney tödtet.

Item

Aus der Peinlichen Gerichtsordnung

Ähnlich heißt es in Art. 104 mit dem Titel

„Eyn vorrede wie man mißthatt peinlich straffen soll"
„Aber sonderlich ist zu mercken, inn was sachen (oder der selben gleichen) vnser Keyserlich recht, keynerley peinlicher straff am leben, ehren, leib oder gliedern setzen, oder verhengen, daß Richter vnd vrtheyler darwider auch niemant zum todt oder sunst peinlich straffen. Vnd damit richter vnd vrtheyler die solcher rechten nit gelert sein, mit erkantnuß solcher straff destoweniger wider die gemelten rechten, oder gute zulessig gewonheyten handeln, so wirt hernach vonn etlichen peinlichen straffen, wann vnnd wie die gedachten recht guter gewonheyt, vnd vernunfft nach geschehen sollen, gesatzt."

Die ganze Misere der Strafrechtspflege in der damaligen Zeit wird also nunmehr auf den Umstand zurückgeführt, daß die Gerichte überwiegend mit Laien besetzt seien, die das „keyserliche recht" nicht kennen. Hierzu muß man wissen, daß „keyserliches recht" im Rahmen der Auffassung vom „Römischen Reich teutscher Nation" das römische Recht bedeutet, freilich in der Interpretation und z. T. Fortentwicklung durch die italienischen Juristen bis zum 15. Jahrhundert.

An mehreren Stellen resigniert die Carolina angesichts der Laienrichter geradezu vor der Aufgabe, detaillierte Regelungen vorzusehen. So heißt es angesichts der schwierigen Probleme bei der Notwehr:

„alles nach sonderlicher radtgebung der rechtuerstendigen, als hernach gemelt wirdet wann diese fell gar subtil vnderscheyd haben, darnach hierinn anderst vnd anderst, schwerlicher oder linder geurtheylt werden soll, welche vnderscheyd, dem gemeynen mann verstentlich nit zu erkleren seind" (Art. 142).

An anderer Stelle heißt es:

„die nechst obgemelte fell alle haben gar vil vnderscheyd, wann die entschuldigung oder keyn entschuldigung auff jhnen tragen, das alles zu lang zuschreiben vnd zu erkleren wer, vnnd dem gemeynen mann auch irrig vnnd ergerlich sein möcht, wo solchs alles in diser ordnung solt begriffen werden" (Art. 150).

Noch krasser heißt es schließlich:

„Jedoch haben dise fell zu zeitten gar subtil vnderschiedt, die dem gemeynen mann, so an den peinlichen gerichten sitzen verstendig oder begrifflich nit zu machen sein, hierumb sollen die vrtheyler inn disen obgemelten fellen allen (wann es zu schulden kompt) angezeygter erklerung halb, der vorgemelter verstendiger leut radt nit verachten, sonder gebrauchen" (Art. 146).

Hieraus könnte sich die Auffassung ergeben, die Carolina habe gar kein neues Recht eingeführt, sondern sich darauf beschränkt, das — bereits geltende — römische Recht in der Interpretation durch die italienischen Juristen in einer Art „Rechtsfibel" den

Laien zu erläutern. Dies geht sicher zu weit, denn die erwähnte Stelle aus der Vorrede gibt ja zu, daß Mißstände in der Strafrechtspflege bestehen und will diese beseitigen. Schon darin liegt eine normative Bedeutung. Andernfalls wären auch die aufgeführten Widerstände gegen das Gesetz ganz unverständlich. Im übrigen enthält die Aussage, daß die Richter das römische Recht nicht kannten, zugleich die Feststellung, daß es eben noch nicht „galt"; seine Mitteilung an die Richter ist gerade ein wesentlicher Teil der Durchsetzung dieses Rechts. Die Hinweise sowohl auf das kaiserliche Recht als auch auf die zulässigen Gewohnheiten zeigen aber darüber hinaus, daß hier nicht einfach ein bestehender Rechtszustand festgeschrieben worden sein kann. An vielen Stellen setzte die Carolina im übrigen auch neues eigenes Recht.[20]

Hierbei ist zu berücksichtigen, daß nach damaliger Auffassung das Recht nicht in einem Akt gesetzt wird, sondern auf Herkommen beruht und nur festgestellt, allenfalls reformiert werden kann. Andere Rechte aus der gleichen Zeit hießen denn auch „Reformationen" (und auch die Carolina sollte ja ursprünglich eine „Reformation und Ordnung" sein). Dabei wurde in der Umbruchzeit, in die die Carolina fällt, häufig materiell neues Recht als Feststellung bereits bestehenden Rechts getarnt.[21]

Die Verweisung auf das Rateinholen bei den Rechtsverständigen erweist sich bei moderner Betrachtung nicht als Ausklammerung schwieriger Rechtssätze aus einer populären Darstellung, sondern als meisterhafte Anregung zu einer Zusammenarbeit zwischen Theorie und Praxis.

Art. 219 enthält nämlich eine „Erklerung bei wem, vnd an welchen orten rath gesucht werden soll" und nennt vorzugsweise die „nechsten hohen schulen, Stetten, Communen oder andern rechtsverstendigen". Hieraus entwickelte sich ein starker Einfluß der Rechtsfakultäten auf die Rechtsprechung. Zugleich war damit eine stetige Fortbildung des Rechts ermöglicht.

Gegen die normative Bedeutung der Carolina wird schließlich noch angeführt, daß schon bald nach ihrem Erlaß eigenständige Landesgesetze ergangen sind.[22] Dieses Argument ist insofern nicht schlüssig, als diese Entwicklung auch contra legem, im Widerspruch zur Carolina, erfolgt sein könnte. Hierauf wollen wir erst am Ende dieses Vortrags zurückkommen.

---

20) Vgl. auch *H. v. Weber,* a.a.O. (Anm. 11), S. 294, 309 (bei *Schroeder,* S. 168, 183).
21) Vgl. *H. v. Weber,* a.a.O. (Anm. 11), S. 299 f. (bei *Schroeder,* S. 163 f.).
22) *W. Ebel,* Geschichte der Gesetzgebung in Deutschland, 2. Aufl. 1958, S. 30.

IV. Der Inhalt der Carolina

Wie dargelegt, waren die Städte der Meinung, die Peinliche Gerichtsordnung würde dazu führen, die Verbrecher „zu harzen und zu pflanzen". Die Peinliche Gerichtsordnung wurde also als eine bedrohliche Verweichlichung, als eine gefährliche „Liberalisierung" des Strafrechts — wie wir heute sagen würden — angesehen.

1. Die Strafen der Carolina

Diese Auffassung erscheint uns, wenn wir einen ersten Blick in die Carolina werfen, als unverständlich, ja absurd. Gefängnisse als Strafvollzugsanstalten gibt es noch nicht, lediglich als Untersuchungshaftanstalten. Nur für den Kleindiebstahl im Wert von unter 5 Gulden ist „etlich zeitlang kercker" angedroht (Art. 157). Da die Carolina im Interesse einer Durchsetzung des öffentlichen Charakters der Strafe Wehrgeld und Buße beseitigt hat, bleiben nur Lebens- und Leibesstrafen. Hier begegnet uns nun ein grauenhaftes Panoptikum menschlicher Perversionen. Da man in den meisten Fällen die Todesstrafe für unerläßlich hielt, kann der unterschiedliche Unwert der Taten nur noch durch mehr oder weniger grausame Tötungsarten zum Ausdruck gebracht werden. Der Verräter wird geviertelt, das heißt

> „Durch seinen gantzen leib zu vier stücken zu schnitten vnd zerhawen, vnd also zum todt gestrafft werden, vnnd sollen solche viertheyl auff gemeyne vier wegstrassen offentlich gehangen vnnd gesteckt werden" (nach Art. 192).

Brandstifter, Münzfälscher, Hexen, Sodomiter und Kirchenräuber sollen „mit fewer vom leben zum todt gestrafft werden" (Art. 109, 111, 116, 125, 172). Mörder und Giftmischer sind „mit dem rade durch zerstossung ihrer glider vom leben zum todt zu richten, vnd fürter öffentlich darauf gelegt werden sollen" (Art. 130, 137, nach Art. 192). Kindsmörderinnen werden lebendig begraben und gepfählt (Art. 131), und glücklich zu schätzen sind Totschläger, Räuber, Landzwinger, Landfriedensbrecher, Aufrührer, Notzüchter und Abtreiber, die mit dem Schwert vom Leben zum Tode gebracht werden (Art. 119, 126—129, 133, 137). Bei Verräterei, Giftmord, Kindstötung, Mord und Totschlag kann die Strafe durch Schleifen zur Richtstatt und Reißen mit glühenden Zangen geschärft werden (Art. 124, 130, 131, 137). Dem Meineidigen werden die Schwurfinger abgehackt (Art. 107), dem Kuppler die Ohren abgeschnitten (Art. 123), dem Einbrecher die Augen ausgestochen oder die Hand abgehauen (Art. 159).

Indessen stellt sich dieses grausame Panoptikum doch als eine wenigstens bescheidene Abmilderung gegenüber dem bisherigen Recht dar. So wird für die Kindstötung die Strafe des Lebendigbegrabens und Pfählens durch das Ertränken ersetzt, „darinnen verzweifelung zuuerhütten" (Art. 131). Und in einem Einführungsartikel zu den Strafvorschriften sagt die Peinliche Gerichtsordnung:

Reichs peinlich Gerichts Ordnung. XVII

Nach der verurtheylung des armen zum Todt/soll man jhn anderwerd beichten lassen / auch zum wenigsten ein Priester oder zwen am außführen / oder auß schleiffen bey jhm sein / die jhn zu der lieb Gottes / rechtem glauben vnnd vertrawen zu Gott vnd dem verdienst Christi vnsers seligmachers/ auch zu berewung seiner sünde vermanen. Man mag jhm auch in dem führen für Gericht vnd außführen zum todt stätigs ein Crucifix fürtragen.

CII.

Daß die Beichtvätter die Armen bekannter warheyt zu laugnen nicht weisen sollen.

Die Beichtvätter der vbelthäter / sollen sie nicht weisen / was sie mit der warheyt/ auff sich selbst oder andere personen bekannt haben/ wider zu laugnen/ dann niemand gezimpt den vbelthätern jhre boßheyt wider gemeynen nutz vnd frommen leuten zu nachtheyl/ mit vnwarheyt bedecken / vnnd weiter vbel stercken zu helffer wie am xxxj. Artickel/ anfahend. Item / so ein vberwundner mißthäter/rc. meldung geschicht.

CIII.

Ein Vorrede wie man missethat peinlich straffen soll.

Aus der Peinlichen Gerichtsordnung

„Aber sonderlich ist zu mercken, inn was sachen (oder der selben gleichen) vnser Keyserlich recht, keynerley peinlicher straff am leben, ehren, leib oder gliedern setzen, oder verhengen, daß Richter vnd vrtheyler darwider auch niemant zum todt oder sunst peinlich straffen" (Art. 104).

Außerdem heißt es aber grundlegend:

„Wann vnser Keyserlich recht, etlich peinlich straff setzen, die nach gelegenheydt diser zeit vnd land vnbequem, vnd eyns theyls nach dem buchstaben nit wol müglich zu gebrauchen weren, darzu auch dieselben recht die form vnd maß, eyner jeglichen peinlichen straff nit anzeygen, sonder auch guter gewonheyt oder erkantnuß verstendiger Richter beuelhen, vnd inn der selben wilküre setzen, die straff nach gelegenheyt vnd ergernuß der übelthatt, auß lieb der gerechtigkeyt, vnd vmb gemeynes nutz willen zu ordnen vnd zu machen" (a.a.O.).

Hier findet sich zugleich eine Umschreibung der Strafzwecke, die bis heute nicht übertroffen worden ist. Bereits von Plato wird eine Auseinandersetzung mit der Frage überliefert, ob die Strafe als Vergeltung für eine begangene Tat oder zur Verhütung zukünftiger Straftaten verhängt wird. Seitdem haben immer wieder die Straftheorie der Schuldvergeltung und die Straftheorie der Verbrechensverhütung um Anerkennung gerungen. Erst im 20. Jahrhundert hat sich die sogenannte Vereinigungstheorie herausgebildet, die für die Strafen sowohl Gerechtigkeit als auch Erforderlichkeit für die zukünftige Verbrechensverhütung verlangt. Die Formel der Carolina „auß lieb der gerechtigkeyt, vnd vmb gemeynes nutz willen" nimmt diese Vereinigungstheorie vierhundert Jahre vorher in einer kaum zu übertreffenden Formulierung vorweg!

In vielen Fällen, z. B. bei Zauberei, Notzuchtsversuch, Blutschande, Entführung, Aussetzung, Abtreibung innerhalb der Dreimonatsfrist, droht die Carolina keine Strafe an, sondern verlangt, bei Rechtverständigen Rat einzuholen. Auch hierdurch war eine Abmilderung im Einzelfall möglich.

2. Die Voraussetzungen der Bestrafung

Bei zahlreichen Einzeltatbeständen bringt die Carolina anstelle der bisher üblichen schlagwortartigen Benennungen präzise Umschreibungen des strafbaren Verhaltens. Dabei wird zum Teil das römisch-italienische Recht berücksichtigt. So unterscheidet die Carolina den „fürsetzlichen mörder" und diejenigen, die „eyn todtschlag, oder auß jechheyt vnd zorn gethan" (Art. 137). Hier wird anstelle der alten deutschen Unterscheidung zwischen Mord als heimlicher und Totschlag als offener Tötung die italienische Unterscheidung zwischen vorbedachter und spontaner Tötung gesetzt.

Die Carolina kennt noch keinen Allgemeinen Teil wie unsere modernen Strafgesetzbücher, in dem die für alle Straftaten geltenden Regeln über Notwehr und Notstand,

Zurechnungsfähigkeit, Versuch, Teilnahme usw. zusammengefaßt werden. Aber im Anschluß an die Straftaten, bei denen sie am häufigsten vorkommen, nämlich Mord und Totschlag, enthält die Carolina erstmals ausgeformte Regeln über Entschuldigung und Notwehr (Art. 138 ff.), am Ende, vor den Formvorschriften für das Urteil, Regeln über allgemeine Gefährlichkeit,[23] Täterschaft und Teilnahme, Versuch und Schuldunfähigkeit (Art. 176 ff.). Dabei wird — unter Rückgriff auf das italienische Strafrecht — das Schuldprinzip klar herausgearbeitet. Mindestvoraussetzung der Bestrafung ist Fahrlässigkeit; Diebe unter 14 Jahren dürfen nur mit dem Tode bestraft werden, wenn „die boßheyt das alter erfüllen möcht" (Art. 164). Hier handelt es sich um eine wörtliche Übersetzung des römisch-rechtlichen Grundsatzes „malitia supplet aetatem". Es gibt moderne Stellungnahmen, die die Beschränkung der allgemeinen Regeln auf die Tötungsdelikte und damit die Regelung der Carolina für sachgemäß, ihre moderne Ausweitung auf alle Delikte dagegen für verhängnisvoll halten.

3. Strafprozeßrecht

Die Carolina enthält nicht nur Strafrecht, sondern auch Strafprozeßrecht. Ja, sie ist sogar in erster Linie eine Strafprozeßordnung, in die die Strafvorschriften nur mit der Überschrift „wie man mißthatt peinlich straffen soll" eingebettet sind. Man hat hieraus die Erkenntnis abgeleitet, daß sich die Strafvorschriften der Carolina weniger an den einzelnen als an den Richter richteten.[24] Die Abschreckung erfolgte nicht durch die Strafdrohungen, sondern durch die in aller Öffentlichkeit vorgenommene Vollstreckung der Strafe. Umgekehrt beruht die spätere Teilung von Strafgesetzbuch und Strafprozeßordnung darauf, daß sich die Lehre von der Abschreckung durch die Strafdrohung durchsetzte und damit eine Aufspaltung eintrat zwischen dem an die Bevölkerung gerichteten Strafgesetzbuch und der an die Strafverfolgungsorgane gerichteten Strafprozeßordnung. Von der modernen Rechtstheorie wird allerdings die Zusammengehörigkeit von Straf- und Strafprozeßrecht wieder als sachgerecht herausgestellt.[25]

Im Strafprozeß läßt die Carolina die Folter zu, und das ist der zweite Punkt, bei welchem wir uns in der Gegenwart schwer tun, die Größe dieses Gesetzbuchs zu begreifen. Indessen müssen wir uns auch hier in die damalige Zeit zurückversetzen. Gegenüber den Gebräuchen dieser Zeit enthält die Carolina eine Einschränkung der Folter. Sie läßt nämlich die Folter nur bei genau umschriebenen Indizien zu — die Carolina übersetzt dieses Wort mit „anzeygung".

---

23) Hierzu *F.-C. Schroeder*, Die Bedrohung mit Verbrechen, in: Festschrift für Karl Lackner zum 70. Geburtstag am 18. Februar 1987, hg. von W. Küper, 1987, S. 665 ff. m. Nachw.
24) *G. Kleinheyer*, a.a.O. (Anm. 12).
25) S. z. B. *F. Haft*, Der Schulddialog, 1978, S. 35.

Die Carolina enthält ein ausgefeiltes System dieser „anzeygungen". Es werden „gemeyne anzeygungen, so sich auff alle missethat ziehen" unterschieden von „anzeygungen, so sich auff sonderlich missethatten ziehen". Zu der ersten Gruppe gehören die Tatsache, daß die verdächtige Person „an geuerlichen orten, zu der that verdechtlich gefunden, oder betretten würde", böser Leumund, Beobachtung auf dem Wege zum Tatort oder vom Tatort, üble Gesellschaft des Verdächtigen, feindliche Einstellung zum Verletzten, Bezichtigung durch einen Verletzten unter Eid oder auf dem Sterbebett, Flucht wegen der Tat und schließlich ein Rechtsstreit mit dem Ermordeten um eine größere Summe. Von diesen Indizien müssen jeweils mehrere zusammentreffen, um die Folter zulässig zu machen. Immerhin gibt es noch allgemeine Indizien, die für sich allein die Folter begründen, zum Beispiel der Fund von dem Verdächtigen gehörigen Gegenständen am Tatort (Art. 19). Zu den besonderen Indizien, die ebenfalls für sich allein die Folter rechtfertigen, gehört zum Beispiel die Beobachtung zur Mordzeit mit blutigen Kleidern oder Waffen (Art. 33), Verkauf von geraubtem Gut ohne Angabe des Verkäufers und Gewährsmannes (Art. 38), allerdings auch der Umgang mit verdächtigen Dingen, Gebärden, Worten und Weisen, die Zauberei auf sich tragen (Art. 44). Die Indizien müssen selber mit zwei guten Zeugen bewiesen werden (Art. 23).

Man hat darauf hingewiesen, daß einige der hier geschilderten Indizien heutzutage eine Verurteilung aufgrund eines Indizienbeweises rechtfertigen würden.[26] Aber man darf die Dinge nicht so darstellen, als ob die Folter in der Carolina nur dazu gedient hätte, von dem durch Indizien bereits überführten Täter auch noch das Geständnis zu erlangen, das nach damaliger Auffassung für eine Verurteilung erforderlich war. Es ist vielmehr so, daß die Folter etwa wie bei uns die Untersuchungshaft schon bei dringendem Tatverdacht möglich war. Außerdem entsprachen keineswegs alle Indizien unserem heutigen Erkenntnisstand, wie die vorhin angeführten Indizien für die Folterung wegen Zauberei beweisen. Man könnte sogar aufgrund moderner anthropologischer und soziologischer Forschungen die ketzerische Frage stellen, ob nicht gerade die pingelige Regelung der Folter den Schein ihrer Rechtmäßigkeit noch verstärkt und bei den Richtern zu einer Entlassung von der Verantwortung geführt hat. Auf diese Zusammenhänge deutet die folgende Bestimmung der Carolina hin:

„Item so der beklagt, auff eynen solchen argkwon vnd verdacht der zu peinlicher frag, (als vorsteht) gnugsam erfunden, peinlich einbracht, mit marter gefragt, vnd doch durch eygen bekentnuß oder beweisung der beklagten missethat nit überwunden wirdt, haben doch Richter vnd ankleger mit obgemelten ordenlichen vnd inn recht zulessigen, peinlichen fragen, keyn straff verwürckt, dann die bösen erfunden anzeygung, haben der geschehen frag entschuldigte vrsach geben, wann man soll

---

26) *Eb. Schmidt*, Einführung in die Geschichte der deutschen Strafrechtspflege, 3. Aufl. 1965, S. 129; *v. Hippel*, a.a.O. (Anm. 4), S. 210.

sich nach der sag der recht nit alleyn vor vollbringung der übelthat, sonder auch vor aller gestaltnuß des übels, so bösen leumut oder anzeygen der missethatt machen, hütten, vnd wer das nicht thett, der würde deßhalb gemelter seiner beschwerd selbs vrsach sein" (Art. 61).

Immerhin kam in England die Folter nur in Ausnahmefällen auf Anweisung des Königs oder des Privy Council zur Anwendung, und auch in Frankreich scheint die Anwendung seltener gewesen zu sein.[27]

Aber ohnehin hat der Versuch, die geschichtliche Größe der Carolina aufzuzeigen, in der Vergangenheit zu mancherlei eher skurriler Mohrenwäsche geführt. Hierin liegt eine Verwechslung von geschichtlicher Größe und ethischer Bewertung, die überdies auf späteren Entwicklungen beruht. Es tut der Größe der Carolina keinen Abbruch, wenn diese Dinge in ihrer ganzen Scheußlichkeit beim Namen genannt werden.

Auch danach bleibt eine ganze Menge übrig, was wir von unserer heutigen Wertung auch als progressiv ansehen können. So heißt es z. B. gleich im Anschluß an den eben wiedergegebenen Text über die Rechtfertigung auch erfolgloser Folter:

„Wo aber solch peinlich frag, diser vnnd des heyligen Reichs rechtmessigen ordnung widerwertig gebraucht würde, so weren die selben richter, als vrsächer solcher vnbillicher peinlicher frag strafflich, Vnd sollen darumb nach gestalt vnd gelegenheyt der überfarung, wie recht ist, straff vnd abtrag leiden, vnd mögen darumb von jrem nechten ordentlichen obergerecht gerechtfertigt werden."

An anderer Stelle heißt es über die Verhaftung — heute würden wir sagen: Untersuchungshaft — :

„vnnd ist da bei sonderlich zumerken, daß die gefengknuß zu behaltung, vnd nit zu schwerer geuerlicher peinigung der gefangen sollen gemacht vnd zugericht sein" (Art. 11).

Für Geständnisse, die aufgrund unzulässiger Folter erlangt sind, findet sich ein sehr moderner Gedanke: sie dürfen nicht verwertet werden (Art. 20).

4. Gesamtcharakterisierung

Ebenso wie bei dem Strafrecht der Carolina mußte ich mich auch bei dem Strafprozeßrecht auf einige wenige, charakteristische Aspekte beschränken. Versucht man an Hand dieser Beispiele eine Gesamtcharakterisierung der Carolina, so stößt man auf beträchtliche Schwierigkeiten. Daß die Carolina nicht als ein radikaler Durchbruch in

---

27) *Langbein*, a.a.O. (Anm. 2), S. 206 f. Anm. 155, 241 (bei *Schroeder*, S. 283 f.).

Richtung einer Humanisierung des Strafrechts angesehen werden kann, dürfte hinreichend deutlich geworden sein. Andererseits sind eine gewisse Restriktion des Strafrechts und eine Kanalisierung nicht zu bestreiten. Dies geht ja auch aus den erwähnten zeitgenössischen Stellungnahmen hervor. Das gleiche gilt aber auch für die Übernahme des römisch-italienischen Rechts. An mehreren Stellen hatten wir die Aufnahme von Gedanken dieses Rechts dargelegt. Schon die Übersetzung dieser Regelungen in plastische deutsche Begriffe („anzeygungen", „fürsetzlich", „die bossheit erfüllt das alter") ist eine Vermittlung mit der deutschen Rechtskultur. Im übrigen ist es auch hier auffallend, daß die Carolina keineswegs das römisch-italienische Recht im ganzen übernimmt, sondern es von Fall zu Fall in deutschrechtliche Regelungen einbettet. Und noch in einem dritten Punkt entzieht sich die Carolina scharfen Charakterisierungen. Wir hatten gesehen, daß sie in vielen Fällen das Rateinholen bei den Rechtsverständigen, insbesondere bei den Juristenfakultäten, verlangt. Das gibt ihr eine eigenartige Unbestimmtheit und Offenheit. Auf der anderen Seite ist jedoch auch dies wiederum nicht zum Prinzip erhoben, sondern in zahlreichen anderen Fällen ordnet die Carolina selbst ganz bestimmte Rechtsfolgen an. Nach alledem ist man geneigt, der Carolina nicht nur radikale Änderungen, sondern auch jegliche Akzentsetzungen abzusprechen und sie als ein farbloses Kompromißwerk abzutun. Wie aber erklärt sich dann die jahrhundertelange Geltung und Anerkennung der Carolina, ja ihre immer stärkere Bedeutung für die Rechtswissenschaft und Rechtspraxis in Deutschland? Es drängt sich die Erkenntnis auf, daß die Vermittlung zwischen den genannten Extremen keine profillose Verwaschenheit, sondern gerade die wahrhaft souveräne Leistung darstellt. Auch auf anderen Gebieten zeigt sich ja, daß die dauerhaftesten kulturellen Leistungen nicht in einem radikalen Wandel bestehen, sondern in einer wohldosierten Transformation des Bestehenden.

V. Der Verfasser der Carolina

Es wurde schon dargelegt, daß die Carolina inhaltlich weitgehend die Bambergische Halsgerichtsordnung von 1507 übernommen hat. Die Bambergische Halsgerichtsordnung aber war ein Werk von *Johann von Schwarzenberg und Hohenlandsberg.* Er ist von *Erik Wolf* in seine siebzehn „Große Rechtsdenker der deutschen Geistesgeschichte" aufgenommen worden.[28]

Aber man muß ihn darüber hinaus als eine der großen Geistesgestalten der Renaissance ansehen. 1463 oder 1465 geboren, wuchs er zu einem Modellathleten von zwei Meter Größe heran, der schon mit 14 Jahren als Turnierkämpfer, Reiter, Fechter und Schwimmer gefürchtet war. Er zerbrach Hufeisen und zerriß Viehstricke mit den Hän-

---

28) 3. Aufl. 1963.

Herrn Johansenn Freyherrn zů schwartzen-
berg etc. bildnus/wie die/seyns alters/bey fünfftzig jharenn/Erstlich durch Al-
brechten Dürer/abconterfeckt/vnd zů disem nachtruck/zů wegen bracht worden.

Starb Anno rc. 28. seyn Alters bey 64. jarenn/vnnd ist nachgesetzts/schwar-
tzen strichs/zwayntzig lang gewesen.

Johann von Schwarzenberg

den und trug den Spitznamen „hürnener Siegfried". Auf einen Mahnbrief seines Vaters kehrte er heim und heiratete mit 22 Jahren; aus der Ehe gingen vier Söhne und acht Töchter hervor. Mit seinem Vater nahm er 1488 an einem Feldzug nach Brügge zur Befreiung des gefangenen Kaisers Maximilian teil. Kurz darauf trat er als Amtmann von Neuenburg in die Dienste des Bischofs von Würzburg. 1493 unternahm er im Gefolge *Friedrichs des Weisen* von Sachsen eine Pilgerfahrt ins Heilige Land. Gegen 1500 trat er als Vorsitzender des Hofgerichts in die Dienste des Bischofs von Bamberg. Vor der Kirche von Donauwörth erfuhr er auf einer Reise zu Maximilian die Nachricht vom Tode seiner Frau. Er verfaßte nun umfangreiche poetische Werke wie den „Trostspruch umb abgestorbene Freunde" und das „Büchlein wider das Zutrinken" — übrigens eine Unsitte, die zu jener Zeit weit verbreitet war und sogar Strafvorschriften hervorrief.[29] In ironischer Form ermahnen darin die höllischen Stände ihre getreuen Säufer „Trunkenboltz, Flaschenzapf, Weinschlauch, Rebenhans, Speyenweyn, Weynnarr, Ossenweyn, Prasser, Schlemmer, Pyffel, Esell" zum Festhalten am Saufbrauch. Außerdem übersetzte er Ciceros Schriften, und zwar, wie er sagt, „inn Fränckisch Teutsch vnnd nit von worten zu worten, sunder von synnen zu synnen". Diese Übersetzungen wurden allerdings erst nach seinem Tod — übrigens im gleichen Jahr wie die Carolina — als „Der Teutsch Cicero" veröffentlicht. Bemerkenswert hieran war, daß *Schwarzenberg* selbst „nur sein muttersprach gelernt hatte". Er hat sich daher die ciceronischen Schriften von seinem Schloßkaplan *Hans Neuber* übersetzen lassen, wobei ihm selbst offensichtlich eine ganze Reihe sehr plastischer Formulierungen zu verdanken ist. Im übrigen ließ er diesen Text später noch einmal von *Ulrich von Hutten* und *Lorenz Behaim* überprüfen. Um so erstaunlicher ist seine Einbeziehung des römisch-italienischen Rechts in die Bambergensis und über sie in die Carolina. Auch diese Kenntnis konnte er nur im Wege der Übersetzung durch andere erlangen. Allgemein wird die weise Zurückhaltung der Carolina bei der Übernahme des römisch-italienischen Rechtsdenkens gerühmt. Lag die Ursache hierfür vielleicht nur in den fehlenden Lateinkenntnissen ihres Verfassers? Selbst wenn es so wäre, müßte man hier von einer „List der Vernunft" sprechen.

Jedenfalls wird es begreiflich, daß die Carolina für viele Rechtsbegriffe erstmals plastische deutsche Worte gefunden hat und daher auch als Meisterwerk und Markstein der deutschen Literatur, vergleichbar Luthers Bibelübersetzung, anzusehen ist. Einer der von der Carolina und damit von *Schwarzenberg* geprägten Begriffe ist z. B. der Begriff „Abtreibung". Die Aussagekraft dieses Begriffs kommt vielleicht in nichts deutlicher zum Ausdruck als darin, daß er im Jahre 1974 bei einer sehr umstrittenen Reform aus dem Strafgesetzbuch gestrichen und durch den farblosen, wertneutralen Begriff „Schwangerschaftsabbruch" ersetzt worden ist. Für fast 450 Jahre lang hat *Schwarzenberg* mit diesem Begriff die betreffende Handlung so eindringlich gekennzeichnet, daß

---

29) Z.B. im Kölner Reichsabschied.

man den Begriff gewissermaßen selber aus dem Gesetzbuch „abtreiben" mußte, da man die eindeutige Umschreibung des Vorgangs nicht mehr ertragen wollte.

Schon frühzeitig bekannte sich *Schwarzenberg* zur Reformation. Etwa um 1520 sandte er ein kleines theologisches Werk, das verloren gegangen ist, an Luther. Als kaiserlicher Statthalter im Reichsregiment verhinderte er die Durchführung des Wormser Edikts gegen *Luther* und *Friedrich den Weisen* von Sachsen. 1524 verfaßte er eine Verteidigung der Lutherischen Grundsätze mit dem Titel „Beschwerung der alten teufelischen schlangen mit dem göttlichen Wort". Auf eine Gegenschrift des Franziskanerprovinzials *Caspar Schatzgeyer* antwortete *Schwarzenberg* 1526 mit einem polemischen Büchlein „Kuttenschlang genannt, die Teufelslehrer macht bekannt". Beide Schriften waren vor allem an seinen Sohn *Christoph* gerichtet, der Landhofmeister in München und auf die katholische Seite getreten war. 1524 entführte er seine Tochter *Barbara*, Priorin des Klosters zum Heiligen Grab in Bamberg, nachdem er ihr lutherische Schriften zugeschickt hatte, unter dramatischen Umständen. Danach mußte er verständlicherweise aus den Diensten des Bischofs von Bamberg ausscheiden und trat in die Dienste der Markgrafen *Georg* und *Casimir von Brandenburg* in ihren fränkischen Fürstentümern. Als ihr Abgesandter kam er — wie gesagt — nach Preußen und bis nach Königsberg. Angesichts dieser Weitläufigkeit seines Wirkens kommt uns die ganze Immobilität der Menschen in der Gegenwart zum Bewußtsein, wo der Regionalismus immer neue Erfolge feiert, nicht nur die Landes-, sondern schon die Bezirkskinder mit eigenen Universitäten aufgefangen werden müssen, damit der Nachwuchs für die Bezirksregierung gesichert ist, und allenfalls Wahlniederlagen regionale Beamte nach Preußen führen.

Auf einer Reise mit Markgraf *Georg* zu einer Zusammenkunft mit dem Kurfürsten von Sachsen in Coburg starb *Schwarzenberg* 1528 im Gasthof zum Goldenen Kreuz in Nürnberg. Noch elf Jahre später schrieb *Luther* über die würdige Zusammensetzung der Konzilien: „Man müßte aus allen Landen fördern die rechtsgründlich gelehrten Leute in der Schrift ... Darunter etliche von weltlichem Stande, die auch verständig und treuherzig wären; als Landherr Hanns von Schwarzenberg noch lebte, dem wüßte man zu vertrauen."[30]

Angesichts dieser Biographie und des Einflusses dieses Mannes auf die Carolina kann man nur *v. Hippel* zustimmen, wenn er sagt:

„Es ist eine Ironie des Schicksals, daß dieses grundlegende Werk, das erste und bis 1870 einzige Deutsche Reichsstrafgesetzbuch, das einem der deutschesten Männer seine Entstehung verdankt, den Namen eines landfremden Kaisers trägt, der nichts dafür geleistet hat, der nicht einmal die deutsche Sprache beherrschte."[31]

---

30) Zitiert nach *v. Hippel*, a.a.O. (Anm. 4), S. 170.
31) A.a.O. (Anm. 4), S. 173.

VI. Der Einfluß der Carolina auf das spätere Recht

Wir hatten schon darauf hingewiesen, daß die normative Bedeutung der Carolina auch mit dem Hinweis auf die nachfolgende eigene Strafgesetzgebung der Territorien angezweifelt wird. Indessen bestehen gerade hier noch viele Unklarheiten. Unzweifelhaft ist, daß in der Folgezeit in vielen deutschen Territorien eigene Straf- und Strafprozeßgesetzbücher ergangen sind. Aber noch keineswegs ausreichend erforscht ist die Frage, wie weit diese Gesetzbücher die Carolina übernommen und lediglich konkretisiert und in das eigene Gerichtssystem übersetzt haben und wie weit sie auf der anderen Seite davon abgewichen sind. Einerseits heißt es:

„Nur in einigen Gebieten geschah (das Eingreifen des Landesrechts) im Widerspruch zum Reichsrecht und zum Sinn der clausula salvatoria durch Aufrechterhaltung oder Neufassung des bisherigen Rechts. Im übrigen bildet die Carolina überall die Grundlage, auf der das Landesrecht mit größeren oder geringeren Abweichungen ruht."[32]

Auf der anderen Seite heißt es:

„Eine Übernahme des Wortlauts der Carolina läßt sich nur in den Ordnungen einiger weniger Territorien feststellen. In anderen Territorien wurde lediglich eine Anlehnung an die Carolina versucht, in wieder anderen Gebieten wurde sie völlig ignoriert."[33]

Dabei werden sogar die einzelnen Territorialgesetze selbst sehr unterschiedlich beurteilt. Uns interessiert hierbei insbesondere das kurpfälzische Landrecht von 1582, das 1606 in der Oberpfalz eingeführt wurde. Nach *v. Hippel*

„schließt [sie] sich durchaus der Carolina an, ist nur in einigen Punkten ausführlicher".[34]

Dagegen heißt es bei *G. Schmidt:*

„Aber auch in diesem Gesetz fehlt es an dem für die damalige Zeit Entscheidenden: An einer eingehenden Regelung der Foltervoraussetzungen. Wie bei der Zwickauer Stadtrechtsreform hat man auch bei der Kurpfälzischen Landesordnung von 1582 das Gefühl, daß zwar die Bestimmungen der Carolina zu Rate gezogen worden sind — dafür sprechen die Hinweise auf die beschriebenen kaiserlichen Rechte, daß man sie aber nicht für verbindlich angesehen, sicherlich auch in ihrer juristischen Bedeutung nicht recht verstanden hat."[35]

---

32) *v. Hippel,* a.a.O. (Anm. 4), S. 222.
33) *G. Schmidt,* a.a.O. (Anm. 11), S. 249 (bei *Schroeder,* S. 196).
34) A.a.O. (Anm. 4), S. 223.
35) A.a.O. (Anm. 33), S. 251. (bei *Schroeder,* S. 198). Gemeint ist wohl das Landrecht, das häufig fälschlich als Landesordnung bezeichnet wird (vgl. hierzu *B.-R. Kern,* Die Gerichtsordnungen des Churpfälzer Landrechts von 1582, 1991, S. 21).

In einer genauen Analyse der auf die Carolina folgenden territorialen Rechte dürfte daher die wichtigste Aufgabe für die zukünftige Forschung über die Nachwirkung der Carolina und damit mittelbar über ihre Geltungskraft liegen. In unserem Bereich interessiert dabei besonders die so umstrittene kurpfälzische Landesordnung von 1582. Hierzu hat inzwischen *B.-R. Kern* festgestellt, daß die Malefizordnung des Landrechts das Prozeßrecht gegenüber der Carolina in einem solchen Maße abgeändert habe, daß von einer Übernahme oder auch nur einer Anlehnung nicht gesprochen werden könne, und auch im materiellen Recht das System der Rechtsgüterordnung grundsätzlich abgeändert habe, wobei jedoch das Vorbild der Carolina zu erkennen sei.[36]

Anläßlich der 450-jährigen Wiederkehr des Erlasses der Carolina auf dem Reichstag in Regensburg veranstalteten die Professoren Peter Landau und Friedrich-Christian Schroeder im Jahre 1982 ein wissenschaftliches Symposium, das mit einem Festakt im Reichssaal des Regensburger Rathauses, dem Ort des Erlasses der Carolina, eröffnet wurde. Die dabei gehaltenen Referate brachten wichtige Forschungsanstöße.[37]

---

36) A.a.O. (Anm. 35), S. 378, 383 f. Zu den Abweichungen der Legalordnung *F.-C. Schroeder,* Das Oberpfälzer Landrecht von 1657/59 — Ein Zeugnis für die Eigenständigkeit der Oberpfalz im 17. Jahrhundert, Zeitschrift der Savigny-Stiftung für Rechtsgeschichte, 110. Band, Germ. Abteilung, 1993, S. 482 ff., 490 ff.

37) Strafrecht, Strafprozeß und Rezeption. Grundlagen, Entwicklung und Wirkung der Constitutio Criminalis Carolina, hg. von *P. Landau* und *F.-C. Schroeder,* 1984. Bericht über das Symposium von *U. Wolter* in Juristenzeitung 1982, S. 733 ff.

Gerhard B. Winkler

Das Regensburger Religionsgespräch 1541

I.

Die Regensburger Neue Waag auf dem Haidplatz, unweit des Tagungsortes der Reichsstände, gegenüber dem Quartier des Kaisers im Goldenen Kreuz und nahe der Herberge, die der päpstliche Legat bezogen hatte, war die Stätte, wo vom 21. April bis zum 31. Mai 1541 eine sechsköpfige Theologenkommission tagte.[1] Die Teilnehmer vertraten die wichtigsten konfessionell zerstrittenen Stände des Reiches und waren ausgewählt, weil man ihnen Kompetenz wie Konzilianz zutraute, die sie bei entsprechenden Versuchen im elsässischen Hagenau und in Worms einige Monate vorher bewiesen hatten. Als Grundlage für ihre Disputation diente eine zunächst geheimnisumwitterte Schrift, die als sog. Regensburger Buch in die Geschichte eingehen sollte. Die Verfasserschaft (ob katholisch oder evangelisch) blieb den meisten Zeitgenossen unbekannt. Das Buch stammte vom kurkölnischen Kanonikus Johannes Gropper (1503–1559), einem Juristen von Haus aus, einem Theologen aus Liebhaberei und Eifer, und dem Straßburger Reformator Martin Butzer (1491–1551), der sich in Hagenau und Worms mit Gropper unter Mitwirkung des kaiserlichen Sekretärs Gerhard Veltwick auf den gemeinsamen Text geeinigt hatte.[2] Beide Hauptverfasser wurden Verhandlungspartner in Regensburg. Für Kursachsen, das Ursprungsland der Reformation, kam Philipp Melanchthon, der Verfasser der *Confessio Augustana* (1530), und für den hessischen Landgrafen der Hofprediger Johannes Pistorius (1583), der ihn in

---

1) Hermann *Nestler*, Vermittlungspolitik und Kirchenspaltung auf dem Regensburger Reichstag 1541, in: Zeitschrift für bayerische Landesgeschichte 6 (1933), S. 389–414; S. 400 ist besonders wegen des Lokalkolorits lesenswert.
2) Ludwig *Pastor*, Die kirchlichen Reunionsbestrebungen während der Regierung Karls V., Freiburg/Br. 1879, S. 334 ff. Das Werk erscheint immer noch lesenswert, ja grundlegend, obwohl es der junge Robert *Stupperich*, Der Humanismus und die Wiedervereinigung der Konfessionen, Leipzig 1936, S. 2 als „für die Forschung bedeutungslos" bezeichnet hatte; R. *Stupperich*, Der Ursprung des Regensburger Buches, in: Archiv für Reformationsgeschichte 36 (1939), S. 88–116; Pierre *Fraenkel*, Einigungsbestrebungen in der Reformationszeit, Wiesbaden 1965; Hans-Martin *Barth*, Wolfgang *Beinert*, Karl *Hausberger*, Georg *Kretschmar*, Walter *Ziegler*, Das Regensburger Religionsgespräch im Jahr 1541. Rückblick und aktuelle ökumenische Perspektiven, Regensburg 1992; Paolo *Simoncelli*, Vom Humanismus zur Gegenreformation. Das Schicksal des Regensburger Buches in Italien. Versuch einer Rekonstruktion, in: Pflugiana. Studien über Julius Pflug (1499–1564), hg. Elmar *Neuß*, J.V. *Pollet*, Münster 1990, S. 93–114. Eine vorbildliche Textausgabe des „Regensburger Buches" findet sich bei Georg *Pfeilschifter* (Hg.), Acta Reformationis Catholicae, Bd. 6, Regensburg 1974, S. 21–88.

Der Haidplatz, im Hintergrund die Neue Waag

seinen bigamistischen Bestrebungen unterstützt hatte. Auf der katholischen Seite konferierte noch der Leipziger Julius von Pflug (1499—1564), eben erwählter Bischof von Naumburg, und Dr. Johannes Eck (1486—1543). Alle waren sie bekannt als Vermittlungstheologen mit Ausnahme des Letztgenannten, des Ingolstädter Professors, den der Kaiser Bayern zuliebe in die Kommission berief, der aber für ein Einigungsgespräch als Kontroverstheologe der ersten Stunde und als derber Streiter aus Passion eigentlich schon etwas verbraucht war. Den Vorsitz führten paritätisch der kaiserliche Minister Granvelle und der Pfalzgraf Friedrich II. Dazu kamen eine begrenzte Anzahl von (sechs) Gesprächszeugen, nämlich die Räte und Kanzler der Kurpfalz (Heinrich Hase), Mainz (Eberhard Ruden), Köln (Graf Dietrich von Manderscheid), Kursachsen (Franz Burkhard), Hessen (Johann Feige) und von Straßburg (Jakob Stern, Rektor der Universität).[3] Außerdem waren in der Stadt an die 20 namhafter Theologen beider

---

3) *Stupperich,* S. 98. Die Namen finden sich bei: Karl Theodor *Hergang* (Hg.), Das Religions-Gespräch zu Regensburg i.J. 1541 und das Regensburger Buch, Cassel 1858, S. 12. Über alle Fakten eingehendst und m.E. bislang unübertroffen Hubert *Jedin,* Geschichte des Konzils von Trient, Bd. 1, Freiburg/Br. 1949, S. 287—328, Bibliographie: S. 568, Anm. 77, die ich hier nicht wiederholen will (zit. *Jedin*). Hubert *Jedin,* Aus welchen Gegensätzen sind die vortridentinischen Religionsgespräche zwischen Katholiken und Protestanten gescheitert? in: Kirche des Glaubens, Kirche der Geschichte. Ausgewählte Aufsätze und Vorträge, Bd. 1, Freiburg/Br. 1966, S. 361—366 (zit. Kirche des Glaubens); Cornelius *Augustijn,* De Godsdienstgesprekken tussen Rooms-Katholieken en Protestanten van 1538 tot 1541, Haarlem 1967.

Konfessionen (Cochlaeus, Pigge, Morone, Contarini, Cruciger u. a.) anwesend, deren Einfluß schwer zu bestimmen ist, mit denen sich aber die Kommissionsmitglieder regelmäßig berieten. Die katholische Gruppe z. B. traf sich regelmäßig frühmorgens beim Kardinallegaten Gasparo Contarini, dem erfahrensten Mann, den die Kurie für diese heikle Angelegenheit schicken konnte, einem kultivierten Diplomaten, der aufgrund seines Erweckungserlebnisses von 1511 Luthers Rechtfertigungslehre ungewöhnliches Verständnis entgegenbrachte. Sein mäßigender Einfluß in Regensburg ist allgemein anerkannt.[4] Der Nordfranzose Jean Calvin versuchte als Vertreter der Reichsstadt Straßburg die patriotischen Gefühle der Deutschen durch Flugschriften gegen Rom zu mobilisieren. Melanchthon hatte sich mit ihm angefreundet. Möglicherweise überschätzt aber Ludwig von Pastor seinen Einfluß auf den Gang der Religionsgespräche.[5] Schon die Reichstagsteilnehmer von 1541 wunderten sich, warum der als konziliant bekannte Melanchthon auf einmal so unnachgiebig wurde. Aber immerhin kam es zur überraschenden Einigung vom 3. Mai 1541.[6] Innerhalb einer guten Woche hatte man sich in der theologischen Anthropologie, d. h. über die Ausstattung des Menschen, über den freien Willen, über Adams Sünde und Erbsünde und schließlich über die Rechtfertigung (Art. 5) geeinigt. Gerade an dem neuralgischen Punkt, den viele zurecht für die maßgebliche Unterscheidungslehre zwischen den Konfessionen hielten, hatte man eine gemeinsame Formel gefunden. Es war ein Moment fast allgemeiner Euphorie, dem allerdings eine umso schnellere Ernüchterung folgte. Als man daran ging, sich über Fragen zu einigen, die das unmittelbare kirchliche Leben betrafen, wie Messe, Sakramentenspendung, Bußwesen und Heiligenverehrung, da wurden die unversöhnlichen Gegensätze klar, und man betrachtete das Religionsgespräch als gescheitert. Ebenso ergebnislos, wenn nicht noch schlimmer, verlief das Religionsgespräch von 1546.[7]

---

4) Heinz *Mackensen,* The Diplomatic Role of Gasparo Contarini at the Colloquy of Ratisbon of 1541, in: Church History 26 (1958), S. 312–337.
5) *Pastor,* S. 258.
6) Manche Autoren nehmen auch den 2. Mai an, vgl. *Erwin Iserloh,* in: Handbuch der Kirchengeschichte, hg. v. H. *Jedin,* Bd. 4, Freiburg/Br. 1967, S. 288, Anm. 13.
7) Die Zeitgenossen empfanden die Jännerveranstaltung als zwecklos angesichts der Kriegsvorbereitungen des Kaisers und der Schmalkaldener. Sie sprachen vom „Spaziergang gen Regensburg" (Dr. Brück, *Pastor,* S. 310). Man glaubte, der Kaiser habe es „zu einem schein angesetzt" (Braunschweig, Pastor, S. 309). Das stimmte sicher zum Teil. Mußte doch der Kaiser Zeit gewinnen, bis er seine Truppen aus Italien und den Niederlanden beieinander hatte. An Mut gebrach es ihm nicht, ohne Heeresmacht unter diesem kriegerischen Gestirn durch Deutschland zu ziehen. Da mußte er täuschen (*Pastor,* S. 303). Daß das für ein Religionsgespräch nicht klimaförderlich war, liegt auf der Hand. Die protestantischen Fürsten hatten nicht mehr die Absicht, den Reichstag zu besuchen. Die katholischen Stände waren noch entschiedener gegen das Religionsgespräch als 1541, weil nun schon das Konzil von Trient tagte. Julius Pflug lehnte das ihm angebotene Präsidium ab, weil er wußte, daß ein Scheitern des Religionsgesprächs Krieg bedeutete. Dieses Odium wollte er nicht auf sich nehmen. So kam das Religionsgespräch noch unter dem Vorsitz des Moriz von Hutten (1540–1552), Bischofs von Eichstätt, und des Grafen Friedrich von Fürstenberg zustande. Katholischerseits kolloquierten der Spanier Peter Malvenda, der rheinische Karmelit Eberhard Billik (1500–1557), der Augustinerprovinzial Johannes Hoffmeister

Karl Brandi formuliert das Ergebnis der Regensburger Bemühungen so: „Daß die Gespräche erfolglos waren, weiß jeder; daß sie es sein mußten, darf man behaupten. Allein damit ist die Sache nur oberflächlich betrachtet. Die denkwürdige Klarstellung, daß man zwar kirchenpolitisch unendlich tief geschieden war, dogmatisch aber sich im Kern noch sehr nahe stand, blieb Grund für die Tatsache, daß diese Unionsversuche immer wieder auftreten können, freilich niemals zum Ziel führten."[8]

II.

Bevor wir in dieser Richtung eine nähere Analyse der Ereignisse versuchen, fragen wir uns nach dem Zweck unserer Themenstellung. Denn es fällt auf, daß seit hundert Jahren in jeder Generation die Frage der Religionsgespräche neu erhoben wurde. Am Vorabend der Jubiläen zur *Confessio Augustana* (1530) fragten sich

1. viele Christen: Sind die „unendlich tiefen kirchenpolitischen" Gräben von einst nun nicht doch gegenstandslos? Wenn man sich „dogmatisch" damals immer noch so nahe kam, daß man sich auf eine gemeinsame Formel zu einigen vermochte, was hindert uns dann heute, konfessionell zusammenzugehen?
2. Angesichts lebensbedrohender Konflikte stellte sich den Menschen allgemein immer wieder die Frage, wie weit ein sokratisches Gespräch überhaupt geeignet ist, zur Lösung vergleichbarer Konflikte beizutragen.

(1509–1547) und der Kontroverstheologe Johannes Cochläus (1479–1552). Protestantischerseits wußte Luther die Teilnahme Melanchthons zu verhindern. Dafür nahmen die beiden sächsischen Räte Dr. Major und Zasius teil. Sie sollten Butzer auf die Finger schauen (*Pastor*, S. 312). Dazu kamen die beiden Württemberger Reformatoren Schnepf (1495–1558) und Brenz (1499–1570). Als schließlich am 27. Jänner alle beisammen waren, mußte man erkennen, daß das Ganze nur darauf hinauslief, das Gesicht zu wahren. Von Anfang an stritt man im wesentlichen um Verfahrensfragen, ob man wörtlich protokollieren solle oder nicht, um Geheimhaltung u.ä. Bis Mitte Februar diskutierte man über Rechtfertigung, die drei göttlichen Tugenden und über die Glaubensgewißheit. Schließlich endete das Ganze am 20. März mit der Abberufung der Kolloquenten durch ihre Fürsten und mit deren „Protestation", zu der von Anfang an Melanchthon geraten hatte (*Pastor*, S. 312). Die Kolloquenten reisten ab, noch bevor der Kaiser den Reichstag eröffnet hatte. Es gelang, Kursachsen die Verantwortung für das Mißlingen des Gesprächs zuzuschieben. Das Regensburger Religionsgespräch von 1601 war von Herzog Maximilian I. von Bayern und seinem lutherischen Vetter Pfalzgraf Philipp Ludwig von Pfalz-Neuburg im Reichstagssaal einberufen worden. Es war eine innerbayerische Angelegenheit und gehörte eigentlich nicht in den Zusammenhang der Religionsgespräche von 1541 und 1546. Es sollte eine dynastische Konversion vorbereiten, die schließlich zusammen mit dem Erbfall von Jülich und Berg 1613 erfolgte. Es ging um das Verhältnis von Schrift und Tradition. Wir wollen uns hier in der Hauptsache auf 1541 beschränken.
8) Karl *Brandi*, Deutsche Geschichte im Zeitalter der Reformation und Gegenreformation, München 4. Aufl. 1969, S. 225.

3. Wurde damals die konfessionelle Einigung Deutschlands verspielt?
4. Welche Rolle spielte in dieser offensichtlich chancenreichen Konstellation die Reichsstadt Regensburg? Was waren die Konsequenzen?

Wie man vom Gegenstand nicht anders erwarten kann, zeichnet sich auch die Interpretationsgeschichte durch einander widersprechende Thesen aus. Für Ludwig Pastor (1879) waren Kursachsen und auch das katholische Bayern schuld, daß es zu keiner Verständigung kam. Der katholische Universalismus und eine weitschauende Staatskonzeption des Kaisers seien kleinfürstlicher Engstirnigkeit geopfert worden, wie auch Melanchthon ein Opfer kursächsischer Religionspolitik geworden sei. Der Kaiser wollte den Krieg als *ultima ratio,* die Kurie zahlte Subsidien.[9]

Die klassische evangelische Gegenposition war klar: Die Schuld lag an der Intransigenz der Katholiken. Die Kurie trieb den Kaiser zum Krieg. Sie widersetzte sich von Anfang an einem Konzil wie dem Religionsgespräch. Der Kaiser benützte die Religionsgespräche zur Täuschung der Schmalkaldener. Die Protestanten erstrebten die Einheit ehrlich. Bei Robert Stupperich (1936) wird Melanchthon zum Märtyrer der Einheit, das Religionsgespräch zur letzten großen Gelegenheit der Erasmianer.[10] Karl Brandi teilt die seinerzeit heftig bestrittene These Pastors, daß die kirchenpolitischen Gründe die eigentlich trennenden gewesen seien. Der Kaiser nährt eine Zeitlang aufrichtig die Hoffnung der Konkordanztheologen auf eine Einigung durch Vergleich. Sein charismatisches Sendungsbewußtsein ist bekannt: Der Kaiser könne als ein zweiter Konstantin durch seine bloße physische Gegenwart die streitenden Parteien zur Räson bringen. Das Religionsgespräch wurde dabei nicht von vornherein als bloß taktisches Mittel verwendet, es war jedoch Bestandteil einer klarumrissenen Reichspolitik. Nach Karl Brandi[11] machte der Kaiser nach dem Mißerfolg von 1541 eine allmähliche Wandlung zur Politik der eventuell gewaltsamen „Pazifikation" durch (wie sie namentlich durch Bayern und Braunschweig vertreten war). Für Hubert Jedin[12] war ein Gespräch zwischen Granvelle und Morone zu Ende des Religionsgesprächs (28. Mai) „die Geburtsstunde des Konzils von Trient". Für Cornelius Augustijn[13] wurde 1541 die beste Chance der Konfessionen, wieder zusammenzukommen, durch die Fürsten verspielt.

Zur Beantwortung der gestellten Fragen dürfte erstens eine formgeschichtliche Einordnung der Regensburger Religionsgespräche in das umfassendere Phänomen dien-

---

9) Ähnlich auch bei Karl *Brandi,* Kaiser Karl V., Werden und Schicksal einer Persönlichkeit und eines Weltreichs, München 4. Aufl. 1942, S. 453: Im Kaiser nehmen die Kriegsgedanken durch das Gespräch mit dem Kardinal Farnese Gestalt an, wobei die schon mitgebrachten 100 000 Dukaten nicht ohne Eindruck auf den Kaiser geblieben waren. Leopold von *Ranke,* Deutsche Geschichte im Zeitalter der Reformation, Bd. 4, S. 159—167.
10) Vgl. Anm. 2.
11) *Brandi,* Karl V., S. 286.
12) *Jedin,* Bd. 1, S. 311; *Brandi,* Karl V., S. 285 würde dem nicht widersprechen.
13) *Augustijn,* Godsdienstgeprekken, S. 98.

Johannes Gropper

lich sein. In der ersten Hälfte des Jahrhunderts der Reformation waren Religionsgespräche gewissermaßen in Mode gekommen und sollten noch bis über den Dreißigjährigen Krieg hinaus ihre Bedeutung beibehalten. Mir scheinen hier drei traditionelle Grundtypen der Betrachtung wert zu sein. Sie können letztlich als drei Aspekte ein und desselben Vorgangs aufgefaßt werden. Sie finden sich bei den einzelnen Religionsgesprächen je unterschiedlich verwirklicht, dürften aber insgesamt das Phänomen ziemlich erschöpfend erfassen. Das ist 1. das forensische, 2. das akademische, 3. das synodale Element.[14]

Zu 1. Zunächst ist Konfliktbewältigung zwischen zwei streitenden Parteien unter Beiziehung einer höheren Autorität, die nach Anhörung der Argumente einen Schiedsspruch erläßt, nichts Besonderes. Das Mittelalter macht aus diesem prozessualen Vorgang sogar eine beliebte literarische Gattung, nämlich das Streitgespräch. In „De pace fidei" (1453) von Cusanus etwa finden sich 17 Weltreligionen vor dem Throne Gottes ein, um ihren Wahrheitsanspruch vorzutragen und den Schiedsspruch des ewigen Richters entgegenzunehmen. Hinter solchen Vorstellungen verbarg sich die Annahme, daß augenscheinlich unüberbrückbare Gegensätze auf höherer Ebene durchaus zu vereinen sind.

Das Regensburger Religionsgespräch als obrigkeitlich verordnetes Hearing wird nun in zahlreichen Fällen zur Voraussetzung und zum Rahmen für die Durchführung der Reformation, vor allem in den Städten. Die Züricher Reformation (1523) war so vonstatten gegangen. Das Marburger Gespräch 1529 verlief wieder etwas anders. Es war von einem ehrgeizigen Fürsten präsidiert. Aber der Landgraf Philipp hatte weder über Luther noch über Zwingli irgendwelche hoheitlichen Rechte. Leipzig 1539 (Butzer versus Witzel) dagegen war ähnlich gelagert. Ähnlich dachte sich wohl der Kaiser den Vorsitz seines Ministers bei den Regensburger Religionsgesprächen. Eine Einigung der Gesprächspartner in Regensburg hatte auch nur beschränkte Tragweite. Sie konnte nur Verbindlichkeit erlangen, wenn die weithin autonomen Reichstagsstände die Ergebnisse annahmen. Am Fehlen einer echten Schiedsgewalt oder anders ausgedrückt an den Interessen der Stände sollte die (wenn auch bescheidene) Einigung der Theologen scheitern. So konnten die Regensburger Religionsgespräche ähnlich wie häufig die Reichstage nur bestimmte politische Ziele kundtun. Man wahrte die Form der freien Argumente, aber man hatte die Beschlüsse schon in den Akten. Das galt vor allem für 1546, wo der Kaiser für seine Kriegsvorbereitungen Zeit gewinnen mußte.

---

14) Otto *Scheib*, Die Breslauer Disputation von 1524 als Beispiel eines frühreformatorischen Religionsgesprächs eines Doktors der Theologie, in: Festschrift B. Stasiewski, Köln, Wien 1975, S. 98—106; ders., Das Problem von Toleranz und Intoleranz im Lichte der neuzeitlichen Religionsgespräche in Ostdeutschland und Osteuropa, in: Trierer Theologische Zeitschrift 84 (1975), S. 271—286. Hubert *Jedin* befürwortete allerdings eher ein Auseinanderhalten der Elemente, etwa des disputatorischen und des synodalen: vgl. *Kirche des Glaubens*, Bd. 1, S. 361 f. Vgl. auch: Otto *Scheib*, Die Reformationsdiskussion in der Hansestadt Hamburg 1522—1528. Zur Struktur und Problematik der Religionsgespräche, Münster 1976.

Zu 2. Das „Lehr"- und Schiedsamt der Universitäten des Mittelalters und ihrer Magistri bei gelehrten Disputationen und gutachtlichen Anfragen ist für die Frage nach Ursprung und Zweck der neuzeitlichen Regensburger Religionsgespräche vielleicht von noch größerer Bedeutung als der Prozeß im engeren Sinn. Dieser Punkt erklärt auch u. a., warum das Religionsgespräch eine spezifische Form theologischer Auseinandersetzung im 16. Jahrhundert wurde. Die Universität des Mittelalters, namentlich die von Paris, die das Magisterium der Christenheit für sich beanspruchte, übte neben der Hierarchie und dem Papsttum ein Lehramt aus, das als verbindlich angesehen wurde.

Im Zuge der Reformation wurde nun einerseits das eigentliche kirchliche Lehramt in Frage gestellt, konsequenterweise dadurch aber auch das Lehramt der Universitäten für den protestantischen Bereich aufgewertet. Wittenberg wurde ein zweites Rom. So übernahm man die gelehrte Disputation, wie sie an den Universitäten üblich war, auch als Form für die Lösung von konfessionellen Konflikten. Man weiß um die Hitzigkeit dieser Disputationen, wie ja auch der Ausdruck Mönchsgezänk sprichwörtlich wurde. Aber immerhin waren das noch geistige Auseinandersetzungen, auch wenn sie das Prädikat akademisch nicht immer verdienten.

Obendrein gab es eine humanistisch-utopische Tradition, die sich von der Friedlichkeit akademischer Kolloquien einen Fortschritt der Erkenntnis erwartete. Es sollten im konfessionellen Disput gegensätzliche Standpunkte aneinandergehalten („verglichen") werden, dann käme durch diese „Collatio" die eigentliche Wahrheit schon von selber zur Geltung. Ein sokratischer Utopismus dieser Art hat noch in Regensburg 1541 eine Zeitlang die Geister beflügelt. Melanchthon sprach von einer „Politia Platonis"[15] in Regensburg, indem er sagen wollte, daß man daselbst für eine Weile nicht realpolitisch dachte. Man meinte dabei, daß es den Streitern mehr um die Wahrheit gehen sollte als um den Sieg über den Gegner.

Die Religionsgespräche kamen aus verschiedenen Gründen bald in Verruf, auch bei den Protestanten, wie wir gleich sehen werden. Es sind Fälle bekannt, wo sie gelegentlich zu einem regelrechten Mittel des Aufruhrs wurden.[16] Auf protestantischer Seite übte man zwar das Religionsgespräch als Disput ursprünglich, um mit Abweichlern fertig zu werden,[17] bald aber fand man das richterliche Konsistorium für effektiver als das Religionsgespräch. Von seiten der alten Kirche bestanden von Anfang an Reserven gegenüber der konfessionellen Disputation. Von daher gesehen entsprach es vom Standpunkt der Kurie altkirchlicher Tradition, die Regensburger Religionsgespräche 1541 und 1546 nur zu dulden. Das Disputierverbot in Glaubenssachen war ein alter Rechtstopos. Es war schon bei den Kirchenvätern (z. B. Laktanz) nachzulesen, daß Glaubens-

---

15) Corpus Reformatorum, Bd. 4, S. 198 ff.
16) Otto *Scheib*, Religionsgespräche in Ostdeutschland, S. 275. Es sind diesbezüglich frühe Fälle aus den pommerschen Hansestädten Stralsund und Greifswald bekannt.
17) *Ebd.*, S. 276 (1527 Nikolsburg, 1549 Flaccius).

Abcontrafactur des Ehrwürdigen vnd hochgelehrten Herren / Martin Butzer / Diener des Euangelions Jhesu Christi zů Straßburg.

Martin Butzer

inhalte nicht diskutiert, sondern dekretiert wurden.[18] Trotzdem gab es den theologischen Schulendisput. Das ist kein Widerspruch. Man wußte im Mittelalter sehr wohl zwischen einer Glaubensdisputation und einer gelehrten Diskussion zu unterscheiden. Der Unterschied zwischen Theologie und Glaubenstradition wurde in der Reformationszeit allerdings etwas unklar. Theologumena wurden unversehens zu Glaubenssätzen. Über theologische Lehrmeinungen mag man diskutieren, die Artikel des Glaubens dagegen werden bekannt. Das war ererbte Auffassung.

In dieser Form der Religionsgespräche, so wirkungslos und intolerant sie auch im konkreten gehandhabt wurde, war eine gewisse Anerkennung des Gesprächsteilnehmers als eines Partners, nicht als eines Angeklagten gegeben. So empfanden die meisten der Kolloquenten von 1541, der Legat Contarini und der Kaiser; Bayern erachtete es als Skandal, über definierte Glaubenssätze zu disputieren; für die Kurie blieb das Religionsgespräch im wesentlichen eine Zumutung und Luther fürchtete um eine Aufweichung seiner Dogmen, dabei hatten die Neugläubigen wenig oder nichts durch ein Religionsgespräch zu verlieren.

Zu 3. Als drittes Strukturelement ist bei den Religionsgesprächen ihr synodaler Charakter zu beachten. Die Versammlung von Bischöfen, Prälaten und Theologen war von altersher das natürliche Gremium zur Lösung von Glaubensstreitigkeiten, auch zur richterlichen Verurteilung von Häretikern. Seit dem späten Mittelalter wurde auch das konziliare Prinzip immer mehr als Korrektiv der päpstlichen Gewalt aufgefaßt. Von daher bekommen die Religionsgespräche auch den Charakter einer Art neuer Synoden auf presbyterialer Basis. Das Regensburger Religionsgespräch 1541 wird zu einer Ersatz-Synode, weil das Konzil vom Kaiser teils energisch, teils zurückhaltend betrieben wurde, nicht aber zustande gekommen war.[19] Allerdings wäre es unkorrekt, die Religionsgespräche einfach als reformatorische Synoden aufzufassen. Die Schmalkaldener (wie man die Protestanten nannte) fühlten sich zwar moralisch verpflichtet, ihre Sache vor synodalen Gremien zu vertreten, aber nach ihrem Kirchenbegriff waren Konzilien als solche ohnedies lehramtlich nicht so verbindlich wie für die Altgläubigen. Das galt um so mehr für ein Religionsgespräch. Das war der Zwang der Dinge. Eine Einigung in Regensburg hätte nur durch das Placet der Landesherren, der Summepiskopen, in die Kirchenordnungen eingehen können.

III.

Aus den eingangs skizzierten Ereignissen, dem Fragestand und dieser gattungsgeschichtlichen Einordnung ergeben sich folgende Gesichtspunkte: 1. War die Gunst der geschichtlichen Stunde, wie sie die Euphorie über das Einigungswunder glaubhaft

---

18) Z.B. *CSEL 19*, S. 179 (*Divinae Institutiones*).
19) *Jedin*, Bd. 1, S. 287 u. a.

1526
VIVENTIS·POTVIT·DVRERIVS·ORA·PHILIPPI
MENTEM·NON·POTVIT·PINGERE·DOCTA
MANVS

Philipp Melanchthon

machte, wirklich gegeben? 2. Wieweit standen die Kolloquenten unter politischem Druck? 3. Reichte der theologische Wahrheitsbegriff von damals für eine Einigung? 4. Was waren die theologischen Konzeptionen des Religionsgesprächs und der Einigung vom 3. Mai?

Zu 1. Zunächst darf man die Überraschung über das Wunder vom 3. Mai 1541 als echt annehmen. Sie war allgemein. Der Kaiser schrieb in einem Brief an seine Schwester in Spanien von einem ungeahnten Erfolg. Ähnlich äußerte sich der Legat. Die katholischen Vermittlungstheologen jubilierten. Die via media zwischen Unterdrückkungskurs und reformatorischer Revolution war doch nicht fruchtlos geblieben. Für Melanchthon war es gewissermaßen ein persönlicher Erfolg, hatte er doch seit 1530 diesen Kurs befürwortet, wenngleich ihm ob seiner kursächsischen Aufpasser nicht ganz wohl in seiner Haut war. Sogar Calvin, der im Interesse der französischen Krone seine Freude über die Einigung nicht zu deutlich zeigen durfte, sprach von einer unglaublichen Konzession der Katholischen. Dem Landgrafen Philipp von Hessen mit seinen silbernen Hähnen, seinem Landgrafenprunk und dem trotzigen V.D.M.I.A.[20] fiel ein Stein vom Herzen. Er brauchte die Versöhnung des Kaisers wegen seiner peinlichen Bigamiesache. Die Städte waren am Frieden interessiert, weil sie die Bevormundung der Fürsten zu spüren bekamen. Der Kurfürst von Brandenburg erhoffte sich eine Mäßigung seines Nachbarn, des sächsischen Kurfürsten. Die Freude war fast allgemein, die Interessen waren allerdings sehr unterschiedlich. Der Kaiser brauchte die Ruhe im Reich. Eine Einigung wäre auch ein Achtungserfolg über die katholischen Stände wie Bayern gewesen. Desgleichen hätte er sich auch gegenüber der Kurie, die so lange gegenüber seiner Forderung nach einem Allgemeinen Konzil taub gewesen war, endlich im Sinn des alten Kaisertums als Schutzvogt und Herr der Kirche (ja des Dogmas) erwiesen. Dazu hatte der Kaiser anfangs die Mehrheit der Kurfürsten für seine Politik. Die Protestanten konnten eigentlich nur gewinnen: materiell eine Art Interim, das sie auch erreichten: d. h. freie Hand, weiterhin Klöster aufzuheben, Stifte zu mediatisieren, ein protestantisches Landeskirchensystem aufzubauen, ohne dabei durch anstehende Verfahren beim Reichskammergericht behelligt zu werden. Außerdem war es honorig, über subtile Fragen wie Rechtfertigung und Gnade zu diskutieren, während dabei die weniger honorigen Beweggründe im Hintergrund blieben. Für die evangelischen Kolloquenten blieb immer noch die Möglichkeit einer Protestation, wenn es zu keiner Einigung kommen sollte. Dazu gab es für eine solche Glaubensmanifestation keine bessere Plattform als einen Reichstag.

Das Scheitern der weiteren Religionsgespräche nach dem 3. Mai und die Rezeptionsgeschichte zeigen, daß die Euphorie, wenn schon echt, so doch verfrüht war. Die katholischen Stände, vor allem Bayern, lehnten die fünf verglichenen Artikel ab. Luther bezeichnete sie als ein Flickwerk, indem er schrieb, man solle sich nicht mit Belial „ver-

---

[20] „Verbum Dei manet in aeternum", *Nestler*, S. 391.

gleichen". Selbst die protestantischen Stände stimmten nur unter Bedingungen zu, die praktisch einer Ablehnung gleich kamen.[21] Es war also nur ein Traum von Versöhnung, als der Hesse den päpstlichen Kardinallegaten in sein Quartier in die Obere Bachgasse lud. Die Automatik schon längst laufender historischer Entwicklungen, vor allem verfassungsgeschichtlicher Art, war stärker als der Einigungswille. Damit sind wir bei Punkt 2 unserer Analyse:

Zu 2. An und für sich ist es für ein katholisches Ohr sehr erbaulich, wenn ein Idealist wie Philipp Melanchthon von der Confessio Augustana an bis über die militärische Niederlage der Schmalkaldener hinaus immer wieder feststellte, daß die Prediger des reinen Wortes auch eine bischöflich verfaßte Kirche akzeptieren würden und daß sie im Grunde immer noch katholisch seien. Die politische Wirklichkeit war nun schon vor 1530 eine andere, so daß alle gutgemeinten Äußerungen dieser Art, einschließlich der Euphorie vom 3. Mai 1541, als utopische Selbsttäuschung erscheinen müssen. In Kursachsen und Hessen hatte man schon seit 1526 systematisch begonnen, die Klöster und Hochstifte zu säkularisieren, etwaige auswärtige Ordinarien (wie den Mainzer) an der Ausübung kirchlicher Jurisdiktion zu hindern und zielstrebig ein landesfürstliches Kirchenregiment aufzubauen. Die Neugläubigen litten unter der neuen Tyrannei. Melanchthon klagt in einem Brief aus Regensburg wörtlich in diesem Sinn über die Sophisten (das waren seine katholischen Gesprächspartner) und die Tyrannen (das war die kursächsische Regierung).[22] Die hatten ihn, wenn Pastor die Sache nicht zu schwarz sieht, in Regensburg regelrecht unter Kuratel gestellt. Die kursächsische Reformationsmaschinerie lief auf vollen Touren. Da mußten „Einigungen" der Regensburger Art störend wirken. Für Sachsen gab es nur eine Möglichkeit: „Bekehrung" der katholischen Stände. Das war der Grund, warum auch Johann Friedrich nicht auf dem Reichstag erschienen war. Vergleichbares galt auch in Bayern. Wegen der konfessionellen Notlage erlangte der Herzog päpstliche Privilegien zur Besetzung von Domherrenstellen, Kontrolle über die Prälatenklöster, Expektanzen auf die Hochstifte Freising und Regensburg, dazu obrigkeitliche Pfarrvisitation, einschließlich sonstiger massiver Eingriffe in das kirchliche Leben. Man wollte sich bei seinem Reformwirken (das primär in einer obrigkeitlichen Verwaltungsreform bestand) nicht durch kaiserliche Erfolge stören lassen. Kompromißformeln wie die von Regensburg mußten für die obrigkeitliche Kirchenpolitik aufweichend wirken. Auch der Franzose Calvin konnte an einem Erfolg des Kaisers und an einer Einigung der deutschen Reichsstände nicht interessiert sein. Aber auch der Kaiser hatte sich seit 1521 Vorentscheidungen gesetzt. Anders als für seinen Bruder Ferdinand, der sich jahrelang mit humanistischen Beratern wie dem Bischof Nausea umgeben hatte, und obwohl seine ersten Minister von 1530 bis 1541 in der Person von Gattinara und Granvelle Humanisten waren, gab es für ihn

---

21) *Pastor*, S. 274.
22) *Ebd.*

bei aller vorläufiger Flexibilität am Ende nur totale konfessionelle Einigung, wenn nicht Unterwerfung, keine wie immer geartete „una religio in rituum varietate". Das hinderte ihn jedoch nicht, gegenüber der katholischen Aktionspartei darauf zu pochen, daß man im Gespräch zuerst die einigenden Elemente festhalten müsse.[23] Wenn man das alles bedenkt, kann man der Formulierung Brandis zustimmen: Die Gespräche „mußten" erfolglos bleiben.

Zu 3. Die Zwänge waren zusätzlich auch theologischer Art. Es war ein Wahrheitsbegriff, der eine theologische Kompromißlösung nicht ermöglichte. Ludwig Pastor nahm seinerzeit die Kolloquenten, besonders Gropper und auch Contarini für ihre theologische Nachgiebigkeit in Schutz. Die Lehre von der Rechtfertigung sei eben noch nicht in Trient definiert gewesen.[24] Damit vertrat er einen zu starren Dogmenbegriff im Sinne der *fides definita*. Was katholische Rechtfertigungslehre war, das wußte die gelehrte Welt, namentlich die Humanisten der Religionsgespräche mindestens seit „De libero arbitrio" (1524) von Erasmus. Sie waren es als Philologen alle gewöhnt, mit Texten behutsam umzugehen. Da gab es Bilder und Gleichnisse, da gab es augenscheinliche Antinomien und Widersprüchlichkeiten. Alles das mußte durch die Kunst des Interpreten ausgelegt werden, ohne daß man die Wahrheit immer mit letzter *claritas* in den Griff bekam. Daher konnten Formulierungen der Glaubensgeheimnisse fallweise immer wieder nach dem eigentlich Gemeinten hinterfragt werden. Dieser Wahrheitsbegriff war von den Kolloquenten auch Melanchthon nicht unbekannt. Nun lehnten Luther und mit ihm die evangelische Orthodoxie diesen Wahrheitsbegriff ab. Ja, er erschien dem Reformator als unernst, frivol, heidnisch, philosophisch, ja eigentlich ungläubig. Dazu kam die große Politik. Politiker brauchen klare Formeln, selbst wenn diese im einzelnen nicht genau stimmen. Nur wirksam müssen sie sein, vor allem wenn es sich um Staatsstreich und Revolution von oben handelt. So sagte sogar der konziliante Kurfürst von Brandenburg seinen Kolloquenten, daß sie ihm ja nicht ohne das „sola fide" heimkommen dürften. Selbst die bescheidene Einigung der Kolloquenten war für die Reichsstände untragbar. Denen ging es so wie den Generalstäblern beim Ausbruch des Ersten Weltkrieges: Man könne die Mobilmachung nicht mehr stoppen, weil das mit zu großen Kosten verbunden sei. Den Ständen und ihren Zielen war ein dogmatistischer Wahrheitsbegriff nur gelegen.

Zu 4. Zum Abschluß fragen wir uns: Was war nun die Vermittlungstheologie, die in Regensburg 1541 gemacht wurde? Wie schon bekannt, einigte man sich über die Rechtfertigung nach Art. 5 des Regensburger Buches. Eck und Melanchthon hatten den Artikel zunächst abgelehnt, ihn aber dann in gekürzter Form angenommen. Pastor schämte sich noch dieses Artikels, den er anders als Ranke als „deutsches Gewächs"

---

23) *Brandi*, Karl V., S. 381–388, 386.
24) *Pastor*, S. 247.

apostrophierte.²⁵ Ich glaube, daß es zur Eigenheit von Vermittlungsdokumenten gehört, daß sie von der jeweiligen Partei in ihrem Sinn auch einseitig ausgelegt werden können. Trotzdem meine ich, man könnte heute das Regensburger Buch mit größerer Unbefangenheit als ein realistisches Dokument für eine Einigung der Konfessionen lesen. Zunächst werden alle wichtigen Anliegen und Begriffe der reformatorischen Rechtfertigungslehre aufgegriffen und in das Dokument eingebracht:²⁶

1. Das „sola fide" wird auch als katholisch deutbar bezeichnet, wodurch sich Eck in die „Spelunke der Häretiker" geführt sieht. Alle Rechtfertigung erfolge im Glauben. 2. Die Anerkennung der göttlichen Initiative beim Heilswirken könnte durch die Formel von der imputativen Gerechtigkeit Christi über ein bloß juridisches Verständnis hinaus auch ontologisch verstanden werden. Es ist die Gerechtigkeit Christi, die uns zum Heil wird, nicht eine wie immer vorgegebene kreatürliche. 3. Der Glaube besteht nicht nur in der Annahme von Offenbarungstraditionen und -inhalten (*fides quae*), sondern auch in der vertrauensvollen Annahme von Verheißungen (dem Fiduzialglauben, der *fides cui*). 4. Christus ist der einzige eigentliche Heilsmittler. 5. Durch ihn werden wir aus Kindern des Zornes und Feinden Gottes zu Kindern des Lichtes. Die Verfasser des Einigungsbuches sicherten sich jedoch gegen Mißverständnisse und Verkürzungen der Lehre ab, indem sie eine Reihe traditioneller Begriffe der katholischen Gnadenlehre einbrachten. So wurde im Zusammenhang mit dem *sola fide* die Bedeutung der Buße, der Furcht Gottes, des Gerichtes, der guten Werke, des Lohngedankens, des Vollkommenheitsstrebens, ja sogar des freien Willens ausdrücklich genannt.

Dazu wird von einem lebendigen Glauben gesprochen, der durch die Liebe wirksam wird. Die eingegossene Liebe Gottes heilt den Menschen von innen, so daß ihm der neue Heilsstand (die *justitia*) nicht bloß „imputiert" ist, sondern ihn innerlich erfaßt („inhaeret"). Durch den Austausch des konfessionsspezifischen Vokabulars schuf man eine äußerliche Angleichung, die sich aber nur dann als tragfähig erweisen konnte, wenn ihr eine gemäße Anthropologie entsprach. Und an diese, wie sie sich von seiten Luthers in „De servo arbitrio" (1525) geäußert hatte, wagte man nicht zu rühren. Das war auch letztlich der theologische Grund, warum ein Dokument, das uns heute durchaus als Einigungsformel annehmbar erschiene, auch aus theoretischen Gründen abgelehnt wurde. Was uns heute an dem Dokument als Mangel erscheint, ist die Tatsache, daß in der Behandlung der Gnade personale Kategorien fast ausschließlich fehlen. Gleichwohl sind Ansätze dafür in der häufigen Betonung des Heiligen Geistes gegeben.²⁷ Die personalen Modelle hätte man in „De libero arbitrio" (1541) von Erasmus finden können. Die hatte man offensichtlich vergessen oder nie ganz begriffen. Das Regensburger Buch vertrug sich bei aller auch innerlichen Verarbeitung der reformato-

---

25) *Ebd.*, S. 248.
26) Corpus Reformatorum, Bd. 2, S. 190 f.; *Hergang*, S. 98 ff.
27) *Ebd.*, S. 98.

rischen Gnadenterminologie und mit fast ausschließlicher Argumentation aus dem Neuen Testament weder mit der Anthropologie Luthers noch mit der Calvins. Von daher gesehen kann man verstehen, daß die Zeitgenossen die Einigung vom 3. Mai als Wunder verstanden. Umso unverständlicher ist es, wenn man nicht die Politik ins Kalkül zieht, daß es anschließend über Kirchen- und Eucharistiefrage zum Bruch kam. Diese Probleme wären theoretisch viel leichter zu lösen gewesen. Aber da wurde die Auswirkung einer eventuellen Einigung auf schon bestehende Kirchenordnungen deutlicher bewußt. Da bekamen Melanchthon vor allem, dann Butzer und Pistorius, Angst vor ihrem eigenen Mut.

Abschließend muß ein Wort zu den eingangs gestellten Fragen gesagt werden: Die Regensburger Religionsgespräche 1541 und 1546 waren nur ansatzweise sokratische Gespräche um der Wahrheit willen:

1. Die vielfältigen politischen Interessen, denen man auch ihre Eigenberechtigung nicht einfachhin absprechen soll, waren der Wahrheitsfrage nicht förderlich.
2. Die Einigung einiger ausgewählter Theologen beider Konfessionen bedeutete nicht, daß diese von den Ständen und Kirchen als solche angenommen wurde. Es mangelte, etwa zum Unterschied von allgemeinen Synoden, am verbindlichen Charakter der Religionsgespräche.
3. Es war nicht nur Begriffsklauberei, sondern tiefergreifende Konzeptionen von Mensch und Gott, die die Trennung nicht nur als Akt der Bosheit verständlich machen.
4. Man einigte sich über das „Subtile" (Granvelle), nicht aber das Einfache wie Messen, Beichte, geistliches Amt, weil durch letzteres praktische Kirchenordnungen betroffen wurden.
5. Ein seriöser ökumenischer Dialog wäre nur möglich gewesen ohne einen dogmatistischen Wahrheitsbegriff.
6. Zur lokalpatriotischen Frage der Regensburger: Nach 1541 erfolgte eine konfessionelle Scheidung und Polarisierung. Einerseits kommt es zu einem Fortschreiten der Reformation. Das Religionsgespräch macht unter anderem die neue Lehre in der Reichsstadt gesellschaftsfähig. So wird Religionsgespräch und Reichstag zu einem der letzten Anstöße für die Regensburger Reformation von 1542. Andererseits erfolgen unmittelbar unter dem Eindruck der gescheiterten Gespräche die Verhandlungen, die nach Hubert Jedin schließlich doch zur Einberufung des Trienter Konzils führten.
7. Des rheinischen „Regensburger Buches" und der entsprechenden Einheitsbemühungen braucht sich der heutige Regensburger nicht mehr wie einst der Rheinländer Ludwig von Pastor zu schämen.

Dieter Albrecht

Der Regensburger Kurfürstentag 1630 und die Entlassung Wallensteins

Es war eine glänzende, farbenbunte Versammlung von Fürsten, Gesandten und Räten, die sich im Juli 1630 aus den bedeutendsten europäischen Staaten nach und nach zum Kurfürstentag in Regensburg eingefunden hatte: Kaiser Ferdinand II. war mit seiner Gemahlin Eleonore, seinem Sohn Ferdinand, einem Schwarm von geheimen Räten und seinem Beichtvater schon Mitte Juni zu Schiff von Wien heraufgekommen. Erst nach ihm, mit berechneter Verspätung, waren die katholischen Kurfürsten erschienen, der Reichserzkanzler Anselm Casimir von Umstadt aus Mainz, der frankreichfreundliche Philipp von Sötern aus Trier, der liebenswürdige Ferdinand von Köln aus Bonn. Sie alle überragte Kurfürst Maximilian I. von Bayern, der von München her gekommen war. Die protestantischen Kurfürsten von Sachsen und Brandenburg hatten ihr Erscheinen verweigert. Neben ihren Gesandten, neben dem General Tilly und kleineren Reichsfürsten kamen die Vertreter der auswärtigen Mächte: Aus Frankreich der Herr Brulart de Léon, dessen nach außen unscheinbarer Begleiter, der Kapuziner Père Joseph, an den sich später die Bezeichnung „Graue Eminenz" heften sollte, freilich die weitaus bedeutendere Rolle spielen würde. Papst Urban VIII. hatte den Wiener Nuntius Rocci entsandt, König Philipp IV. von Spanien den Herzog von Tursi, König Jakob I. von England den Sir Robert Anstruther; auch der Großherzog von Toskana und die Republik Venedig waren vertreten; der geächtet in Holland sitzende Pfalzgraf Friedrich V., der „Winterkönig", schließlich hatte seinen Rat Johann Joachim von Rusdorf entsandt, und zu diesen allen kamen noch viele andere mehr, insgesamt — rechnet man das zahlreiche Gefolge, die Bediensteten und Bewaffneten hinzu — an die 2 000 Personen.

Der Vielzahl der Anwesenden entsprach die Fülle der gestellten politischen Probleme, Angelegenheiten des Reiches sowohl wie der großen europäischen Politik. In zwölf Jahren, seit 1618, hatte sich der verwüstende Krieg mehr und mehr zu einem Ringen kontinentalen Ausmaßes erweitert. Die erste Frage war also, ob ein Weg gefunden wurde, damit — wie es in einer zeitgenössischen Quelle hieß — „der liebe, Gott wohlgefellige friedt, als darin der vornembste teil zeitlicher felicitet bestehet, und nach welchem sovil tausent bekümmerter armen seelen so flehentlich seufftzen und verlangen, wieder zu wegen gebracht und stabilirt werden möchte." Die Frage war weiter, ob es dem Kaiser gelingen würde, die Opposition niederzuringen, die bei den protestantischen Kurfürsten durch das Restitutionsedikt und bei allen Kurfürsten zusammen durch den Gegensatz zum kaiserlichen Generalissimus Wallenstein, zu den spanischen Habsburgern und zur habsburgischen Expansionspolitik ausgelöst worden war. Würde es vielmehr, das war die letzte Frage, dem Kaiser und seinen spanischen Vettern gelingen, die Kräfte des Reiches den habsburgischen auswärtigen Interessen dienstbar zu machen, ihre Unterstützung gegen das Frankreich Richelieus, gegen die Generalstaaten und gegen das Schweden Gustav Adolfs zu gewinnen? Und konnte Ferdinand dies alles durch die Wahl seines Sohnes zum römischen König krönen? Oder gelang es vielmehr der kurfürstlichen Opposition, sich mit den Bestrebungen der habsburgfeindlichen auswärtigen Mächte zu verbünden, um ihre eigenen Ziele durchzusetzen, die auf weite Strecken denen des Hauses Habsburg durchaus entgegengesetzt waren? Der Kurfürstentag in Regensburg mußte, wie Moriz Ritter formuliert hat, zu einem Gericht über die bisherige innere wie äußere Politik des Kaisers werden. Er mußte darüber hinaus, eine lange Entwicklung wie in einem Brennspiegel zusammenfassend, jedenfalls grundsätzlich die Antwort bringen, ob die politische Zukunft im Reich dem Kaisertum oder dem Territorialfürstentum, dem mehr oder weniger geschlossenen Einheitsstaat oder den sich immer mehr verselbständigenden Territorien, der Einheit oder der Vielfalt im Reich gehören sollte. In ihrer grundsätzlichen Form war diese Problematik in Jahrhunderten deutscher Geschichte herangewachsen, ja sie hatte durchgehend ein zentrales Problem dieser Geschichte gebildet. Ihre aktuelle Fassung, ihren auf Entscheidung drängenden Bezug hatte sie in den deutschen und europäischen Entwicklungen der vergangenen zwölf Jahre erhalten.

Nach dem Prager Fenstersturz von 1618 war im November 1620 in der Schlacht am Weißen Berge bei Prag der revoltierende böhmische Adel zusammen mit dem kalvinistischen Kurfürsten Friedrich V. von der Pfalz, den sie sich zum König von Böhmen gewählt hatten, vernichtend geschlagen worden. Diese Niederlage war das Ergebnis eines engen Zusammenwirkens der katholischen Partei in Europa gewesen: Frankreich hatte einen Waffenstillstand zwischen der Protestantischen Union und der Katholischen Liga vermittelt und dadurch der Liga ermöglicht, ihr Heer im Rücken unbehindert nach Böhmen zu führen. Papst Paul V. hatte Hilfsgelder bezahlt, König Philipp III. von Spanien war zur Ablenkung in die Erblande des Pfälzers am Rhein eingefallen; Herzog Maximilian I. von Bayern war auf Drängen des Kaisers, der Spanier und des Papstes mit dem Heer der katholischen Ligafürsten unter Tilly nach Böhmen gezogen und hatte die siegbringende Wendung der Prager Schlacht herbeigeführt.

Durch die Schlacht am Weißen Berge war die Habsburger Monarchie vor dem Zerfall, der sie noch nie so nahe bedroht hatte, bewahrt worden. Aber sofort nach dem Sieg begannen sich die beteiligten katholischen Fürsten wieder ihrer eigentlichsten Interessen zu erinnern, die durch die gemeinsame Gefahr nicht beseitigt, sondern nur überdeckt worden waren. Die sowieso erst wenige Jahre alte habsburgfreundliche Haltung der französischen Politik begann sich zu wandeln, als es nach der Prager Schlacht nicht mehr um die Rettung, sondern um die gewaltige Machtsteigerung des Hauses

Österreich ging. Hieran konnten die französischen Staatsmänner, die für den minderjährigen Ludwig XIII. die Geschäfte führten, gewiß kein Interesse haben. Auch das Verhältnis Bayerns zum Hause Habsburg, zunächst zu den spanischen Habsburgern, sollte sich neu orientieren. Nicht aus persönlicher Sympathie für die Habsburger, sondern um jeder Machtverschiebung zugunsten der protestantischen Partei im Reich entgegenzutreten, hatte Herzog Maximilian sich mit der Katholischen Liga engagiert. Daneben hatten Motive der Machtsteigerung seines Staates und seiner Dynastie gestanden. Indem der Herzog sich den Kaiser zu Dank verpflichtete, wußte er wohl, wie dem Dank des Hauses Habsburg ein konkreter Inhalt gegeben werden konnte: Durch die Übertragung der pfälzischen Kurwürde auf die Münchner Linie der Wittelsbacher, durch die Erhöhung des Herzogs zum ersten weltlichen Kurfürsten des Reiches. Tatsächlich hatte der Kaiser im Münchner Vertrag von 1619 in höchster Not die Kurübertragung versprochen; aber der Einlösung dieses Versprechens stellte sich jetzt, nach der Prager Schlacht, die spanische Politik entgegen. Denn auch in Madrid erinnerte man sich wieder der genuinen spanischen Interessen. Die spanische Hilfe gegen den Winterkönig war zur Rettung des Hauses Österreich, aber gewiß nicht zur Machtsteigerung des Herzogs von Bayern geleistet worden. Vor allem aber hatten die Spanier ihren Krieg mit den Niederlanden vor Augen. Der Kampf der Niederlande um die Unabhängigkeit von spanischer Herrschaft hatte bereits unter Philipp II. begonnen; 1609 war man einen Waffenstillstand auf 12 Jahre eingegangen; man wußte, daß er 1621 nicht verlängert werden würde; wie sollte man da der Kurübertragung zustimmen, die nach spanischer Auffassung einen endlosen Krieg aller Anhänger des Pfälzers gegen die katholische Partei nach sich ziehen mußte, also auch spanische Kräfte binden würde. Zudem verhandelte die spanische Diplomatie eben um einen Ausgleich mit England; König Jakob I. aber war der Schwiegervater des Winterkönigs. Mit einem Wort: Nicht Kurübertragung, sondern friedlicher Ausgleich in der pfälzischen Frage war die Losung Madrids.

Als Kaiser Ferdinand II. beim Regensburger Deputationstag von 1623 die pfälzische Kur schließlich doch auf Herzog Maximilian übertrug, hatten sich inzwischen die Fronten profiliert: Spanien hatte die Kurübertragung aus den genannten Gründen bekämpft; Frankreich dagegen hatte sie unterstützt, weil die französische Politik seit je und aus durchsichtigen Gründen daran interessiert war und daran arbeitete, das territorialfürstliche Element im Reich zu stärken. Dies aber hieß, daß der europäische Gegensatz zwischen den Häusern Habsburg und Bourbon, der jetzt nach kurzer Unterbrechung erneut hervortrat, sich gewissermaßen in das Reich hinein verlängerte; denn der Herzog und jetzige Kurfürst von Bayern war von nachtragender Natur, und er pflegte Gegner und Freunde genau zu unterscheiden. Diese Tatsache aber mußte für die künftige Politik Kaiser Ferdinands II. von großer Bedeutung werden: Würden sich Bayern und die Ligafürsten in ihrer Politik auch künftig primär von der konfessionellen Gemeinsamkeit mit dem Haus Habsburg leiten lassen und dessen Ziele unterstützen? Oder würden sie, insbesondere Bayern, künftig durch die Betonung anderer Ge-

FERDINADVS SECVNDVS DEI GRATIA ROMANORVM IMPE
RATOR, SEMPER AVGVSTVS, GERMANIÆ, HVNGARIÆ, BOHEMIÆ,
DALMATIÆ, CROATIÆ, SCLAVONIÆ, ETC. REX, ARCHIDVX AV-
STRIÆ, DVX BVRGVNDIÆ, STYRIÆ, CARINTHIÆ, CARNIOLÆ,
WIRTEMBERGÆ ET VTRIVSQ. SILESIÆ, MARCHIO MORAVIÆ ET IN
VTRAQ. LVSATIA, COMES HABSPVRGIÆ ET TYROLIS. &c.

De facie depinxit Francofurti ad Mœnum Martinus à Falckenbg. & expressit Iacob. ab Heyden, Men. Sep. A° ↄ Iↄ xix.

Kaiser Ferdinand II.

sichtspunkte der habsburgischen Politik ihre Unterstützung, wenn nicht ganz, so doch in zentralen Fragen, versagen? Hier war 1623 noch nichts entschieden. Bis zum Regensburger Kurfürstentag von 1630 sollten aber die Würfel fallen. Es waren vorzüglich vier Momente, durch welche die Situation von 1630 herbeigeführt worden ist: Die Politik Kardinal Richelieus, die Zielsetzungen Papst Urbans VIII., das Auftreten Wallensteins, und schließlich der Mantuanische Erbfolgekrieg. Wir haben diese vier Momente kurz zu betrachten.

Im Jahre 1624 übernahm Kardinal Richelieu die Leitung des französischen Ministeriums; er beendete definitiv die kurze Periode einer akzentuiert katholischen Außenpolitik Frankreichs und lenkte die französische Politik wieder in die Bahnen des 16. und frühen 17. Jahrhunderts. Dies bedeutete: Kampf gegen Habsburg, gegen Spanien zunächst, dann aber auch gegen das Gesamthaus, von dessen Umklammerung er sich offensichtlich mehr bedroht fühlte, als tatsächlich zu befürchten war. Da aber zunächst im Innern Frankreichs der kalvinistische Adel niederzuringen war, mußte man die Geschäfte gegen Habsburg zunächst von anderen führen lassen. Um dies zu tun, hat Richelieu durch seine Diplomaten ein ganzes System von internationalen Beziehungen entwickelt. Es war ein System, in das auch die Reichsfürsten beider Konfessionen und nicht zuletzt Bayern einbezogen werden sollten. Durch die Verbindung mit dem mächtigsten Reichsfürsten sollte eine Pforte ins Reich hinein eröffnet werden, wie Richelieu selbst formuliert hat, sollten auch die Ligafürsten auf die französische Seite gezogen werden, sollten Spanien und der Kaiser isoliert werden. Das Argument aber war dabei, daß es gelte, die alte deutsche reichsfürstliche Libertät zu retten, das Herkommen zu bewahren, allen zentralistischen Tendenzen des Hauses Habsburg entgegenzutreten: „D'arrêter le cours de la violence de la Maison d'Autriche." Und Richelieu suchte die katholischen Reichsfürsten auch deswegen zu gewinnen, um Frankreichs gleichzeitige Verbindungen mit protestantischen Mächten, den Holländern, den Dänen, schließlich den Schweden, zu rechtfertigen. War der Allerchristlichste König mit Katholiken und Protestanten zugleich verbündet, dann konnte sein Kampf gegen das Haus Habsburg von seinen Gegnern nicht mehr als Religionskrieg diffamiert werden. Der katholischen Partei in Frankreich selbst und der öffentlichen Meinung in Europa schien damit der Boden entzogen, die Verbindungen des Kardinals mit Häretikern gegen katholische Mächte zu brandmarken.

Diese Argumentation zielte nicht zuletzt auf die römische Kurie, auf den Papst. Und auch dort in Rom hatte sich ein folgenreicher Wechsel vollzogen, am 6. August 1623 hatte Maffeo Barberini als Papst Urban VIII. den Stuhl Petri bestiegen. Urban VIII. war ein ebenso gebildeter wie impulsiver Geist, eine starke Barocknatur; er hat in seinem langen Pontifikat bis 1644 erheblich dazu beigetragen, etwa als Förderer Berninis, daß neben das Rom der Antike, des Mittelalters und der Renaissance das barocke Rom getreten ist, wobei es ihn nicht störte, hierbei manche alten Mauern niederzureißen: „Quod non fecerunt Barbari, fecerunt Barberini." Man wird nicht sagen wollen, daß Urban VIII., einst Nuntius in Paris, von vornherein ein Gegner des Hauses Habsburg

Kardinal Richelieu

gewesen ist. Aber als „Padre commune", als Vater der Christenheit und der christlichen Potentaten, hielt er es für seine Aufgabe, in dem sich steigernden Gegensatz zwischen Frankreich und Habsburg zu vermitteln. Als Herr des Kirchenstaates zugleich italienischer Landesfürst, mußte er der spanischen Machtausdehnung in Oberitalien widerstreben, die ihm die Zeiten eines Karls V. zu wiederholen schien. Indem er unter solchen Voraussetzungen daran ging, zwischen den spanischen und österreichischen Habsburgern auf der einen Seite, Frankreich auf der anderen zu vermitteln, und er sich damit begnügte, nur zu vermitteln, handelte er schon zu Gunsten Richelieus, denn die nur vermittelnde Haltung des Papstes hinderte den Kardinal nicht, weiterhin an seinen protestantischen Bündnissen festzuhalten. Entschiedene Schritte gegen die französischen Bündnisse mit nichtkatholischen Potentaten hat Urban VIII. zunächst nicht unternommen. Wenn sich Richelieu daneben auch um katholische Verbündete bemühte, vor allem um Bayern und die Ligafürsten, dann lag dies umso mehr im Interesse des Papstes. So hat Urban VIII. am Ende der zwanziger Jahre die Annäherung zwischen Frankreich und Bayern entschieden gewünscht und durch seinen Pariser Nuntius gefördert. Das aber war zu einem Zeitpunkt, als sich der bayerische Herzog immer stärker auf die Hilfe Frankreichs angewiesen glaubte, insoferne er wesentliche seiner politischen Ziele bedroht sah durch den kaiserlichen Generalissimus Wallenstein.

Denn zur selben Zeit, in der Richelieu und Urban VIII. die Bühne der europäischen Politik betraten, um die antihabsburgischen Kräfte in Europa zu verstärken, hatte im Reich der Mann seinen Aufstieg genommen, der nach Zielen und Mitteln dazu angelegt war, umgekehrt den Interessen des Hauses Habsburg, jedenfalls des österreichischen Zweiges, einen mächtigen Aufschwung zu verleihen, eben Albrecht von Wallenstein. Religiös indifferent, ein Kondottieretyp mit Sinn für Macht, aber letztlich nicht befähigt, diese mit Umsicht zu gebrauchen, also gewiß kein Staatsmann, war Wallenstein ein glänzender Organisator, voll von Ehrgeiz, aber innerlich niemandem verpflichtet. 1625 stellte er sich dem Kaiser zur Verfügung, um ihm, teils mit eigenen Mitteln, ein eigenes, kaiserliches Heer aufzustellen. Bisher, seit 1619, war Ferdinand II. größtenteils auf das Ligaheer angewiesen gewesen; eben hierauf hatte die starke Stellung Maximilians von Bayern gegenüber dem Kaiser bisher beruht. Jetzt sah sich Maximilian von Wallenstein zunehmend in den Hintergrund gedrängt, begleitet von höhnischen Bemerkungen des Generalissimus zu dieser Entwicklung. Schon hierdurch mußte das dynastische Selbstgefühl Maximilians und der übrigen katholischen Kurfürsten gegen den böhmischen Emporkömmling aufgerufen werden. Die Klagen über den Generalissimus verschärften sich, und zwar bei allen, auch den protestantischen, Kurfürsten, als Wallenstein den Grundsatz praktizierte, daß der Krieg den Krieg ernähren müsse. Während das Ligaheer die Bevölkerung besetzter Gebiete lediglich für Quartier und Verpflegung aufkommen ließ (was belastend genug war), forderte Wallenstein von den Quartiergebern, sei es Feind oder Freund, auch noch die Besoldung seiner Truppen. Die Klagen der Kurfürsten wurden zu unversöhnlichem Haß gesteigert, als sich der Verdacht verdichtete, Wallenstein gehe auf nichts Geringeres aus, als auf den Umsturz der Reichsverfassung, die Umwandlung des Reiches in eine absolute Monarchie des Kaisers unter Ausschaltung der Reichsfürsten. So sollte Wallenstein geäußert haben, daß man den Kurfürsten Mores lehren müsse, daß die Sukzession im Reiche ohne weiteres dem Sohn des Kaisers gebühre, daß es einer Wahl durch das Kurkolleg nicht weiter bedürfe. Lange Zeit identifizierten die Kurfürsten und Ligafürsten solche Äußerungen und Absichten Wallensteins nicht mit denen des Kaiserhofs; sie bemühten sich vielmehr, über den Kaiser den Friedländer zum Einlenken zu veranlassen, und durch den Kaiser den zahlreichen Beschwerden der Reichsstände gegen die „Kriegspressuren und Exorbitantien" des wallensteinschen Heeres abzuhelfen. Erst als dies alles ohne Wirkungen blieb, sah man Wallenstein und Kaiserhof in einer Perspektive. Nun erst sah sich vor allem Maximilian nach Helfern gegen solche Bedrohungen um. Sie mußten katholisch sein, sie konnten antihabsburgisch sein: Die römische Kurie und Frankreich waren Bayerns gegebene Helfer und Verbündete.

Hier schürzte sich nun der Knoten. Denn gerade zu diesem Zeitpunkt, 1628/29, verschärften sich die Gegensätze Urbans VIII. und Richelieus zu Spanien und dem Kaiser außerordentlich durch den Streit um die Erbfolge in Mantua, ein zentrales Problem der damaligen europäischen Politik! Es ging um die Sukzession in den Herzogtümern Mantua und Montferrat, die sowohl für Spanien wie für Frankreich große strategische Bedeutung besaßen. Beide Mächte präsentierten daher je einen eigenen Anwärter für die Erbfolge, den sie durchzusetzen suchten. Schließlich, seit Frühjahr 1629, kam es zum Krieg in diesen Gebieten, Spanier und Kaiserliche auf der einen, die Franzosen auf der anderen Seite — in Manzonis Roman „I Promessi Sposi" ist die Eroberung von Mantua durch die habsburgischen Soldaten 1630 geschildert. Das militärische Eingreifen der Spanier und des Kaisers in italienische Angelegenheiten hat Papst Urban VIII. aufs äußerste erregt und seine Beziehungen zu Frankreich noch mehr verengt — noch hatte man in Rom den Sacco di Roma von 1527, die Plünderung Roms durch die Landsknechte Karls V., nicht vergessen. Aber auch die deutschen Reichsfürsten standen dem Unternehmen mit scharfer Ablehnung gegenüber. Soeben fühlte sich das Kurkolleg durch Wallenstein aufs höchste bedroht; die protestantischen Kurfürsten waren durch das eben vom Kaiser erlassene Restitutionsedikt, das die seit 1552 protestantisch gewordenen geistlichen Güter wieder für die Katholiken zurückforderte, aufs äußerste erbittert; und Ferdinand II. hatte offensichtlich die Bestimmung seiner Wahlkapitulation verletzt, daß er auswärtige Kriege nur mit Vorwissen und Billigung des Kurkollegs beginnen dürfe. Es war zur selben Zeit, daß Richelieu, um sich in Mantua zu entlasten, mit König Gustav Adolf von Schweden verhandelte, der seinerseits durch die Anwesenheit kaiserlicher und Ligatruppen an der Ostsee das schwedische Dominium Maris Baltici bedroht sah, und der zugleich im Restitutionsedikt eine plausible Begründung fand, sich in Reichsangelegenheiten einzumischen. Durch französische Subsidienzahlungen sollte eine Landung des schwedischen Heeres in Norddeutschland erleichtert werden.

So war also, in groben Strichen gezeichnet, die Lage, als am 3. Juli 1630 in Regensburg der Kurfürstentag durch die Verlesung der kaiserlichen Proposition eröffnet wurde: Richelieu hatte die französischen Hugenotten niedergeworfen und sich dadurch ermöglicht, in Mantua den Kampf gegen die spanischen und kaiserlichen Truppen zu eröffnen; mit den Reichsfürsten beider Konfessionen, mit den Holländern, den italienischen Fürsten, dem Papst und mit Schweden unterhielt er vertrauliche Beziehungen. Die Holländer hatten seit 1621 den Spaniern schwere Schlappen beigebracht; es war die Frage, ob diese allein weiterhin in der Lage waren, gleichzeitig den Krieg in den Niederlanden und in Mantua zu führen. Gustav Adolf aber war bereits den deutschen Küsten nahe; am 6. Juli 1630 landete er mit seinem Heer auf Usedom. Im Norden und Süden bedrängt und gebunden, richtete der Kaiser seinen Blick auf die Kurfürsten — ihre Entscheidung zu den Problemen mußte auch über die weitere kaiserliche Politik entscheiden. Die Reichsfürsten beider Konfessionen aber waren durch die habsburgische Expansionspolitik und durch Wallenstein erregt, verstört und auf Änderung eingestellt.

In seiner Eröffnungserklärung am 3. Juli 1630 im Reichssaal des Regensburger Rathauses drückte der Kaiser aus, daß erstes Ziel der Kollegialtagsverhandlungen ein allgemeiner Friede sein müsse. Komme dieser aber nicht zustande, müßten Kaiser und Kurkolleg sich zu gemeinsamem Handeln gegen alle Friedensstörer vereinigen, denn an der Einmütigkeit von Kaiser und Kurfürsten hänge das Wohl des Reiches. Dazu sei starke Kriegsbereitschaft notwendig, man müsse also Wege finden, um die Kriegslasten mit besserer Ordnung und Gerechtigkeit zu verteilen.

Keiner der Wünsche der Kurfürsten wurde durch diese kaiserliche Proposition erfüllt. Denn da allein schon wegen der schwedischen Landung an einen Universalfrieden nicht zu denken war, ging der Kaiser auf nichts anderes aus als auf Mithilfe des Reiches gegen die Generalstaaten, gegen Frankreich und Venedig in Mantua, gegen Schweden, also auf auswärtige Kriege. Eben hiergegen, als überwiegend habsburgische Sachen, hatte man sich schon seit Jahren gesträubt. Und dann waren die Kurfürsten nach Regensburg gekommen, um schwere Klagen gegen Wallenstein zu führen, von dem erst kürzlich wieder Agentenberichte nach München gemeldet hatten: „Es wäre eines Kaysers im Römischen Reich gnug", sollte er geäußert haben, „man solte zusehen, daß man nit noch einen Kayser zue München mache ... " Und die Wallensteinpartei am Kaiserhof habe dazu gemeint, „man müesse denen Curfirsten eine nasen poren, es diente Irer Kayserlichen Maiestät nit, den von Fridtlandt zu verlassen ... " Die Proposition jedoch gab den Kurfürsten wenig Hoffnung auf eine Änderung der Kriegsdirektion. Sie schob alle Schuld an den nicht völlig abzuleugnenden Mißständen im Kriegswesen den Umständen zu, und nur nebenbei wurde der Rat des Kurkollegs nach einer besseren Ordnung erbeten. An tiefergreifende Umgestaltung oder gar an einen wirklichen Systemwechsel war offensichtlich kein Gedanke.

Hier aber erhob sich erstmals in aller Offenheit die kurfürstliche Opposition gegen die kaiserliche Politik; der seit Jahren angestaute Haß gegen den Friedländer, den Fer-

Albrecht von Wallenstein

dinand II. erst jüngst noch zum Herzog von Mecklenburg erhoben hatte, brach sich unverhüllt Bahn. Niemand dachte daran, die Forderung des Kaisers nach Mithilfe gegen die auswärtigen Mächte, die doch mit größter Dringlichkeit beraten werden sollte, zuerst zu behandeln. Die Tagesordnung wurde vielmehr umgestellt, man war sich einig, zunächst die Beseitigung des Generalissimus zu fordern: Wallenstein habe das Herkommen im Reich mit Füßen getreten und die Territorien der Reichsstände mit seiner Soldateska überschwemmt und ausgesaugt: „Dahero nun fast allerorten im Reich ein solch erbärmlicher und betrauerlicher anblick, daß Ihrer Kayserlichen Maiestät gerechtes kayserliches herz und miltgütige augen dasselbe nicht ferner werden erdulden können." Man behalte sich vor, für alle diese Verwüstungen mit Privatklagen Schadenersatz vom Generalissimus zu fordern. Inzwischen aber solle es sich der Kaiser dringlichst angelegen sein lassen, einen anderen Capo zu bestellen, der aus dem Reich selbst stamme, der gemäß den uralten Reichsgesetzen und in allen wichtigen Dingen mit Rat der Kurfürsten handle, „und nit eben alles absolute nach eigenem willen und gefallen zu disponieren und zu dominieren hab, weil solches im Reich nit herkommen noch zulässig."

Während die Kurfürsten in dieser Weise die Entlassung Wallensteins forderten, hielt sich dieser nicht allzuweit entfernt in seinem Feldquartier in Memmingen auf. Am 23. Juli empfing er dort den auf der Reise nach Regensburg begriffenen Père Joseph. Daß dieser einfache Kapuziner beim Kollegialtag der eigentliche Sprecher Richelieus sein würde, bewies schon die Vertraulichkeit, mit der sich ihm Wallenstein eröffnete, worüber der Pater nach Paris berichtete: Der Kaiser müsse, so habe ihm Wallenstein erklärt, wie der französische König in seinem Bereich absoluter Herrscher über die deutschen Fürsten werden. Doch brauche eine solche monarchische Machtkonzentration nicht die Sorge Frankreichs zu erregen; man könne ja die Verbindung des Kaisers mit Spanien beenden und die habsburgischen Erblande verkleinern. Sei es denn nicht besser, wenn die böhmische Krone, statt von einem Habsburger, von einem Böhmen getragen werde, der bereits bewiesen habe, welche Kräfte dieses Land entwickeln könne? Mochten dies bloße Gedankenspielereien sein, sie verrieten doch, daß Wallenstein, wenn auch in unklaren Konturen, die Gedanken hegte, die ihm die Kurfürsten zuschrieben. Wenn er aber hoffte, den Kaiser zu einem derartigen Umsturz der Reichsverfassung bewegen zu können — die Realität sah anders aus.

Auf die Forderung der Kurfürsten, Wallenstein zu entlassen, antwortete der Kaiser zunächst in einer schriftlichen Replik ausweichend; er rechnete wohl nicht mit deren Entschlossenheit, jetzt oder nie die Beseitigung des Generalissimus durchzusetzen, nachdem sich Kaiser und Kurfürsten erstmals seit sieben Jahren wieder von Angesicht sahen. Maximilian von Bayern, der Ferdinand seit dem gemeinsamen Studium in Ingolstadt nur zu gut kannte, schrieb die Beharrlichkeit des Kaisers aber mehr dessen Abhängigkeit von seinen Beratern zu, als der tatsächlichen Entschlossenheit, Wallenstein zu halten. Daher beschlossen die katholischen Kurfürsten, über den bisherigen Schriftwechsel hinauszugehen und persönlichen Druck auf Ferdinand auszuüben. Am 30. Juli fuhren sie beim Kaiser vor, der im Bischofshof residierte. Hier vertraten alle in der entschiedensten Weise ihre bisherigen Forderungen; sie überreichten ein Schriftstück, das die schärfsten Anklagen gegen die bisherige kaiserliche Politik enthielt, und das vom Kurfürsten von Mainz erläutert wurde. Leider hat keiner der Teilnehmer das Bedürfnis gehabt, seine Erinnerungen an die Gespräche dieser Stunde zu Papier zu bringen, aber die brandenburgischen Gesandten wurden vom Kurfürsten von Köln nachträglich über den Verlauf informiert, und deren Bericht besitzen wir. Der Kaiser habe geantwortet: „Man solle ihm nur zeit, den sachen nachzudenken, gönnen; er wolle am werk remedieren auf glauben eines cavaliers."

Die nun folgenden Beratungen des Kaisers mit seinen vertrauten Ratgebern, wiederum im Bischofshof, waren gewiß von großer geschichtlicher Bedeutung. Blieb Ferdinand entschlossen, Wallenstein zu halten, dann war auf ein weiteres Zusammengehen mit den Ligafürsten nicht zu rechnen. Kam er ihren Forderungen aber nach und entließ er Wallenstein, so geriet er wieder in eben jene Abhängigkeit von der Liga, aus der ihn doch Wallenstein gerade befreit hatte. Der große Versuch, mit Hilfe dieses Feldherrn monarchische Gewalt im Reich auszuüben, wie es eben im Restitutionsedikt zum Ausdruck gekommen war, weitgespannte auswärtige Politik mit den Kräften des Reiches zu betreiben und entgegen aller Territorialisierung des Reiches die Macht der Spitze zu verstärken, also eben das im Reichsganzen zu tun, was die deutschen Territorialfürsten in ihren Territorien auf Kosten der Landstände taten: einen fürstlichen Absolutismus auszubilden — dieser Versuch war dann gescheitert. Damit wurde aber auch die Position des Kaisers im europäischen Rahmen tangiert. Denn eben kämpften die kaiserlichen und spanischen Truppen siegreich in Oberitalien, die Hauptfestung Casale stand kurz vor dem Fall, Mantua war eben erobert worden. Gleichzeitig war am Oberrhein ein starkes Heer zusammengezogen, das Frankreich unmittelbar bedrohte. Große Möglichkeiten boten sich an, wenn der Kaiser in dieser Richtung weiterschritt. Aber dies war nur möglich, wenn er die Ligafürsten weiter an seiner Seite hatte, nicht zuletzt, weil im Norden das schwedische Heer innerhalb weniger Wochen weit vorgedrungen war und die zuchtlosen kaiserlichen Truppen überall zurückgeschlagen wurden. Und das war nun der Augenblick, wo sich Ferdinand II. zwischen Wallenstein und den Kurfürsten beider Konfessionen zu entscheiden hatte.

Wie sehr das Für und Wider dieser Fragen auf den Nägeln brannte, in welchem Ausmaß aber auch noch die Gestalt Wallensteins drohend hinter den Problemen stand, erwies sich, als der Kaiser wenige Tage nach den persönlichen Vorstellungen der Kurfürsten seine geheimen Räte beauftragte, ihm ein gemeinsames Gutachten zu erstellen, wie er sich weiter verhalten solle. Keiner der Räte wagte es, sich offen zu äußern; nur in separaten, geheimen Gutachten sprachen sie ihre Meinung aus. Diese Gutachten sind heute nicht mehr erhalten, aber ein daraus erstelltes Gesamtgutachten gibt die Ansichten wieder, die für den weiteren Verlauf entscheidend waren. Das Pro und Contra wird in barocken Perioden erwogen. Zunächst das Contra: Es sei zu besorgen, „da der herr general vermerken sollte, daß er bei Euer Kayserlichen Maiestät keine rettung zu gewarten, er sich seines in händen habenden exercitus, welchen er erstmals auf seinen credit auf den fuß gebracht, dessen obristen auch von ihm fast alle zu solchen ehren und würden wie auch geld und gütern promovirt worden, sich gebrauchen (möchte) und anderer dergleichen offendierten, in historien vielfältig sich befindenden feldobristen exempel nach selbst vindicieren möchte." Die geheimen Räte erkannten also an, daß die Armee in Wirklichkeit nicht eine solche des Kaisers, sondern Wallensteins sei, und daß man sich auf dessen Treue nicht verlassen könne. Sie erkannten aber auch, daß die Kurfürsten zu allem entschlossen waren und daß bei weiterem Widerstand des Kaisers und der Wallensteinschen Fraktion eine gefährliche Vereinigung der Reichsfürsten zu besorgen sei: „Daß dardurch eine hochgefährliche coniunction, auch der catholischen mit den uncatholischen, quae summum esset malorum, unvermeidlich möchte erfolgen ... Was (aber) nun der consensus totius corporis Romani Imperii gegen dessen häupter für effect getan und wie leidige fines hieraus entstanden, solches bezeugen vornemblich die historiae Ludovici Pii, Caroli Crassi, Heinrici Quarti, Venceslai, Alberti und anderer." Beharre der Kaiser auf Wallenstein, vermuteten die Kurfürsten zweifellos, der Kaiser beabsichtige nichts anderes, „als das Reich von seinen cräften zu bringen, und wann es allerdings matt und craftlos gemacht, demselben eine andere form und gestalt zu geben; aus welchen suspicionen allen, wie viel ungemach und unhails entstehen könne, Euer Kayserliche Maiestät selbsten hochvernünftig zu erwägen anheim gestellt wird." Die geheimen Räte rieten also, den Friedländer in Gottes Namen fallen zu lassen.

In den kaiserlichen Gemächern mögen sich um diese Zeit bedeutsame Szenen abgespielt haben, da die langjährigen Begünstiger Wallensteins, namentlich der Fürst Eggenberg und der Hofkammerpräsident Abt Anton von Kremsmünster, den General noch immer verteidigten. Inwieweit sich die Kaiserin gegen Wallenstein entschied, ist nicht bekannt; aber daß der König von Ungarn und der Beichtvater des Kaisers, Pater Lamormaini, ihren Einfluß gegen Wallenstein geltend machten, ist gewiß. Da sich also seine vertrautesten Berater und Gewissensräte widersprachen, mußte Ferdinand schließlich doch selbständig entscheiden — aber nach der Gesamtsituation konnte der Ausgang schließlich kaum mehr zweifelhaft sein. Am 13. August beschied Ferdinand II. die katholischen Kurfürsten zu sich und er erklärte ihnen seine Bereitschaft, „bei der kayserlichen armaden sonderlich die direction zu ändern."

Dieser ersten Niederlage des Kaisers folgte sofort die zweite. Auf die anschließende Frage Ferdinands, wer Wallensteins Nachfolger als Generalfeldhauptmann der kaiserlichen Armee werden solle, schlugen die geistlichen Kurfürsten sofort Maximilian von Bayern vor. Welche Forderung! Die beiden Armeen im Reich, die kaiserliche und die ligistische, wären in einer Hand vereinigt worden, in der Hand eines Mannes von klaren Konzeptionen und eisernem Willen — es wäre eine Machtstellung, wie sie kein Reichsfürst jemals auch nur annähernd besessen hatte. Die Gefährlichkeit einer solchen Lösung wurde auf kaiserlicher Seite natürlich gesehen. Fürst Eggenberg äußerte sofort gegenüber dem Mainzer Kanzler Gereon, die Kurfürsten wollten wohl die dem Kaiser

Kurfürst Maximilian I. von Bayern

entfallenen Zügel nicht nur aufnehmen und allein behalten, sondern ihm sogar in die Steigbügel greifen. Und die kaiserlichen Räte betonten in einer Denkschrift für den Kaiser „das allgemeine axioma politicum, daß niemand also mechtig zu machen ..., daß man sich allein auf seine discretion zu verlassen, im falle aber die begierde die ragion überwinden würde, derselben mit macht sich zu widersetzen kein mittel mehr vorhanden." Aber gleichzeitig waren die Räte auch zu dem Bekenntnis gezwungen, „daß nicht mehr die frag, was, simpliciter zu reden, das beste für Euer Maiestät und dero hochgeehrtes haus, sonder welches consilium das minder gefährliche und sicherlichste: der catholischen Churfürsten rat auszuschlagen und dardurch ein schedliches mißtrauen zu erwecken, auch wol einen gentzlichen bruch zu verursachen, oder derselben ratschleg limitato modo platz zu geben".

Die Räte plädierten also schließlich und notgedrungen für die Nachfolge Maximilians. Sie suchten sie aber grundlegend zu entschärfen, indem sie von der ausgedehnten Befehlsgewalt, die Wallenstein besessen hatte, und die eben mit ein Argument gewesen war, dessen Absetzung zu fordern, erhebliche Abstriche forderten. Vor allem sollten die maßgebenden Befehlshaber bis herunter zu den Obersten nur durch den Kaiser bestellt werden können, um also die Armee fester an den Kaiser zu knüpfen und das allmähliche Eindringen bayernhöriger Elemente in die leitenden Stellen zu verhindern. Dies war gut berechnet; wichtiger aber war der zweite Plan der Kaiserlichen: Das Ligaheer sollte mit dem kaiserlichen Heer vereinigt werden, was bedeutete, daß die Liga selbst, deren Hauptzweck die Unterhaltung einer eigenen Armee war, praktisch aufgelöst werden würde; damit wäre Maximilians stärkste politische Stütze hinweggefallen. Das neugebildete Gesamtheer sollte, wenn auch unter dem Oberbefehl Maximilians, als kaiserliches Heer figurieren, es sollte aber von den Reichsständen finanziert werden. Es sollte dem Schutz des Reiches dienen, aber ebenso dem der kaiserlichen Erblande und auch im italienischen Krieg Verwendung finden. Man wird rückblickend sagen: Hätte der Kaiser dies alles erreicht, unter den Bedingungen, unter denen er Maximilian allein annehmen wollte, so wäre die Entlassung Wallensteins allerdings wettgemacht worden.

Aber konnten die Kaiserlichen annehmen, ihre Gegenstrategie auch durchzusetzen? „Soll also die Liga zergeen", heißt es in einer bayerischen Denkschrift aus diesen entscheidungsvollen Tagen, „sei es umb die libertet getan und die monarchia stabilirt." Tatsächlich wurden die Vorschläge der Kaiserlichen von den Ligisten strikt zurückgewiesen — so schroff, daß das sonst ganz trockene Reichshofratsprotokoll den Vermerk enthält: Der Kaiser sei, entgegen seiner sonstigen Natur, höchst erregt gewesen; er habe aufgebracht geäußert, es sähe einem Zwange gleich, es werde ihm im Notfall an geeigneten Subjekten anstelle Maximilians nicht fehlen. Die Fronten schienen festgefahren, die Erbitterung auf beiden Seiten wuchs von Tag zu Tag, jede bezichtigte die andere des Starrsinns und der Hybris. Daß es schließlich dennoch zu einer Lösung kam, war Kurfürst Maximilian zuzuschreiben. Wenn Maximilian ohnehin schon gekränkt war, weil über seine Befugnisse wochenlang gefeilscht werden mußte, so sah er sich, wenn er das Generalat wirklich übernahm, durch neue Nachrichten aus Sachsen vor eine schwierige Aufgabe gestellt: Kurfürst Johann Georg von Sachsen hatte dem Kaiser mitgeteilt, daß er weitere Zahlungen für das kaiserliche Heer nur aufgrund eines Reichstagsbeschlusses leisten wolle. Da aber angesichts der schwedischen Landung an das Zustandekommen eines Reichstags nicht zu denken war, erhob sich für Maximilian die Frage, ob er als General des kaiserlichen Heeres sich dem Odium aussetzen wollte, die Kontributionen der widerwilligen protestantischen Stände mit bewaffneter Hand zu erzwingen. So heißt es in einer bayerischen Denkschrift, die diesem Problem gewidmet war: „Dardurch werden die buntsstend mit den protestirenden ganz zerfallen. Und sonderlich da man wider Saxen exequiren und die contributiones mit gewalt eintreiben sollte wollen, würde das churfürstliche collegium getrennt werden, auf dessen zusammenhaltung (doch) bislang noch alle hoffnung gestellt war." Angesichts dessen entschloß sich Maximilian schließlich Ende September, von der Bewerbung um das Generalat für die kaiserliche Armee zurückzutreten. Man könnte dies einen Erfolg der kaiserlichen Partei nennen. In Wahrheit war es das Bemühen der katholischen Kurfürsten, die eben über alle konfessionellen Schranken hinweg angebahnte Zusammenarbeit mit den protestantischen Kurfürsten zur Verteidigung der reichsfürstlichen Libertät auch für die Zukunft zu sichern und den Kaiserlichen die undankbare Aufgabe zuzuschieben, sich mit Kursachsen auseinanderzusetzen. Zweitens gewannen sich die katholischen Kurfürsten durch diesen Rücktritt die starke Basis, in den folgenden Verhandlungen die von den Kaiserlichen so stark betriebene Auflösung der Liga zu verhindern. Ihr Heer blieb als selbständiger Körper erhalten; der Versuch der Kaiserlichen, eine gemeinsame Kasse für beide Heere einzurichten, mißlang ebenfalls, ja das kaiserliche Heer wurde unter dem Druck der Liga auf zwei Drittel seines Bestandes reduziert, und der Ligageneral Tilly wurde zum Capo über beide Armeen ernannt. Was aber die Verwendung der Armeen betraf, so versprach der Kaiser, „daß kein neuer krieg anderst als mit rath des Heiligen Reichs Churfürsten vorgenommen werden solle."

Und schließlich die dritte Niederlage des Kaisers in Regensburg, auf sehr verwickelten Wegen. In seiner Proposition zu Beginn des Kurfürstentages forderte der Kaiser, wie erinnerlich, vom Kurkolleg, ihn und die Spanier im Mantuanischen Erbfolgekrieg zu unterstützen – hier gelte es, ein altes Reichslehen zu verteidigen. Die Antwort der Kurfürsten aber bestand in einem unverhüllten Tadel, daß sich Ferdinand ohne Vorwissen der Reichsstände, geschweige des Kurkollegs, und zum Nachteil des Reiches in diesen Krieg eingelassen hatte: „Man hette schon andere mittel haben können, dardurch des Kaysers authoritet zu erhalten; weils aber auf dies breits ausgeschlagen, seie an jezo zu gedenken, wie das feur zu restinguieren." Der Kaiser solle also die Anwesenheit französischer Gesandter in Regensburg zur Eröffnung von Friedensverhandlungen benützen. Es war die Notwendigkeit für Ferdinand, die kurfürstliche Hilfe gegen die Schweden zu erhalten, und wohl auch die Hoffnung, in der noch schwelenden Wallensteinfrage Vorteile zu gewinnen, die ihn tatsächlich bewog, dem Druck des

Kurkollegs nachzugeben und Anfang August in Verhandlungen mit Pater Joseph einzutreten. Er ließ sich dazu herbei, obwohl seine Armee eben Mantua erobert hatte und die spanische Armee kurz vor der Entsetzung Casales stand, obwohl also die Aussicht bestand, den Franzosen über kurz oder lang den Frieden diktieren zu können. Er ließ sich herbei, weil er beabsichtigte, durch einen geschickten Schachzug diese Verhandlungen zu einem Erfolg für sich umfunktionieren zu können: Die französischen Gesandten forderten nicht weniger, als daß der Kaiser den von Frankreich unterstützten Prätendenten für Mantua anerkenne; die anderen Bewerber sollten nur eine mäßige Entschädigung erhalten. Dies waren Bedingungen, welche die vollkommene Niederlage des Kaisers in sich schlossen. Denn erstens regelten sie die mantuanische Frage, entgegen der Kriegslage, zugunsten Frankreichs, und zweitens untersagten sie Richelieu doch nicht, den verdeckten Krieg gegen Habsburg weiterhin mit Hilfe der Holländer und Schwedens zu führen. Eben dem suchte der Kaiser nun zu begegnen, indem er versprach, in der mantuanischen Sache selbst auf die Franzosen einzugehen, falls diese sich verpflichteten, Angriffe Dritter gegen Kaiser und Reich überall in Europa künftig nicht mehr zu unterstützen. Der Kaiser forderte also von Frankreich einen Generalfrieden oder Universalfrieden, wie man es nannte. Die Erfüllung dieser Forderung hätte die jahrelangen Umtriebe Richelieus in Europa gegen Kaiser und Reich abgeschnitten; sie hätte vor allem die Position des Reiches gegen Gustav Adolf entscheidend verstärkt, denn nur die französischen Subsidien hatten diesem eine weiterreichende Kriegführung in Deutschland ermöglicht.

In diesem Augenblick stellten sich die Kurfürsten dem Kaiser wiederum entgegen. Sie dankten ihm zwar, daß er ihrem Rat gemäß Friedensverhandlungen eröffnet habe. Ihr Ziel war jedoch das Nächstliegende, der Friede in Mantua, und gerade diesen glaubten sie durch die weitergehenden Forderungen des Kaisers in der Wurzel gefährdet. Eine Fortsetzung des mantuanischen Krieges aber könne man sich nicht leisten, da man schon die Schweden im Lande habe. „Da man . . . dem König von Frankreich zumueten wollte, daß er alle verbuntnussen, so er mit andern hat, rescindieren solle, werde ihm solches selzamb vorkommen unt zue angestelltem tractat vielleicht nit wenig hinderlich sein." Die Kurfürsten forderten also den Kaiser auf, im Rahmen des mantuanischen Traktats von einer Generalfriedensklausel abzusehen.

Die Sorge der Kurfürsten war nicht unberechtigt, denn tatsächlich waren die französischen Gesandten nicht bevollmächtigt, über einen Universalfrieden zu verhandeln, was sie den Kaiserlichen auch mitteilen mußten. In äußerst raffinierter Diplomatie gelang es aber nun dem Pater Joseph doch, die ablehnende Haltung des Kurkollegs für die Ziele Richelieus auszunützen. Indem er sich auf die wiederholte Forderung der Kurfürsten nach raschem Frieden in Mantua stützte, erreichte er es, trotz seiner fehlenden Vollmacht für einen Generalfrieden, den Kaiser zunächst zu einem Waffenstillstand in Mantua zu bewegen. Dadurch gewann das in die Defensive gedrängte und stark angeschlagene französische Heer Zeit zu Erholung und Neuformierung. Anschließend gab Pater Joseph trotz fehlender Vollmacht sein Wort, daß König Lud-

Pater Joseph von Paris

wig XIII. einen Generalfriedensvertrag auf jeden Fall ratifizieren werde; er unterzeichnete den Regensburger Friedensvertrag vom 13. Oktober 1630, dessen erster Artikel den Generalfrieden zwischen Kaiser, Reich und Frankreich festlegte. Aber diese Regensburger Bindung blieb von zweitrangiger Bedeutung für die französische Politik. Denn indem Richelieu kurz nach dem Regensburger Friedensschluß erklärte, daß Pater Joseph mit der Vereinbarung des ersten Artikels seine Vollmacht überschritten habe, gewann er die Handhabe, den Vertrag nicht zu ratifizieren, vielmehr neue Verhandlungen zu fordern, also alle Nachteile aus den Regensburger Handlungen mit einem Strich rückgängig zu machen, ohne die Vorteile preiszugeben. Denn der mehrmonatige Waffenstillstand hatte ihm die Kräfte zurückgegeben, den Kampf um Mantua wieder aufzunehmen und erfolgreicher zu führen. Als er ihn dann im Frühsommer 1631 mit dem Frieden von Cherasco beschloß, geschah dies unter weit günstigeren Bedingungen als 1630 in Regensburg. Vor allem fehlte in Cherasco jede Generalfriedensklausel, so daß die weitere französische Unterstützung Gustav Adolfs, die eben in einem förmlichen Subsidienvertrag gipfelte, ungehindert blieb.

Es zeigt sich also, unter unseren Gesichtspunkten, daß die Politik der Kurfürsten auch in der mantuanischen Frage zu einer Niederlage des Kaisers führte. Fügt man hinzu, daß es auch der spanischen Diplomatie in Regensburg nicht gelang, die Liga zu einer engeren Verbindung und zur Unterstützung Spaniens im niederländischen Krieg zu bewegen, und daß die kaiserlichen Räte kein Gehör fanden, als sie bei den Kurfürsten wegen der Wahl des Kaisersohnes zum römischen König sondierten — fügt man dies alles zusammen, so wird deutlich, daß der Kollegialtag, als er schließlich nach vier Monaten am 12. November 1630 zu Ende ging, mit einer nahezu vollständigen Niederlage des Kaisers beschlossen wurde.

Was bedeuten der Regensburger Kurfürstentag und seine Ergebnisse im Rahmen der deutschen Geschichte? Indem die Kurfürsten ihre wesentlichsten Ziele gegenüber der kaiserlichen Politik rigoros durchsetzten, bogen sie einerseits die Gefahr ab, „daß monarchia stabilirt werde". Zum andern hielten sie dadurch den Weg frei für eine grundsätzlich föderative Ordnung im Reich, wie sie seit langem sich befestigt hatte und dann durch den Westfälischen Frieden von 1648 Brief und Siegel erhielt. Daß im Jahre 1648 die deutschen Territorien ihre Selbständigkeit auf Kosten der Reichseinheit ganz erheblich verstärken konnten, daß die deutschen Territorialfürsten hier nahezu volle Souveränität erlangten, und daß sich künftig das eigentliche politische Leben in Deutschland weniger im Gesamtrahmen des Reiches, als in den Territorien, den Einzelstaaten abspielte und der moderne Staat sich in den Territorien ausbildete, das war, genau betrachtet, nicht zum wenigsten eine Folge der Regensburger Entscheidungen von 1630; damals wurde im Augenblick größter habsburgischer Machtentfaltung der Schritt zur „Monarchia" — wie auch immer diese dann ausgesehen hätte — verhindert. Allerdings wurde in Regensburg kein neues Recht gesetzt, wie dann beim Westfälischen Frieden. Aber die tatsächlichen machtpolitischen Grundlagen für die entsprechenden Bestimmungen des Westfälischen Friedens wurden hier gelegt. Der Widerstand des Kurkollegs dezimierte die österreichisch-spanische Machtkonzentration und damit auch die Absichten, die mit ihr durchgesetzt werden konnten. Er arbeitete dadurch eben jener französischen Politik in die Hände, die dann 1648 den Garanten für die Stärkung des deutschen Territorialfürstentums gegen die Reichsgewalt bilden sollte.

Die Kurfürsten haben in Regensburg ihre Forderungen begründet und durchgesetzt mit dem Hinweis auf die Reichsverfassung, auf Herkommen und Gebrauch, und sie haben mit historischen Reflexionen und Belegen für ihre Auffassung nicht gegeizt. Schon dies war ein Hinweis, daß der Kollegialtag in Verlauf und Ergebnissen keinen isolierten Vorgang darstellt, sondern eingebettet ist in den Strom der Geschichte. Er steht als markanter Punkt in einer Linie der deutschen Geschichte, die von den Anfängen bis zur Gegenwart sich zieht, in der steten Auseinandersetzung zwischen Zentral- und Territorialgewalt. Immer wieder, seit im frühen Mittelalter die deutschen Stämme zu mehr oder weniger straffer Einheit zusammengefaßt worden waren, war dieser Bewegung zur Einheit die Gegenbewegung zur Sonderung, zur Gliederung, zur Vielheit entgegengetreten, oft in extremer Ausprägung. Seit dem späten Mittelalter schließlich hatten die Territorien immer mehr an staatlichem Leben in sich ausgebildet; nicht im Reichsganzen, sondern in den Territorien begann sich der moderne Staat mit seinen Institutionen zu verwirklichen. Die gegenläufigen, monarchisch bestimmten Reichsreformpläne sowohl Kaiser Maximilians wie Karls V. scheiterten schließlich, nicht zuletzt, weil der Territorialismus durch Reformation und Gegenreformation eine entschiedene Verstärkung erfuhr. Der ernsteste Anlauf, diese Entwicklung abzuschneiden, schien dann am Ende der zwanziger Jahre des 17. Jahrhunderts gegeben, aber der Regensburger Kurfürstentag und der weitere Verlauf des Krieges entzogen solchen Aussichten den Boden. Der Westfälische Frieden schloß die Entwicklung ab. Wenn seitdem die Territorien den größeren Teil des politischen Lebens im Reich trugen, so blieb freilich die Idee der Einheit lebendig. Und wenn Jahrhunderte später die deutschen Einzelstaaten sich erneut zu festerer Reichseinheit verbanden, so blieb nun wieder der Gedanke, daß eine gegliederte, föderative Ordnung ein hohes politisches Gut darstelle, für das sich zu streiten lohne. Den rechten Ausgleich zwischen beiden zu finden, bleibt eine der Aufgaben der Deutschen in ihrer Geschichte.

Quellen und Literatur

Die Akten (insbesondere die Protokolle) des Regensburger Kurfürstentages sind gedruckt in: Briefe und Akten zur Geschichte des Dreißigjährigen Krieges, Neue Folge: Die Politik Maximilians I. von Bayern und seiner Verbündeten 1618—1651, 2. Teil, Band 5, bearbeitet von Dieter *Albrecht,* München-Wien 1964, S. 414—731. Ergänzungen enthält: Briefe und Akten zur Geschichte Wallensteins 1630—1634, bearbeitet von Hermann *Hallwich,* Band 1, Wien 1912.
Die beste zusammenfassende Darstellung der Kollegialtagsverhandlungen ist immer noch Moriz *Ritter,* Deutsche Geschichte im Zeitalter der Gegenreformation und des Dreißigjährigen Krieges, Band 3: Geschichte des Dreißigjährigen Krieges, Stuttgart 1908, S. 449—462.
Zu Kaiser Ferdinand II. vgl. Dieter *Albrecht,* Ferdinand II., in: A. Schindling-W. Ziegler (Hg.), Kaiser der Neuzeit, München 1991, S. 125—141.
Speziell zur Absetzung Wallensteins vgl. Anton *Gindely,* Waldstein während seines ersten Generalats 1625—1630, Band 2, Prag-Leipzig 1886.
Zu Richelieu vgl. Fritz *Dickmann,* Rechtsgedanke und Machtpolitik bei Richelieu, in: Historische Zeitschrift 196 (1963), S. 265—319; Hermann *Weber,* Die Friedenspolitik Richelieus, in: Heinz Duchhardt (Hg.), Zwischenstaatliche Friedenswahrung in Mittelalter und Neuzeit, Köln-Wien 1991, S. 111—129; Klaus *Malettke,* Richelieus Außenpolitik und sein Projekt kollektiver Sicherheit, in: Peter Krüger (Hg.), Kontinuität und Wandel in der Staatenordnung der Neuzeit, Marburg 1991, S. 47—68.
Die Verhandlungen Pater Josephs in Regensburg sind eingehend behandelt bei Gustave *Fagniez,* La mission du Père Joseph à Ratisbonne, in: Revue Historique 27 (1885), S. 38—67 und 241—299; 28 (1885), S. 33—57; Ergänzungen bei Rudolf *Keller,* Die Friedensverhandlungen zwischen Frankreich und dem Kaiser auf dem Regensburger Kurfürstentag 1630, Bonn 1902.
Über Papst Urban VIII. und seine Stellung zwischen Spanien und Habsburg vgl. Konrad *Repgen,* Die römische Kurie und der Westfälische Frieden, Band 1,1: Papst, Kaiser und Reich 1521—1644, Tübingen 1962; Georg *Lutz,* Kardinal G.F. Guidi di Bagno. Politik und Religion im Zeitalter Richelieus und Urbans VIII., Tübingen 1971.
Zum Mantuanischen Erbfolgekrieg vgl. Romolo *Quazza,* La guerra per la successione di Mantova e del Monferrato 1628—1631, 2 Bände, Mantua 1926.
Zu Kurfürst Maximilian I. von Bayern vgl. Andreas *Kraus,* Maximilian I. Bayerns großer Kurfürst, Graz-Regensburg 1990.

Otto Kimminich

Der Regensburger Reichstag als Grundlage eines europäischen Friedensmodells

Als der Reichstag des Heiligen Römischen Reiches 1663 seinen permanenten Sitz in Regensburg nahm und damit zum Immerwährenden Reichstag wurde, sah es in Deutschland und Europa nicht gut aus. Der Dreißigjährige Krieg hatte erst eineinhalb Jahrzehnte zuvor sein Ende gefunden. Der Wiederaufbau war noch lange nicht abgeschlossen. Aber auch die Zeit vor dem Krieg war für das Reich keine Glanzzeit gewesen. In fast allen Geschichtsbüchern findet sich die Feststellung, in ihr habe sich „der Prozeß der Auflösung der Reichseinheit" vollzogen. Dieser Satz soll nicht bestritten werden. Er bedarf aber der Erläuterung, wenn wir von ihm aus den Zugang zum Verständnis derjenigen Problematik gewinnen wollen, von der man mit Fug und Recht behaupten kann, sie stehe im Mittelpunkt der deutschen und europäischen Geschichte der Neuzeit.

Zu diesem Zweck muß vor allem der Begriff des Reiches geklärt werden. Als Bestandteil des Wortes „Reichstag" gerät er nur allzuleicht in den Hintergrund. Aber er ist es, auf den wir unser Hauptaugenmerk zu richten haben. Was ist eigentlich dieses Reich, als dessen Organ der Reichstag fungierte? Die Antwort auf diese Frage ist so kompliziert wie der offizielle Name des Reiches. Da ist zunächst der Begriff des Sacrum Imperium, des *Heiligen Reiches*. Diese Formel hat nichts zu tun mit einer göttlichen Verehrung des Staates oder seiner Repräsentanten, sondern sollte nur die Verbindung des Reiches mit der christlichen Religion, konkretisiert in der Verbindung des Kaisers mit dem Stuhl Petri, zum Ausdruck bringen. So wie sich die Christenheit als eine „Gemeinschaft der Heiligen" empfand, war das christliche Reich ganz selbstverständlich und ohne Überheblichkeit das heilige Reich.

Noch weniger Überheblichkeit steckte in der Bezeichnung „Römisches Reich *deutscher Nation*". Diese Formel findet sich zum ersten Mal in einem Reichsgesetz aus dem Jahre 1486 und sollte keineswegs bedeuten, daß Deutschland nunmehr ein Nationalstaat werden wollte. Auch sollte damit kein Führungsanspruch der deutschen Nation innerhalb des Reiches — in dem ja auch andere Völker lebten — zum Ausdruck gebracht werden. Vielmehr umfaßte das Reich deutscher Nation nicht das gesamte Heilige Römische Reich, sondern nur denjenigen Teil, der von Deutschen bewohnt war.[1]

---

1) Vgl. Adolf *Diehl*, Die Entwicklung des mittelalterlichen Imperiums zum „Heiligen Römischen

Staatsrechtlich ist dies nicht eigentlich zum Tragen gekommen; denn die deutschen Teile des Reiches haben sich nie als einheitlicher Gesamtstaat von den nichtdeutschen Teilen abgehoben. Wohl aber gab es zahlreiche Reichsgesetze, die nur in den von Deutschen bewohnten Gebieten galten.

Schwieriger zu begreifen ist es, warum sich dieses Reich „römisch" nannte, obwohl doch zwischen seiner Gründung und dem Untergang des Romanum Imperium mehrere Jahrhunderte lagen. Um hier der historischen Wahrheit auf die Spur zu kommen, muß man sich zunächst von der Vorstellung freimachen, es könne sich nur um die Entlehnung eines Namens oder um eine Parallele handeln. Das ist nicht der Fall. Es unterliegt keinem Zweifel, daß mit dem Wort „Reich" tatsächlich das römische Reich gemeint war, und mit dem Wort „Kaiser" der römische Kaiser. Das erklärt sich nicht zuletzt aus der uralten Faszination, die das römische Reich auf die Germanen ausgeübt hatte. Wir stoßen hier auf eine im Irrationalen wurzelnde Triebkraft, die einer logischen Begründung schwer zugänglich ist. Warum eine ganze Völkergruppe, ein Volk, oder die Führungsschicht eines Volkes mit aller Gewalt danach streben sollte, die Staatsidee eines fremden Volkes und einer vergangenen Epoche fortzusetzen oder wiederaufleben zu lassen, ist auf rein rationaler Basis nicht zu erklären.

Die Reichs- und Kaiseridee war eine gedankliche Konstruktion, die von vornherein nicht auf die bloße Ausdehnung territorialer Herrschaft gerichtet war. Insofern unterscheidet sie sich grundlegend vom Imperialismus späterer Zeiten. Daß das Römerreich eine lange imperialistische Phase durchlaufen hatte, bevor es zu jener weltumspannenden Ordnungs- und Friedensmacht werden konnte, als die es die Germanen gerade in den Wirren der Völkerwanderungszeit idealisiert hatten, gehörte offenbar nicht mehr zu ihrem Geschichtsbewußtsein. Die Reichsidee war die Idee des römischen Reiches zur Zeit des Höhepunkts seiner Macht, als Kriege und Aufstände im Innern der Vergangenheit angehörten und die Grenzen nach außen weit von der Metropole entfernt lagen und zugleich die Grenzen der Zivilisation, beinahe schon die Grenzen des bekannten Erdkreises darstellten.

„Concordia domi, foris pax" — Eintracht im Innern, Friede nach außen — ist eine beliebte Formel, die während der ganzen deutschen Verfassungsgeschichte Zustand und Aufgabe des Reichs umschreiben sollte. Freilich war es stets ein Idealzustand, wie eben der ganze Reichsbegriff ein Ideal war, nach dem zu streben den Kaisern und Königen, den Herzögen, Fürsten und Bischöfen, aber auch den Rittern und dem gemeinen Volk, aufgegeben war. Letztlich steckt in dieser Reichsidee die ganze Friedens-

---

Reich Deutscher Nation", Historische Zeitschrift Bd. 156 (1937), S. 457 ff.; Karl *Zeumer,* Heiliges römisches Reich deutscher Nation, Weimar 1910; Rainer A. *Müller,* Heiliges Römisches Reich Deutscher Nation. Anspruch und Bedeutung des Reichstitels in der Frühen Neuzeit, Eichstätter Hochschulreden, Bd. 75, Regensburg 1990.

Eigentlicher Abriß der Reichstags Solennitat so den 20. Ianuar: Anno 1663 in Regensburg auff dem gewohnlichen großen Rath hauß Saale beverstehender Kaiserlichen Proposition angestellet und gehalten worden.

Eröffnung des Reichstags von 1663

sehnsucht der schrecklichen Jahrhunderte, die dem Zusammenbruch des alten Römerreichs gefolgt waren.

So erklärt es sich, daß die Reichsidee nicht das geringste nationale oder gar nationalistische Element in sich barg. Auch dieser Grundzug blieb tausend Jahre lang erhalten, bis die Kräfte des Nationalismus in Mitteleuropa übermächtig wurden. Oft ist beklagt worden, es sei die besondere Tragik der deutschen Nation, daß sie — oder ihre Führungsschicht — einer supranationalen Idee nachjagte, während sich die ganze übrige Welt nach einem nationalen Schema organisierte, und daß sie, als sie im 19. Jahrhundert als „verspätete Nation"[2] ebenfalls daran ging, ihre nationalen Probleme zu lösen, in einer gewissen Torschlußpanik mit allzugroßer Heftigkeit vorging und dabei auch die alte Reichs- und Kaiseridee verfälschte.

Auf diese Argumente soll hier nicht eingegangen werden. Hier ist lediglich darauf hinzuweisen, daß die karolingische Reichsidee auch mit dem Attribut „supranational"

---

2) Vgl. Helmut *Plessner,* Die verspätete Nation, Stuttgart 1959.

schwer zu erfassen ist. Etwas Supranationales kann erst bestehen, wenn Nationen vorhanden sind, über die das Überwölbende gespannt werden kann. Im Mittelalter ging es nicht um die Synthese nationaler Einheiten zu einer supranationalen Organisation, sondern um die Differenzierung eben dieser nationalen Einheiten aus dem Schmelztiegel der Völkerwanderung heraus. Nicht die nationalen Einheiten waren vorgegeben, sondern die überspannende Konstruktion, nämlich die des — idealisierten — römischen Weltreiches. Vorgegeben war sie allerdings nicht in historischer Notwendigkeit, sondern nur in den Vorstellungen und Sehnsüchten der germanischen Völker und Könige.

So kann die Reichs- und Kaiseridee am ehesten als Ordnungsprinzip verstanden werden. Da aus den erwähnten Gründen die Attribute „supranational" und „international" zur Kennzeichnung dieses Ordnungsprinzips nicht geeignet sind — obwohl seine Wirkungen supranational oder international gewesen wären, wenn es auf die Staatenwelt der Neuzeit angewendet worden wäre — muß eine andere Umschreibung gefunden werden. Die Reichsidee war weder international noch supranational. Sie war universal. Auch das bedarf der Erklärung. Denn es wäre verfehlt, hierbei nur an den mittelalterlichen Universalismus zu denken, also an ein ganzheitliches Weltbild, das vor allem auch Auswirkungen auf das Verhältnis zwischen dem einzelnen und der Gemeinschaft hat, weil der einzelne in der Gesamtordnung seinen unverrückbaren Platz innerhalb der Gemeinschaft zugewiesen erhält. Dieses starre Sozialgefüge zeichnete sich bereits in der karolingischen Zeit ab, in der das freiheitliche System der germanischen Volksversammlung und des Wahlkönigtums schon weitgehend abgelöst war durch das Erbkönigtum und erbliche Ämter. Den möglichen Zusammenhang zwischen den geistigen Grundlagen der geschlossenen Gesellschaft des Mittelalters und dem im Reichsgedanken verkörperten universalen Ordnungsprinzip aufzuspüren, wäre gewiß eine lohnende Aufgabe. Sie gehört aber nicht zu unserem Thema.

Denn wenn die Reichsidee des Mittelalters und der beginnenden Neuzeit als universal gekennzeichnet wird, so soll damit nur zum Ausdruck kommen, daß sie nicht an die Grenzen eines territorialen Herrschaftsbereiches gebunden war. Als ideale Struktur war sie darauf angelegt, alle diese Grenzen zu überwinden und ihre eigene Wirksamkeit über die ganze Welt auszudehnen. Darauf gründet sich der Einmaligkeitsanspruch des Reichsgedankens. Auch er war ein selbstverständliches Erbe des Römertums. Das Römerreich war nicht ein Reich unter vielen gewesen, sondern *das* Reich schlechthin.[3]

---

[3] Die Tatsache, daß sich die Kontinuitätsthese praktisch auf das weströmische Reich beschränkte, ist in diesem Zusammenhang unerheblich. Gerade die Schwäche des oströmischen Kaisertums ließ es notwendig erscheinen, den Reichsgedanken in einer neuen politischen Kraft wieder aufleben zu lassen. Wenn in der Literatur gleichwohl die Beschränkung auf das weströmische Kaisertum betont wird (vgl. Hermann *Conrad,* Deutsche Rechtsgeschichte, Bd. 1, Karlsruhe 1962, S. 73), so betrifft dies nicht die Kontinuitätstheorie als solche, sondern nur deren territoriale Wirksamkeit.

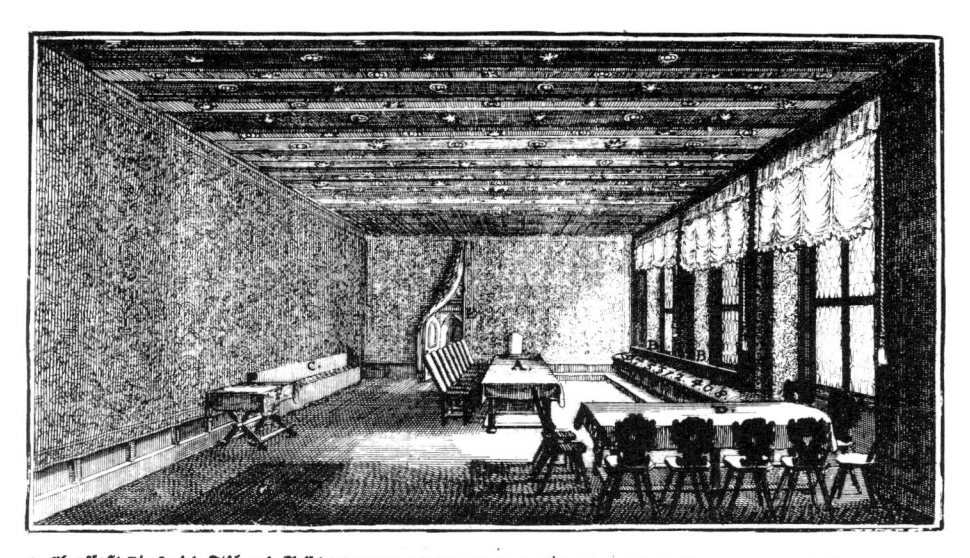

REGENSBURGER REICHSTAG ALS GRUNDLAGE EINES FRIEDENSMODELLS 113

A. Churfürstl. Directorial-Tisch und Sessel / woran vor diesem diejenige Churfürstl. Herren Gesandten gesessen / welche votiret.
B. Banck mit grünem Tuch / eine Staffel hoch / vor die Churfürsten / wann sie selbst gegenwärtig sind / worauf anjetzo die Churfürstl. Herren Gesandten sitzen / wie folgt : 1. Chur-Maynz / 2. Chur-Trier / 3. Chur-Cölln / 4. Chur-Böhmen / 5. Chur-Bayern / 6. Chur-Sachsen / 7. Chur-Brandenburg / 8. Chur-Pfalz / 9. Chur-Braunschweig.
C. Der Herren Secundarien Banck / mit grünem Tuch belegt.
D. Mit grünem Tuch belegter Tisch / woran die Churfürstl. Hrn. Secretarien sitzen.
E. Thür zum Churfürstl. Neben-Zimmer.
F. Mit grünem Tuch bezogenes Confect Tischlein / worauf man vor diesem Confect præsentiret / welches aber abgeschaffet worden.
G. Grund des Ofens.
H. Eingang in das Churfürstl. Collegium.

A. La Table Directoriale des Electeurs avec les chaises, sur lesquelles autrefois étoient assis ceux des Ambassadeurs Electoraux, qui alloient aux Suffrages.
B. Banc avec du drab verd, haut d'un degré, où se mettent les Electeurs, quand ils sont presents, mais en leur absence ce sont leurs Ambassadeurs, qui l'occupent, selon l'ordre suivant : 1. Mayence, 2. Treves, 3. Cologne, 4. Boheme, 5. Baviere, 6. Saxe, 7. Brandenbourg, 8. Palatin, 9. Brounsvic.
C. Banc avec du drab verd pour les Ministres du second rang.
D. Table couverte d'un pareil drap, pour les Secretaires Electoraux.
E. Porte pour entrer dans l'Appartement Electoral.
F. Petite Table où l'on presentoit autrefois des confitures, ce qui ne se fait plus.
G. Fourneau.
H. Entreé dans le College Electoral.

Kurfürstliches Kollegium, um 1725

Die Selbstverständlichkeit, mit der die Römer alle außerhalb ihres Herrschaftsbereichs lebenden Völker als Objekte ihrer Expansionspolitik betrachteten, fand nun ihr Gegenstück in der Selbstverständlichkeit, mit der die Vertreter der Reichsidee davon ausgingen, daß es auf der ganzen Welt nur ein Reich und einen Kaiser geben könne.

Bei all dem sind aber auch die beiden anderen Wurzeln des mittelalterlichen Staatsdenkens — neben dem Römertum das Germanentum und das Christentum — zu beachten. Unter dem Einfluß des Germanentums hatte sich der Staat zum Personenverband umgewandelt. Die Reichsidee war zwar die Idee des römischen Reiches, aber ohne das strenge System des privaten und öffentlichen Rechts, auf dem die Organisation und Verwaltung jenes Reiches aufgebaut gewesen waren. Der Kaiser erschien nicht als Manipulator eines perfekten Staatsapparates, sondern als Schlußstein in einem kunstvollen Gebäude ineinander verschachtelter gegenseitiger Treueverhältnisse. Im Lehenswesen wurde dieser Bau zur Pyramide mit dem Kaiser an der Spitze.

Hält man sich die hier nur ganz kurz umrissenen Ursprünge des Kaisertums und seiner Verbindung mit der Reichsidee vor Augen und betrachtet man die letzten zwei oder drei Jahrhunderte vor dem Dreißigjährigen Krieg, so fragt man sich unwillkürlich, was aus jenem großartigen Gedanken geworden war. Eigensüchtige partikularistische Bestrebungen der Fürsten und sonstigen Landesherren, auf materiellen Wohlstand gerichteter Bürgerfleiß in den Städten, Rauflust und Existenzangst auf den Burgen, pedantische Federfuchserei in den immer mächtiger werdenden Kanzleien und tausend andere Nöte aller Stände scheinen das Idealbild des harmonischen, universalen, friedensbringenden römischen Reiches verdrängt zu haben.

Aber lebte die Reichsidee wirklich nur in einem einzigen Mann weiter, im Kaiser? Eigentlich sollte es keiner großen Beweisführung bedürfen, um nachzuweisen, daß sich eine Idee niemals über so lange Zeiträume hinweg erhalten könnte, wenn sie nur von einem einzigen Mann oder nur von einer einzigen Dynastie getragen würde. Es erscheint logisch, daß die Landesherren sich gegen die Autorität des Kaisers auflehnten, weil sie ja selbst die höchsten Autoritäten in ihren Territorien sein wollten. Es erscheint auch verständlich, daß andere politische und soziale Kräfte dem Reichs- und Kaisergedanken fremd oder gleichgültig gegenüberstanden, oder daß ihnen andere Sorgen näherlagen. Aber es ist schlechterdings unmöglich, daß sich der Reichs- und Kaisergedanke gegen den Widerstand so starker Machtfaktoren und inmitten einer allgemeinen Gleichgültigkeit erhalten konnte, wenn er nur von einer winzigen Gruppe von Menschen getragen war.

Man muß also wohl davon ausgehen, daß die Reichs- und Kaiseridee sehr tief im Denken aller Schichten verwurzelt war. Die bloße Fortexistenz des Kaisertums angesichts der zahlreichen widrigen Umstände ist ein Beweis dafür, daß diese Verwurzelung über lange Zeiträume hinweg vorhanden war. Das aber legt den Gedanken nahe, daß sich die Widerstände nicht gegen die Reichs- und Kaiseridee als solche richteten, sondern gegen die Zentralgewalt, also gegen das Königtum. Will man der Frage nach der Abneigung gegen die Zentralgewalt in Deutschland nachgehen, so muß man das Verhältnis von deutschem Königtum und römischem Kaisertum näher untersuchen. Die Verbindung zwischen den beiden Institutionen ist uralt und so eng, daß sie bei oberflächlicher Betrachtungsweise als Einheit erscheinen. Nur bei seltenen Gelegenheiten wurde ihre Trennung deutlich, so insbesondere dann, wenn ein deutscher König noch nicht zum Kaiser gekrönt war. Nach der Kaiserkrönung war der deutsche König römischer Kaiser, und das bedeutete, wie schon bemerkt, die Nachfolge der Herrscher des alten römischen Reiches.

Das Kernstück dieser seltsamen Kontinuitätsthese war die „translatio imperii". Sie wird nur verständlich, wenn man sich vergegenwärtigt, in welchem Ausmaß die Menschen des Mittelalters Weltreich und Gottesreich miteinander identifizierten. Die weltliche Geschichte war für sie eine Entfaltung der Heilsgeschichte, und da eine der einflußreichsten Lehren jener Zeit die gottgewollte Aufeinanderfolge der „vier Reiche" verkündete, sah man im römischen Reich das vierte (nach dem assyrisch-babylonischen, dem medisch-persischen und dem makedonischen) und suchte es zu perpetuieren, um die Heilsgeschichte bis ans Ende der Tage fortzuführen.[4]

Doch wäre es falsch, die translatio imperii nur als Ausdruck mystischer Vorstellungen zu begreifen.[5] Die translatio imperii war eine verfassungsrechtliche Konstruktion, die mit dem gleichen Ernst vorgetragen und praktiziert wurde wie andere Kontinuitätstheorien in späteren Zeiten auch. Gerade die Geschichte des 20. Jahrhunderts bietet mehrere Beispiele für Kontinuitätstheorien, die im Zentrum verfassungsrechtlicher Probleme jener Staaten stehen, wie z. B. die Tschechoslowakei, Österreich und Deutschland.

Ferner ist zu berücksichtigen, daß solche Thesen keine akademischen Angelegenheiten sind, sondern nur dann ihre staatsrechtliche Funktion erfüllen können, wenn sie in den Überzeugungen des Volkes eine Verankerung finden. Das gilt auch für die Zeit des Mittelalters und der beginnenden Neuzeit, obwohl damals eine demokratische Legitimation weder möglich noch nötig war. Es ist eine unbestreitbare Tatsache, daß auch die Gesellschaftsordnung des Mittelalters durchaus in der Lage war, eine Reihe von grundlegenden Bedürfnissen der Menschen zu befriedigen, und daß sie eine geistige Einheit schuf, deren Realität uns heute zweifelhaft erscheint, die aber den Wünschen und Sehnsüchten des Volkes entsprach und gerade dadurch zum politischen Faktor wurde.[6]

Der andere Faktor ist schon erwähnt worden: die Sehnsucht nach Frieden. Die Identifizierung von Recht und Frieden, die bereits in der Antike festzustellen ist, erreichte im Mittelalter einen Höhepunkt. In dem Begriff des „Rechtsfriedens" verdichtete sich der Gedanke des Friedens durch Recht. Noch zu Beginn der Neuzeit, als die politische Wirklichkeit diesem Gedanken bereits Hohn zu sprechen begann, beschrieb ein Professor der Universität Salamanca die Hinordnung der Staatstätigkeit auf den Frieden mit folgenden Worten: „Die nächste Aufgabe des Soldaten ist die Verteidigung des einzelnen Postens, die des Feldherrn ist der Sieg, die des Königs aber der Friede; darum ist es die Aufgabe des Königs, alles Niedere auf dieses Höhere hinzuordnen."[7]

---

4) Die Lehre geht zurück auf die Bibelkommentare des Hieronymus (ca. 347–419). Vgl. J. Chr. *Lebram*, Die Weltreiche in der jüdischen Apokalyptik, Zeitschrift für die alttestamentliche Wissenschaft Bd. 76 (1964), S. 328 ff.; Gertrude *Lübbe-Wolff*, Die Bedeutung der Lehre von den vier Weltreichen für das Staatsrecht des römisch-deutschen Reichs, Der Staat 1984, S. 369 ff.
5) Vgl. Werner *Goez*, Translatio Imperii, Tübingen 1958.
6) Dies hebt z. B. Walter Schlesinger hervor: „Indem die Deutschen das Kaisertum erneuerten, stellten sie sich eine europäische Aufgabe, die die Kraft des geeinten Volkes zwar überstieg, zugleich aber durch immer wiederholte Bewährungsproben zur Wahrung der Volkseinheit beitrug." (Walter *Schlesinger*, Die Grundlagen der deutschen Einheit im frühen Mittelalter, in: Beiträge zur deutschen Verfassungsgeschichte des Mittelalters Bd. 1, Göttingen 1963, S. 285).
7) Domingo de *Soto*, De iustitia et iure libri decem, Venedig 1602, I qu 1a 3.

Genau das ist es, was vom Kaiser erwartet wurde. Er war der Hüter des Friedens und des Rechts im Reiche. Das bedeutete zugleich, daß er Diener des Rechts war. Ganz im Gegensatz zu den Fürsten im Zeitalter des Absolutismus stand er niemals über dem Recht, sondern war ihm stets unterworfen.

Die enge Verknüpfung zwischen Recht und Frieden, die sich in der Person des Kaisers versinnbildlichte, zeigte sich insbesondere in den Landfriedensgesetzen.[8] Es ist bezeichnend, daß der deutsche König erst mit ihnen eine Gesetzgebungsgewalt entfalten konnte. Auch in der Ausdehnung der zeitlichen Begrenzung der Landfriedensgesetze zeigte sich diese Entwicklung, die schließlich im unbefristeten Landfrieden kulminierte.[9] Ausdrücklich wurde dies in den Gesetzen von 1442 und 1495 festgelegt. Deswegen erhielt der in Worms beschlossene Landfrieden von 1495 die Bezeichnung „Ewiger Landfrieden".

Nicht zufällig wurde neben dem Ewigen Landfrieden in Worms 1495 auch eine „Ordnung über die Handhabung von Frieden und Recht" verkündet.[10] In ihr wurde vor allen Dingen ein jährlicher Reichstag vorgeschrieben und dessen Kompetenz umgrenzt. Damit war eine Institution angesprochen, die sich im Laufe der Zeit zu den wichtigsten Institutionen des Reichs entwickelt hatte: eben der Reichstag. Seine Ursprünge liegen in den Hoftagen des Königs, deren Besuch zu den Pflichten der Lehensmannen gehörte. Aus der Pflicht wurde im Laufe der Zeit ein Recht. Beim Lehensherrn aber vollzog sich die umgekehrte Entwicklung: es bildete sich der Grundsatz heraus, daß der Kaiser wichtige Reichsangelegenheiten nur mit Zustimmung der auf den Hoftagen vertretenen Stände erledigen durfte. Damit war der Hoftag des deutschen Königs zum Reichstag geworden.[11] Die Goldene Bulle von 1356 nannte ihn „solemnis curia imperialis vel regia".[12] In der deutschen Umschreibung wurde diese feierliche Versammlung zum ersten Mal bei ihrer Zusammenkunft in Worms im Jahre 1495 als „Reichstag" bezeichnet.

---

8) Der Landfriedensgedanke beruht auf einer Ausdehnung der Idee des Gottesfriedens, die im Religiösen beheimatet ist. Vgl. Viktor *Achter,* Über den Ursprung des Gottesfriedens, Krefeld 1955.
9) Vgl. Joachim *Gernhuber,* Die Landfriedensbewegung in Deutschland bis zum Mainzer Reichslandfrieden von 1235, Bonn 1952; Joachim *Gernhuber,* Staat und Landfrieden im Deutschen Reich des Mittelalters, Recueil de la Société Jean Bodin Bd. 15 (1961), S. 27 ff.; S. *Herzberg-Fränkel,* Die ältesten Land- und Gottesfrieden in Deutschland, Forschungen zur deutschen Geschichte Bd. 23 (1883), S. 117 ff.
10) Die Verbindung von Recht und Frieden läßt sich in der Entwicklung des Landfriedensgedankens von seinen Ursprüngen im Gottesfrieden bis zum Ewigen Landfrieden und darüber hinaus bis zur Entstehung des modernen Völkerrechts deutlich nachweisen. Vgl. Paulus A. *Hausmann,* Die Spuren der Treuga Dei im Völkerrecht oder Vom Wandel des Friedensverständnisses, in: Frieden und Völkerrecht, hrsg. von Georg Picht und Constanze Eisenbart, Stuttgart 1973, S. 235 ff.
11) Vgl. Friedrich Hermann *Schubert,* Die deutschen Reichstage in der Staatslehre der frühen Neuzeit, Göttingen 1966.
12) Vgl. Karl *Zeumer,* Die Goldene Bulle Karls IV., 2 Bde., Weimar 1908.

Regensburger Reichstag als Grundlage eines Friedensmodells 117

Kurfürstliches Nebenzimmer, um 1725

Fürstliches Kollegium, um 1725

Reichsstädtisches Kollegium, um 1725

Schon der Name läßt vermuten, daß der Reichstag mit Kompetenz für das Reich ähnliche Funktionen wahrnahm wie die Landtage in den Territorien. In der Tat war auch der Reichstag eine Ständeversammlung, nämlich die der „Reichsstände". Das Recht, auf dem Reichstag Sitz und Stimme zu haben, d. h. die Fähigkeit, Mitglied des Reichstags zu sein, wurde demgemäß als Reichsstandschaft bezeichnet.

An dieser Stelle ist auf eine Besonderheit der deutschen Verfassungsgeschichte hinzuweisen, die für unser Thema von zentraler Bedeutung ist: die unterschiedliche Entwicklung des Verhältnisses zwischen Herrscher und Ständen auf der Ebene des Reiches und auf der Ebene der Territorien. Während in den Territorien die Entwicklung dahin ging, daß die Landesherren nach einer anfänglichen Unterlegenheit gegenüber den Landständen schließlich immer mehr Macht gewannen und in der Ära des Absolutismus die Landstände endgültig beseitigten, verlief die Entwicklung im Reich anders. Zwar wurde das Reich keine Ständerepublik wie etwa die Vereinigten Niederlande, aber der Reichstag verlor seine Machtstellung gegenüber dem Kaiser nie. Nur die Aushöhlung des Reiches von innen, durch den Partikularismus der Landesherren, ließ den Reichstag zu der relativen Bedeutungslosigkeit herabsinken, in der er während seiner Regensburger Epoche verharrte und dem Ende des Reiches entgegendämmerte. Im Mittelalter war er eine glanzvolle Versammlung mächtiger Fürsten, Äbte und Städtevertreter, und selbst in seiner Regensburger Zeit war er immerhin existent, was von den meisten anderen Ständeversammlungen jener Zeit nicht mehr gesagt werden konnte.

Der Reichstag war zu einer Institution der Mitregierung im Reich geworden, die nicht mehr beseitigt werden konnte. Seine Rechte gegenüber dem Kaiser nahmen nicht ab, sondern noch bis zum Ende des 18. Jahrhunderts zu. Geschmälert wurde seine Bedeutung innerhalb des Reiches nur durch die Kurfürsten, die sich zwar nicht regelmäßig außerhalb des Reichstags trafen, aber doch gelegentlich in wichtigen Fragen außerhalb des Reichstags ein gemeinsames Vorgehen vereinbarten.

Zugleich aber wurde der Universalitätsanspruch des Kaisers durch die Herausbildung von unabhängigen Königsherrschaften im westeuropäischen Raum in Frage gestellt. In Frankreich wurde schon im 13. Jahrhundert im Rechtsbuch von Orléans der Name des Kaisers durch den der französischen Könige ersetzt. Im 14. Jahrhundert stellte der Postglossator Baldus die Regel auf: „Rex Franciae est imperator in regno suo." Durch den Hinweis auf dieses Prinzip sollte nur erklärt werden, warum in den Territorien das Partikularrecht den Vorrang vor dem römischen Recht hatte. Den französischen Königen aber diente dieses Prinzip zur Untermauerung ihres Anspruchs auf Unabhängigkeit vom Kaiser.

Angesichts dieser Entwicklung hatten es die Vertreter des Reichs- und Kaisergedankens schwer, den universalen Herrschaftsanspruch des Kaisers mit der politischen Wirklichkeit in Einklang zu bringen. In diesem Bemühen gelangten sie schließlich zu der Unterscheidung zwischen imperium de jure und imperium de facto. Bereits Anfang des 13. Jahrhunderts schrieb der Kanonist Huguccio: „Nur der römische Kaiser heißt de jure Kaiser des Reichs, dem alle Könige unterstellt sein müssen, was immer de facto auch sein mag."¹³ Und 100 Jahre später sagte Papst Bonifaz VIII. zu den Gesandten Albrechts von Österreich: „Französischer Hochmut soll sich hier nicht überheben, der sagt, daß er keinen Oberen anerkenne. Sie lügen: denn de jure sind sie und müssen sie unter dem römischen König und Kaiser sein."¹⁴

Trotzdem setzte sich die Formel vom Fürsten, „der keinen Höheren anerkennt", immer mehr durch. Daß sie sich in gleicher Weise gegen den Papst wie gegen Kaiser richtete, zeigte sich in der Auseinandersetzung zwischen Bonifaz VIII. und Philipp dem Schönen von Frankreich. Die Postglossatoren verwendeten sie zur Kennzeichnung der Position des Territorialherrn, der nicht mehr innerhalb einer vielschichtigen Lehensordnung steht, sondern seine Herrschergewalt aus einer ihm eigenen Rechtsposition ableitet.

Es ist klar, daß diese Lehre dem Absolutismus den Weg bereitete. Vor allen Dingen aber führte ihre Anwendung in Deutschland zu einer wichtigen Konsequenz: die Souveränität wurde zur rechtlichen Eigenschaft der Fürsten, d. h. der Landesherren. In dieser Trägerschaft des Souveränitätsrechts liegt die spezifische Eigenart der deutschen Verfassungsgeschichte. Denn die Formel vom Herrscher, der keinen Höheren über sich anerkennt, hätte ebensogut auf den Kaiser oder auf die Städte angewendet werden können. Ihre Anwendung auf den Kaiser wäre sogar logisch gewesen. In der Tat wurde das versucht. Aber es blieb ein kurzes Zwischenspiel. Als Ergebnis der historischen Entwicklung, die im Westfälischen Frieden von 1648 kulminierte, erhielten die deutschen Territorialherren die gleiche Rechtsstellung wie die Könige von Frankreich und England.¹⁵

Diese Rechtsstellung wurde mit dem Begriff der Souveränität umschrieben, dessen rechtliche Fixierung im Westfälischen Frieden erfolgte und der seither das politische Leben beherrscht.¹⁶ Es ist durchaus kein Zufall, daß mit dem Ereignis, durch das die soeben angedeutete Entwicklung in Deutschland ihren Abschluß fand, auch die Epoche des sogenannten klassischen Völkerrechts begann. Mehr noch: die Geschichte des

---

13) Zit. nach Friedrich August Frhr. *von der Heydte,* Die Geburtsstunde des souveränen Staates, Regensburg 1952, S. 36.
14) Zit. nach *von der Heydte,* a.a.O. S. 37.
15) Diese Tatsache wird dadurch verschleiert, daß die dem Reich angehörenden souveränen Territorialherren auch und gerade nach 1648 weiterhin durch das rechtliche Band des Reiches miteinander verbunden waren und in einem besonderen Rechtsverhältnis zum Kaiser standen. Dieses Rechtsverhältnis bewirkte jedoch keine Aufhebung oder Schmälerung ihrer Souveränität über das hinaus, was bereits damals außerhalb des Reiches und später nach dem Untergang des Reiches zwischen souveränen Staaten durch völkerrechtliche Verträge, Bündnisse, Beitritte zu Staatenverbindungen und internationale Organisationen bewirkt wurde. Vgl. Ernst-Wolfgang *Böckenförde,* Der Westfälische Frieden und das Bündnisrecht der Reichsstände, Der Staat Bd. 8 (1969), S. 449 ff.
16) Zur Bedeutung der Souveränität für die Herausbildung des Völkerrechts vgl. Ernst *Reibstein,* Völkerrecht — eine Geschichte seiner Ideen in Lehre und Praxis Bd. 1, Freiburg-München 1958, S. 149 ff.

Völkerrechts beginnt im Jahre 1648.[17] Eine solche Behauptung erscheint gewagt, weil Beginn und Ende von Epochen niemals so genau datiert werden können. Die Ideen benötigten Jahrzehnte oder gar Jahrhunderte, bis sie jene Reife erreichen, die sie zum Durchbruch in die politische Wirklichkeit befähigen. So ist es auch mit der Idee des Völkerrechts gewesen. Die sogenannten Väter des Völkerrechts lebten ein gutes Jahrhundert vorher.[18] Der Westfälische Frieden aber bedeutete eben jenen Durchbruch. Denn er legalisierte sozusagen die Souveränität als Rechtsbegriff.

Darin liegt die weltgeschichtliche Bedeutung des Westfälischen Friedens: eine Verrechtlichung von bereits weitgehend bestehenden Fakten, der Aufbau eines Rechtssystems, das den Verkehr der modernen Staaten ermöglichte. Allerdings ist zu berücksichtigen, daß die Souveränität von ihrem Ursprung her zunächst nicht eine Eigenschaft der Staaten, sondern der Fürsten war, eben der Souveräne. Das Völkerrecht aber war nichts anderes als das Recht des Verkehrs dieser Souveräne, die keinen Höheren über sich anerkannten und deshalb als Gleiche im Recht nebeneinanderstanden. Das ist das Kennzeichen des Völkerrechts. Die Bezeichnung „Völkerrecht" war von Anfang an falsch.[19] Um die Völker ging es in dieser Rechtsordnung noch nie. Das Völkerrecht war zunächst ein Recht des Verkehrs zwischen Souveränen und wurde dann – nach der Französischen Revolution – ein Recht des Verkehrs zwischen den Staaten. Das ist es bis heute geblieben.

Das Erstaunliche an der historischen Entwicklung ist, daß nach dem Untergang des römischen Reiches nicht alsbald eine Völkerrechtsordnung entstand. Die Erklärung liegt darin, daß die Grundidee der Einheit der Welt, von der das Romanum Imperium beherrscht war, in dem Gedanken der Einheit von Kaiser, Reich und christlichem Abendland wieder aufgelebt war und sich jahrhundertelang behauptet hatte. Aber die politische Wirklichkeit hatte sich immer mehr von jener Rechtskonstruktion entfernt. Am Ende des Dreißigjährigen Krieges war der letzte Widerschein der Einheit des christlichen Abendlandes verblichen, und nun trat die Souveränität auf die Weltbühne. Die souveränen Staaten, verkörpert durch ihre Landesherren, tätigten den gegenseiti-

---

17) Vgl. Wilhelm *Janssen,* Die Anfänge des modernen Völkerrechts und der neuzeitlichen Diplomatie, Stuttgart 1965; Otto *Kimminich,* Einführung in das Völkerrecht, 5. Aufl. Tübingen 1993, S. 70 ff.; Arthur *Nussbaum,* Geschichte des Völkerrechts, München-Berlin 1960, S. 128 ff.; Arthur *Wegner,* Geschichte des Völkerrechts, Stuttgart 1936, S. 173 ff.
18) Als „Väter des Völkerrechts" werden in der Literatur die spanischen Moraltheologen bezeichnet, die im 16. Jh. diejenigen Fragen erörterten, die später zu den Hauptproblemen des Völkerrechts zählten. Zu nennen sind vor allem Franciscus de Vitoria (1480–1546), Domingo Soto (1494–1560), Balthasar Ayala (1548–1584), Franciscus Suarez (1548–1617) und Alberico Gentili (1552–1608). Den Ehrentitel „Vater des Völkerrechts" trägt allerdings Hugo Grotius (1583–1645), der mit seinem Hauptwerk „De iure belli ac pacis libri tres" (Paris 1625) am Anfang der Dogmatik des klassischen Völkerrechts steht. Vgl. Otto *Kimminich,* Die Entstehung des neuzeitlichen Völkerrechts, in: Pipers Handbuch der polit. Ideen, Bd. 3, München-Zürich 1985, S. 73 ff.
19) Diese Feststellung findet sich in allen Lehrbüchern des Völkerrechts. Vgl. Friedrich *Berber,* Lehrbuch des Völkerrechts, Bd. 1, 2. Aufl. München 1975, S. 3 f.

gen Verkehr in juristischer Gleichberechtigung unter der Herrschaft jener Rechtsordnung, die wir in irreführender Weise als Völkerrecht bezeichnen.

Der Westfälische Frieden, der diese Epoche einleitete, wird daher mit Recht in der Geschichtsschreibung als das erste Völkerrechtsdokument bezeichnet.[20] Nun ist aber dieser Frieden zugleich auch ein Verfassungsdokument des Deutschen Reiches. Diese merkwürdige Situation der Identität von Völkerrechtsdokument und Verfassungsdokument wiederholte sich später in der deutschen Geschichte noch mehrmals. Es gehört zu den Wesenszügen der deutschen Verfassungsgeschichte, daß die Verfassung Deutschlands in besonderer Weise eingebaut ist in die internationale Ordnung und von dieser mitbestimmt wird.[21] Natürlich könnte man sagen, daß eine Situation, in der das innere Geschehen des Landes völlig den äußeren Einflüssen geöffnet ist, immer nach einem verlorenen Krieg eintritt. Und man mag darüber hinaus sagen, daß der Unterschied zur Normalsituation der Staaten nur ein gradueller sein könne, weil jeder Staat durch die Wechselwirkung seiner Beziehungen zu anderen Staaten auch in seinem Innern geformt wird. Im Falle der Identität von völkerrechtlicher Vereinbarung und verfassungsrechtlicher Fixierung — wie sie uns für Deutschland in den Jahren 1648, 1815 und in der Zeit nach 1945 begegnet — kommt jedoch hinzu, daß die Wirkung äußerer Einflüsse eine rechtlich-unmittelbare ist.

Der Zusammenhang zwischen dem Westfälischen Frieden und dem klassischen Völkerrecht ist schicksalhaft. Die Souveränität, die der Westfälische Frieden zum Rechtsinstitut gemacht hatte, wurde zum zentralen Begriff derjenigen Rechtsordnung, unter deren Herrschaft sich die modernen Staaten in Europa entfalteten und die sie im Zuge des Kolonialismus und Imperialismus in die ganze Welt trugen. Die Sicherheit, mit der die europäischen Völker dies taten, hängt nicht zuletzt zusammen mit dem verhängnisvollsten Ausfluß der Souveränität, so wie sie damals begriffen wurde und bis ins 20. Jahrhundert hinein erhalten blieb: mit dem Recht zum Kriege, dem jus ad bellum.

Für die zwischenstaatlichen Beziehungen bedeutete die Herrschaft des Souveränitätsbegriffs das Ende des großen Friedensstrebens, das in der Idee des Reiches beschlossen lag. Diese Folge war unvermeidlich. Wenn die Souveränität die oberste Gewalt im Innern und die völlige Unabhängigkeit nach außen bedeutet, so fehlt jede Normensetzung durch ein übergeordnetes Organ, und der Normenvollzug bleibt weitgehend der Selbsthilfe überlassen. So wurde der Krieg zum legalen Mittel der Rechts-

---

20) Vgl. Max *Braubach*, Der Westfälische Friede, Münster 1948; Fritz *Dickmann*, Der Westfälische Frieden, Münster 1959; Ernst *Hövel*, Hrsg., Pax optima rerum. Beiträge zur Geschichte des Westfälischen Friedens 1648, Münster 1948; Ernst *Reibstein*, Das „Europäische Öffentliche Recht" 1648—1815, Archiv des Völkerrechts Bd. 8 (1959/60), S. 385 ff.; Robert *Rie*, Westfälischer Friede von 1648, in: Wörterbuch des Völkerrechts, 2. Aufl., hrsg. von Hans-Jürgen Schlochauer, Berlin 1962, S. 839 ff.
21) Vgl. Otto *Kimminich*, Die deutsche Verfassung und der europäische Frieden, DÖV 1973, S. 15 ff.

durchsetzung im Wege der Selbsthilfe, zu dessen Verwendung sich der souveräne Fürst entschließen konnte, wann immer es ihm beliebte.

Soweit in diplomatischen Noten und öffentlichen Proklamationen noch Kriegsgründe angegeben wurden, waren sie selten mehr als fadenscheinige Vorwände, die gar nicht den Zweck hatten, eine echte Rechtfertigung des Krieges zu bewirken, wie es noch die bereits erwähnten Väter des Völkerrechts versucht hatten, die die von Augustinus begründete Lehre vom gerechten Krieg fortentwickelt hatten.

Aber dennoch bestand dieses Reich weiter, und die Gelehrten hatten große Mühe, seine Rechtsnatur zu ergründen. Es gibt wohl kaum ein Zitat eines Juristen, das häufiger wiederholt worden ist als der Ausspruch Samuel Pufendorfs, der in seinem 1667 erschienenen Werk „De statu imperii germanici" Deutschland als einen „unregelmäßigen und monströsen Staatskörper" bezeichnete.[22] Der Theorienstreit darüber, ob Deutschland nach dem Westfälischen Frieden noch eine Monarchie sei oder eine andere Staatsform erhalten habe, setzte sich im gesamten 18. Jahrhundert fort.[23] Alle Rechtsgelehrten suchten aber die Erklärung der Rechtsnatur des Deutschen Reiches ausschließlich auf dem Boden des Staatsrechts. Obwohl bei einigen von ihnen der Gedanke eines Staatenbundes auftauchte, blieb es doch einer späteren Zeit vorbehalten, eine völkerrechtliche Deutung der Reichsverfassung vorzunehmen. Abgesehen von Karl Salomo Zachariä, der bereits zu Beginn des 19. Jahrhunderts eine völkerrechtliche Betrachtungsweise der Reichsverfassung erkennen ließ,[24] und Ludwig Karl Aegidi,[25] der in der Mitte des 19. Jahrhunderts die Bedeutung des Westfälischen Friedens dahingehend analysierte, daß durch ihn die kirchlich-religiösen Elemente des Reiches verschwanden und somit nur die völkerrechtlichen Elemente übrigblieben, hat erst die verfassungsgeschichtliche Forschung des 20. Jahrhunderts diesen Weg zum Verständnis des alten Deutschen Reiches geöffnet.

Interessanterweise war es ein Engländer, der die Transformation des Reiches von einem Staat zu einem Staatenbund im Lichte des Völkerrechts sah. Er schrieb: „Als die Herrscher Englands und Frankreichs sich von der kaiserlichen Oberhoheit endgültig losgesagt hatten und der Herr der Welt nur noch bei seinem eigenen Volk Gehör fand,

---

22) Deutsche Übersetzung von Harry *Breßlau:* Severinus von Monzambano (Samuel von Pufendorf), Über die Verfassung des Deutschen Reiches, Berlin 1922, S. 94.
23) Herausragende wissenschaftliche Werke hierzu sind neben dem bereits genannten Buch von Pufendorf (Anm. 22) die Abhandlungen von Ludolf *Hugo,* De statu regionum Germaniae (1689); von Gottfried Wilhelm *Leibniz* (unter dem Pseudonym „Caesarius Fuerstenerius"), De jure suprematus, ac legationum principum Germaniae (1677); von Wigulaeus Xaverius von *Kreittmayr,* Grundriß des allgemeinen deutschen und bayerischen Staatsrechtes (1769); von Johann Jakob *Moser,* Neues Teutsches Staatsrecht (1766); von Johann Stephan *Pütter,* Beyträge zum Teutschen Staats- und Fürstenrechte (1777); und von Carl Friedrich *Häberlin,* Handbuch des Teutschen Staatsrechts (3 Bände, 1794—1797).
24) Karl Salomo *Zachariä,* Geist der neuesten deutschen Reichsverfassung, Woltmanns Zeitschrift Bd. 1 (1804), S. 34 ff.
25) Ludwig Karl *Aegidi,* Der Fürstenrath nach dem Luneviller Frieden, Berlin 1853, S. 151 ff.

weigerte er sich, vom Herrn der Welt zu einem einfachen deutschen König herabzusinken. Vielmehr spielte er auf der kleineren Bühne diejenige Rolle weiter, die er auf der größeren geübt hatte. So wurde nicht Europa, sondern Deutschland zum Kompetenzbereich seiner internationalen Jurisdiktion."[26]

Näher ausgeführt wurden diese Gedanken von Friedrich Berber[27] und seinem Schüler Albrecht Randelzhofer. Der letztere bezeichnete das Deutsche Reich nach dem Westfälischen Frieden als „atypischen Staatenbund" und charakterisierte es vom Völkerrecht her als eine „hochentwickelte partikulare Völkerrechtsordnung, als ein Beispiel internationaler Integration".[28]

Die Parallelen, die sich aus dieser Betrachtungsweise ergeben, sind erstaunlich. Das Reichskammergericht wird zu einer internationalen Gerichtsbarkeit, der Ewige Landfrieden zum Gewaltverbot, ähnlich dem der Satzung der Vereinten Nationen. Folgerichtig wird dann der Reichstag mit der Generalversammlung der Vereinten Nationen verglichen. Man mag darüber rätseln, ob dieser Vergleich eine Beleidigung für den Regensburger Reichstag oder für die Vereinten Nationen ist. Wie schon bemerkt, kommt der Immerwährende Reichstag in der Geschichtsschreibung schlecht weg. Von vielen wird er als bedeutungslos, unfähig oder überflüssig dargestellt, als ein Gremium, das seine wahre Aufgabe, die Erhaltung von Einheit und Frieden im Reich, nicht wahrnehmen konnte.

Diejenigen, die dabei gewesen sind, urteilen kaum weniger hart. So schreibt der kurböhmische Gesandte von Trauttmansdorff im Jahre 1785: „Die Geschäfte, so in Regensburg behandelt werden können, beschränken sich lediglich auf reichstägliche Angelegenheiten, sonst herrschet alldort über alle Begebenheiten Europas die größte Unwissenheit. Selbst die zur reichstäglichen Beratung gehörigen Gegenstände aber sind meist von gar keiner Wichtigkeit und dem kaiserlich allerhöchsten Hof äußerst gleichgültig, oder sind deren auch einige, welche ihren Folgen wegen für das ganze Reichssystem gleichwohl von Erheblichkeit werden könnten, so kreuzen sich die Privatabsichten der verschiedenen Stände und ihrer Abgeordneten gleich dergestalt, daß die diesfälligen Behandlungen in das Unendliche gespielet und die daraus entstehenden Verzögerungen, auch bei denen nicht im mindesten dazu geeigneten Gegenständen, unter dem Deckmantel des Religionsinteresses verhüllt werden."[29]

So kommt Trauttmansdorff zu der „natürlich daraus zu ziehenden Schlußfolge, daß am Reichstag nicht viel Gedeihliches zu erzielen sei". Andere Gesandte äußerten sich

---

26) James Viscount *Bryce,* The Holy Roman Empire, London 1956, S. 355.
27) Friedrich *Berber,* International Aspects of the Holy Roman Empire after the Treaty of Westphalia, Indian Yearbook of International Affairs Bd. 13 (1964), Teil II, S. 174 ff.
28) Albrecht *Randelzhofer,* Völkerrechtliche Aspekte des Heiligen Römischen Reiches nach 1648, Berlin 1967, S. 199.
29) Die Passage entstammt einem Brief Trauttmansdorffs an den Fürsten Kaunitz vom 20. Mai 1785, abgedr. bei Karl Otmar Frhr. von *Aretin,* Heiliges Römisches Reich 1776—1806, Teil II, Wiesbaden 1967, S. 108.

im gleichen Sinne. Dabei beklagten sie zugleich das Ränkespiel der untergeordneten Beamten, insbesondere der des kaiserlichen Prinzipalkommissars, die kleinbürgerlichen Verhältnisse der Stadt und deren ungünstige Verkehrslage. So litt der kurbrandenburgische Gesandte darunter, daß nur zweimal in der Woche eine Postkutsche nach Berlin verkehrte, und daß ein Brief von Regensburg nach Berlin sechs Tage brauchte.[30]

Es wäre sicherlich unhöflich, nun auch Berichte und Memoiren von UNO-Diplomaten oder Urteile über ihre Tätigkeit zu zitieren. Der Vergleich zwischen der Generalversammlung der UNO und dem Immerwährenden Reichstag zielt ja nicht auf die in Regensburg wie in New York sicher nicht geringen Schwierigkeiten und Querelen hin. Er betrifft die grundlegende Funktion, und so gewagt ein solcher Vergleich angesichts der völlig verschiedenen sozialen, wirtschaftlichen und technischen Umweltbedingungen und insbesondere der unterschiedlichen geographischen Kompetenzausdehnung ist, kann man ihm die prinzipielle Richtigkeit nicht absprechen.[31]

Es ist unbestreitbar, daß die Grundfunktion des Immerwährenden Reichstags inmitten des vom Westfälischen Frieden legalisierten Systems der Souveränität mit ihrem Recht zum Kriege eine Organisation zur Ermöglichung der Koexistenz der Staaten in Mitteleuropa darstellte. Das wußten die Gesandten des Reichstages sehr wohl.[32] Niemandem konnte es entgehen, daß unter der Herrschaft des ungezügelten Rechts zum Kriege die kleineren Staaten nur eine geringe Überlebenschance hatten. Bündnisse mit mächtigeren Staaten, Koalitionen vieler kleiner gegen einen großen, Erbverträge, Verlöbnisse und Eheschließungen regierender Fürsten und ihrer erbberechtigten Nachkommen, das ganze Arsenal der Fürstendiplomatie, konnte sich nur entfalten, wenn ein Forum vorhanden war, auf dem dauernde Kontakte und rasches Reagieren möglich

---

30) Memoire des Grafen Görtz vom 10. 2. 1792 in Beantwortung einer Umfrage des preußischen Ministeriums bei allen preußischen Gesandtschaften vom 12. 8. 1791, abgedr. bei *Aretin*, a.a.O. (Anm. 29), S. 218, 226.
31) Auf staatsrechtlicher Ebene ist die integrierende und friedensbewahrende Funktion des Immerwährenden Reichstags durchaus anerkannt worden. Vgl. Hans Erich *Feine,* Zur Verfassungsentwicklung des Heiligen Römischen Reiches seit dem Westfälischen Frieden, Zeitschrift für Rechtsgeschichte, Germanistische Abteilung Bd. 52 (1932), S. 65 ff.
32) Darüber hinaus enthielt die Reichsverfassung auch ein Instrumentarium zur Beilegung und Vermeidung einer bestimmten Kategorie von Konflikten, die vor der Epoche des Immerwährenden Reichstags nicht selten mit kriegerischen Mitteln ausgetragen worden waren, nämlich der religiösen Streitigkeiten. Es war die Institution der „itio in partes", die immer dann in Funktion trat, wenn eine Angelegenheit religiöse Aspekte aufwies. In diesem Fall gab der Reichstag seine normale Dreiteilung auf und gliederte sich in zwei Hälften (eine katholische und eine evangelische), die zum Kompromiß gezwungen waren, weil — ohne Rücksicht auf Zahl und politisches Gewicht der Mitglieder jeder dieser Hälften — keine Seite die andere überstimmen durfte. Vgl. hierzu neuerdings Martin *Heckel,* Zur itio in partes, in: Festschrift für Ferdinand Elsener, hrsg. von Louis Carlen und Friedrich Ebel, Sigmaringen 1977, S. 133 ff.; Klaus *Schlaich,* Maioritas — protestatio — itio in partes — corpus Evangelicorum, Zeitschrift für Rechtsgeschichte, Kanonistische Abteilung Bd. 94 (1977), S. 264 ff., 95 (1978), S. 139 ff.

waren. Der Reichstag bot diese Gelegenheit unter dem schützenden Dach von Kaiser und Reich.

Das ist die reale Grundlage für das abschließende Urteil des bereits zitierten Wissenschaftlers, der diese Frage als bisher einziger untersucht hat: „So erweist sich der Reichstag, über zwei Jahrhunderte vor dem Entstehen des Völkerbunds und der Vereinten Nationen, als ein frühes Beispiel eines internationalen Organs, in dem Staaten der unterschiedlichsten Größe und Bedeutung, gespalten durch den großen religiösen Gegensatz, friedlich und gleichberechtigt nebeneinander an der Bewältigung gemeinsamer Probleme arbeiteten."[33]

Ganz so friedlich war das Nebeneinander der im Reich verbliebenen Staaten allerdings nicht. Aber wie bei den Vereinten Nationen erhebt sich auch in bezug auf den Immerwährenden Reichstag die Frage, welche Kriege durch seine Existenz vermieden worden sind. Kriege, die stattgefunden haben, kann man statistisch erfassen. Über Kriege, die vermieden worden sind, kann man nur spekulieren. Auch geht es nicht nur darum, daß in einem bestimmten Streitfall irgendeine spektakuläre Aktion gestartet wird, durch die die Welt im letzten Augenblick vom Rand des Abgrunds zurückgerissen wird. Solches gelingt wohl selten. Ist es überhaupt jemals gelungen?

Viel wichtiger ist es, eine Institution zu haben, die politische Konflikte auf die Ebene des Rechts zieht und sie durch ihre Verrechtlichung — genauer gesagt eigentlich: durch das Ethos, das hinter der Verrechtlichung steht — der Lösung näherbringt. Eine solche Institution war der Immerwährende Reichstag in gleicher Weise wie die Organisation der Vereinten Nationen.[34] Und wenn man den Immerwährenden Reichstag auf dem Hintergrund der verfassungshistorischen Entwicklung betrachtet, so erkennt man, daß der Immerwährende Reichstag in seiner Tätigkeit sehr viel zur Herausbildung derjenigen Rechtsordnung beigetragen hat, auf deren Grundlage die Weltorganisation der Vereinten Nationen steht.

So gesehen, erscheint der Ort der Handlung plötzlich nicht mehr so provinziell, wie damals selbst die unmittelbar Beteiligten meinten. Es kommt nicht auf die augenblickliche Wichtigkeit des gerade verhandelten Gegenstandes an, sondern darauf, daß verhandelt wird, daß nach Rechtsregeln verhandelt wird, und daß das Verhandlungsergebnis als rechtlich bindend anerkannt wird. Daß der Immerwährende Reichstag dies fast eineinhalb Jahrhunderte lang getan hat, kann von niemandem bestritten werden.

---

33) Albrecht *Randelzhofer,* Völkerrechtliche Aspekte des Heiligen Römischen Reiches nach 1648, Berlin 1967, S. 296.
34) Der nachträgliche Vergleich zwischen dem Immerwährenden Reichstag und der Organisation der Vereinten Nationen impliziert selbstverständlich nicht die Behauptung, daß der Reichstag von den Zeitgenossen als auf völkerrechtlicher Ebene stehend betrachtet wurde. Ferner wird die herkömmliche Fragestellung, welchen Beitrag der Reichstag „zur Herausbildung der modernen Staatlichkeit erbracht" hat (Udo *Wolter,* Der Immerwährende Reichstag zu Regensburg 1663–1806, Juristische Schulung 1984, S. 841), hiervon nicht berührt.

Die völkerrechtliche Beurteilung seiner Tätigkeit, die — wie zu zeigen versucht worden ist — von seiner staatsrechtlichen gar nicht zu trennen ist, sollte daher wohl geeignet sein, das herkömmliche Urteil über den Immerwährenden Reichstag drastisch zu ändern.

Fritz Blaich

Das zünftige Handwerk als Problem des Immerwährenden Reichstags

Ausgerechnet im Jubiläumsjahr 1979 erfuhren Regensburgs Zeitungsleser durch einen bemerkenswerten Aufsatz Rudolf Reisers mit dem Titel „Barockzeit in Regensburg", daß der seit 1663 in den Mauern ihrer Stadt „annoch fürwährende Reichstag" fast keine Bedeutung erlangt habe. 1963 habe „man" diesen Gesandtenkongreß aus Anlaß der 300-Jahr-Feier als ein „Parlament" mit „historischer Leistung" angesehen, rügt der Autor und fährt sodann fort: „Heute nimmt ein ernst zu nehmender Historiker den Mund nicht mehr so voll. Die Akten in Wien, Paris, London, Düsseldorf, Dresden und München und die großen juristischen Bücher jener Zeit sprechen auch eine ganz andere Sprache." Und nun folgen Zitate, die belegen, daß der Immerwährende Reichstag „mit seinen wüsten Streitereien und seiner unglaublich naiven Etikette" zur völligen Bedeutungslosigkeit verurteilt war und von niemandem in Europa mehr ernst genommen wurde: Der britische und „kritische" Gesandte Sir George Etherege berichtet nach London: „Der Reichstag schläft." Der bayerische Kurfürst Max Emanuel beschimpft die Regensburger Gesandten als „Schulfüchse". Friedrich der Große vergleicht sie mit „den Hunden, die den Mond anbellen", die Russen schicken ihre adeligen Verbrecher entweder nach Sibirien oder nach Regensburg in die Verbannung, und Napoleon meinte gar über den Immerwährenden Reichstag, er sei „ein Affenhaus voll der Lächerlichkeit".

Trotz dieser Feststellungen und Urteile zeitgenössischer Beobachter möchte ich versuchen, in den folgenden Ausführungen den Nachweis zu erbringen, daß der Reichstag zumindest auf dem Gebiet der Innenpolitik und hier auf dem für die verschiedenen Religionsgruppen im Reich neutralen Feld der Wirtschaft sinnvolle Arbeit leistete, die auch von einem mächtigen Territorialstaat wie Brandenburg-Preußen, ganz zu schweigen von Kurbayern, ernst genommen wurde. Bei meiner Beweisführung stütze ich mich auf Akten aus den Archiven zu Wien, Nürnberg, Marburg, Merseburg, Speyer und Ulm sowie auf die Gesetze und Verordnungen des Reichstags, der Landesfürsten und der Reichsstädte. Als Fallbeispiel habe ich den Bereich der Handwerkspolitik ausgewählt.

Seit dem Mittelalter galt die Zunft — andere Bezeichnungen lauteten: Innung, Gilde, Gaffel — als die Organisationsform des städtischen Handwerks schlechthin. Das Rückgrat der Zunftverfassung bildete der Gedanke, allen zünftigen Meistern ein als ausreichend betrachtetes Einkommen, die „Nahrung", zu verschaffen. Dieses angemessene Einkommen, das den Gegensatz zum höchstmöglichen am Markt zu erzielenden Gewinn darstellte, mußte freilich gegenüber den konjunkturellen Schwankungen der kaufkräftigen Nachfrage abgesichert werden. Zu diesem Zweck bedienten sich die Meister kartellartiger Absprachen über die Höhe ihrer Verkaufspreise und über ihre Produktionsmenge. Sie legten die Zahl ihrer Gesellen und Lehrlinge ebenso fest wie die Technik ihrer Produktionsverfahren, und sie verpönten als „unzünftig" jede Form der Reklame für das Produkt eines bestimmten Meisters.

Nach dem Dreißigjährigen Krieg führten die auf vielen lokalen Märkten gesunkenen Absatzchancen dazu, daß die Zünfte diese Art des Protektionismus überdehnten. Die nun eintretende Erstarrung des Zunftwesens äußerte sich unter anderem darin, daß die Meister diejenigen Anforderungen, die sie an eine Aufnahme in die Zunft knüpften, immer höher schraubten. Die Eintrittsgebühren wurden drastisch erhöht, die Lehr- und Wanderzeiten wurden ständig verlängert, die Vorschriften über die Aus- und Weiterbildung wurden immer kleinlicher ausgelegt, insbesondere wurde von den Gesellen die Anfertigung eines aufwendigen, zeitraubenden, aber völlig unnützen Meisterstücks verlangt. Bald konnte eine Meisterstelle nur noch vom Vater oder Onkel ererbt oder durch die Eheschließung mit einer Meisterwitwe oder -tochter erworben werden. Mithin bestand nicht allein ein „Numerus clausus" der Meisterstellen. Diese lagen außerdem in den Händen eines untereinander verwandten, wirtschaftlich privilegierten Kreises. Als Folge dieser Erscheinung wuchs die Zahl jener Gesellen, die ungeachtet ihrer beruflichen Fähigkeiten niemals Meister werden konnten und deshalb mangels einer eigenen „Nahrung" auch keine eigene Familie haben durften.

Diese Folge wiederum weckte den Widerstand der Verfechter eines neuen, aus England und Frankreich kommenden Konzeptes der Wirtschaftspolitik, das nach 1648 in verschiedenen deutschen Territorien Einfluß gewann und das heute allgemein als „Merkantilismus" bezeichnet wird. Anders aber als ihre englischen und französischen Vorbilder wandten die deutschen Merkantilisten, die sich selbst meist „Kameralisten" nannten, der Bevölkerungspolitik besonders große Aufmerksamkeit zu. Die Zielsetzung des Merkantilismus, die in der Stärkung der militärischen und der politischen Macht des Monarchen durch die Entwicklung der Wirtschaftskraft seines Landes bestand, erforderte in vielen deutschen Territorien angesichts der Bevölkerungsverluste, welche der Dreißigjährige Krieg verursacht hatte, die Gewinnung neuer Untertanen um jeden Preis, sei es durch die gezielte Förderung der Eheschließungen, sei es durch die Ansiedlung von Einwanderern, in der damaligen Zeit konfessioneller Auseinandersetzungen vor allem von „Glaubensflüchtlingen". Beide Maßnahmen der „Peuplierung" stießen jedoch im Bereich der Städte schnell an die Mauern, welche die Zünfte um sich herum aufgetürmt hatten. Außerdem hemmten die Zunftstatuten die Bemühungen der Merkantilisten, möglichst viele Produkte im eigenen Lande herzustellen, um Devisen bei der Einfuhr zu sparen, und möglichst viele Fertigwaren auszuführen, um Devisen zu gewinnen. Überdehnte Lehr- und Wanderzeiten hielten das Angebot an qualifizierten Arbeitskräften knapp. Je mehr gut ausgebildete Gesellen einem Land zur Verfügung stünden, so rechneten merkantilistische Wirtschaftspolitiker, um so niedriger würde das Lohnniveau sein und um so günstiger könnten die einheimischen Gewerbeprodukte auf den Märkten des In- und Auslandes angeboten werden. Andererseits durfte auch ein entschiedener Verfechter merkantilistischer Ideen nicht übersehen, daß die Zünfte als Organe einer Selbstverwaltung wichtige Aufgaben der Gewerbepolizei und der Gewerbegerichtsbarkeit wahrnahmen. Vor allem aber erwiesen sich die Zünfte als Träger sozialpolitischer Maßnahmen. In einem Zeitalter, das noch keine Sozialversicherung kannte, dienten zünftige Kranken- und Sterbekassen für eine Versorgung kranker Meister und Gesellen sowie der Hinterbliebenen eines verstorbenen Meisters.

Zwar waren sich die Reichsstände nach dem Dreißigjährigen Krieg darüber einig, daß das Zunftwesen auf Reichsebene reformiert werden müsse, doch klafften ihre Ansichten über die Vorgehensweise weit auseinander. Die Vorreiter merkantilistischer Wirtschaftspolitik, allen voran Brandenburg unter dem Großen Kurfürsten, neigten dazu, die Zunftorganisation ganz abzuschaffen. Konservativer gesonnene Reichsstände, z. B. die geistlichen Kurfürstentümer, wünschten die Zunft als Organ der Selbstverwaltung und als Einrichtung sozialer Selbsthilfe beizubehalten und wollten lediglich offenkundige Mißbräuche abstellen. Die Auffassung der einzelnen Reichsstädte über die Zukunft der Zunft hing ganz einfach davon ab, ob Patrizier das Stadtregiment führten, wie z. B. in Nürnberg, oder ob das zünftige Handwerk an politischen Entscheidungen beteiligt war wie in Regensburg.

Im Jahr 1666 begann der Immerwährende Reichstag im Zusammenhang mit einer ganzen Reihe wirtschaftspolitischer Probleme die Verhandlungen über eine Reform des Handwerksrechts und des Zunftwesens. Nach langwierigen Beratungen einigten sich die drei Kollegien des Reichstags — die Städtebank, der Fürstenrat und das Kollegium der Kurfürsten — im Jahre 1672 auf ein „Reichsgutachten", dessen Umwandlung in ein Reichsgesetz dann allerdings unterblieb. Die ständigen Hin- und Rückverweisungen von Akten zwischen den einzelnen Kollegien, die „energischen Gegenerklärungen" sowie die „ausdrücklichen Vorbehalte", welche sich über sechs Jahre dahinschleppten und schließlich doch ohne Ergebnis blieben, scheinen allerdings die Auffassung zu stützen, das Räderwerk der Gesetzgebung sei in Regensburg völlig eingerostet und mithin bedeutungslos gewesen.

Diesem Urteil ist jedoch dreierlei entgegenzuhalten. Zunächst wurden in dieser Zeitspanne durchaus wichtige Reichsgesetze auf dem Gebiet der Wirtschaft verabschiedet, z. B. die Vorschriften über einen Lastenausgleich nach dem Dreißigjährigen Krieg oder das 13 Punkte umfassende Programm zum Wiederaufbau von Handel und Gewerbe. Sodann erforderte eine Reform des deutschen Handwerksrechts die Klärung schwieriger juristischer Probleme, die übrigens — nebenbei bemerkt — den englischen Gesandten kaum interessiert haben dürften. Schließlich aber entwickelte der Gesandtenkongreß in seiner Arbeitsweise — mitten in der Blütezeit des Absolutismus — eine frühe Form des Parlamentarismus. Gewiß, die in Regensburg anwesenden Gesandten vertraten ihren jeweiligen Herrscher und nicht die beherrschten Untertanen. Dennoch wurde in den drei Kollegien des Reichstags jede Stimme gehört. Mehrheitsbeschlüsse wurden durch Abstimmungen herbeigeführt. Oft mußten Kompromisse zwischen Kurfürsten, Fürsten und Reichsstädten mühsam ausgehandelt werden. Deshalb erstaunt es nicht, daß die preußisch-deutsche Geschichtsschreibung des 19. Jahrhunderts in diesem langwierigen Verfahren der Gesetzgebung ein Zeichen der Ohnmacht und der Verkalkung erblickte, dem sie die raschen Entschlüsse der absolutistischen Herrscher in den aufstrebenden Territorialstaaten entgegenstellte, die nicht diskutierten, sich kaum auf Kompromisse einließen und statt dessen ein „Machtwort" sprachen. Aus heutiger Sicht sollte der Reichstag freilich anders beurteilt werden, denn auch moderne, demokratisch gewählte Parlamente vermögen wichtige Gesetze nicht von heute auf morgen zu verabschieden. Der Deutsche Bundestag beriet z. B. von 1949 bis 1957 über verschiedene Entwürfe eines Gesetzes gegen Wettbewerbsbeschränkungen, dessen endgültige Fassung dann am 1. Januar 1958 in Kraft trat.

Nachdem also 1672 der Erlaß einer Reichszunftordnung gescheitert war, versuchten die Verfechter des Merkantilismus Handwerkspolitik auf eigene Faust zu betreiben, wobei sie freilich ihre Landesgesetzgebung oft auf Ergebnisse und Erkenntnisse stützten, welche die Kollegien des Reichstages bis 1672 bereits erarbeitet hatten. Territoriale Handwerksordnungen, die 1688 in Brandenburg, 1692 in Braunschweig und 1693 in Hessen-Kassel eingeführt wurden, bewährten sich jedoch nicht. Im Jahre 1718 versuchte König Friedrich Wilhelm I. von Preußen, die Zünfte wenigstens in den großen Städten seines Reiches wie Berlin, Königsberg, Magdeburg und Wesel abzuschaffen, um das Handwerk völlig der Aufsicht des absolutistischen Staates zu unterwerfen. In der Zunftverfassung erblickte er nicht allein ein Hemmnis für die Entfaltung des Gewerbes, sondern auch den Nährboden für die Gesellenbewegung, deren Verbände sich wiederholt erfolgreich zur Wahrung der sozialen Interessen der Gesellen eingesetzt hatten. Auch dieser Plan scheiterte.

Die Forderung nach einer einheitlichen, die Territorien umspannenden Regelung wurde immer deutlicher erhoben. 1715 einigten sich Baden-Durlach und Württemberg, künftig in Handwerksfragen „communem causam" zu machen. 1721 entstanden Verbindungen zur Schaffung eines einheitlichen Handwerksrechts zwischen Württemberg, Sachsen und Braunschweig-Lüneburg. 1722 erließ Österreich eine neue Handwerksordnung, in der — als Antwort auf vorausgegangene Gesellenunruhen in Wien — den Gesellen das Streikrecht abgesprochen wurde. Der Gesellenbewegung war es dann auch zu verdanken, daß die einzelnen Reichsstände die Verhandlungen über eine Reform des Zunftwesens in Regensburg wieder aufnahmen.

In der Reichsstadt Augsburg traten 1726 die Gesellen der Schuhmacherzunft in den Ausstand, weil sie mit ihren Arbeitsbedingungen unzufrieden waren. Nachdem die Stadtverwaltung die Erfüllung ihrer Forderungen verweigert hatte, begaben sie sich unter tumultartigen Szenen in das benachbarte bayerische Friedberg. Vergeblich bemühte sich der Rat der Stadt Augsburg um eine Auslieferung der Streikenden. Die Behörden Kurbayerns waren jedoch lediglich darauf bedacht, daß die „Schuhknechte" die Kosten ihres Lebensunterhalts in Friedberg aufbrachten, ließen diese sonst aber unangefochten. Sie gestatteten den Schuhknechten sogar, durch „sogenannte Lauf-Briefe bey allen Schuhmacher-Handwerckern im Reich eine gleichmäßige Unruhe zu stiften ...", ein Zugeständnis, das später die drei Kollegien des Reichstags Kurbayern besonders übel vermerkten.

Warum dieser Streik den Reichstag zu höchster wirtschaftspolitischer Aktivität anspornte, darüber gibt eine „Specification" mit den Personalien der aufständischen Schustergesellen Aufschluß, welche die Vertreter der Reichsstadt Augsburg zu Regensburg vorlegten. Nur sieben der insgesamt 136 nach Friedberg entwichenen Gesellen stammten demnach aus Augsburg selbst, weitere elf kamen aus der nächsten Umgebung. Der große Rest verteilte sich auf alle Gegenden des Reiches. Elsaß, Österreich, Schlesien, Westfalen erschienen als Herkunftsländer, als Heimatorte die Reichsstädte Nürnberg, Heilbronn, Biberach, Wangen, Straßburg, Ulm, Reutlingen, Memmingen, Lindau, Regensburg, Nördlingen, schließlich eine Reihe von Residenz- und Handelsstädten wie Magdeburg, Stuttgart, Preßburg, Paderborn, Kassel, Spandau, München, Zwickau und Wilmersdorf. In allen drei Kollegien des Reichstags saßen demnach Reichsstände, die fürchten mußten, der Funke des Aufstandes werde durch heimkehrende Gesellen auf das eigene Territorium überspringen, zumal in vielen Städten die Schuhknechte ein unruhiges Element innerhalb der Handwerkerschaft bildeten. Mehr noch, auch ein relativ großer und politisch mächtiger Territorialstaat wie Brandenburg-Preußen mußte damit rechnen, daß bei einem selbständigen Vorgehen gegen „Handwercks-Mißbräuche" besonders tüchtige Meister und Gesellen zur Abwanderung aus preußischem Gebiet und zur Ansiedlung etwa im benachbarten Sachsen veranlaßt werden könnten. Schon die Möglichkeit des Verlustes hochqualifizierter Arbeitskräfte bildete indessen einen Alptraum für einen merkantilistischen Wirtschaftspolitiker.

Daher erstaunt es nicht, daß Brandenburg-Preußen bereits 1727 ungeachtet der in Regensburg gerade angelaufenen Verhandlungen den Versuch unternahm, die Fürstenhöfe in Braunschweig und Dresden zu einem Abkommen über das Handwerksrecht zu bewegen. Die geplante Übereinkunft scheiterte jedoch, da Sachsen und Braunschweig fürchteten, bei einem Separatabkommen mit Brandenburg würden die Handwerksgesellen in Massen aus ihren Ländern in die übrigen Reichsteile abwandern. Das Mißlingen dieses Planes bettete Brandenburg um so enger an das Reich. Um 1731 schließlich verband eine rege Korrespondenz Österreich, Brandenburg, Sachsen, Braunschweig-Lüneburg, Baden und Württemberg in dem Bemühen um eine reichseinheitliche Handwerksordnung.

Und nun zeigte sich, daß die Beratungen des Reichstags zwischen 1666 und 1672 doch nicht ganz umsonst geführt worden waren. Schwierige Fragen des Handwerksrechts waren damals bereits geklärt worden, so daß Kaiser Karl IV. schon am 16. 8. 1731 ein Reichsgesetz „wegen der Handwercker-Mißbräuche" ratifizieren konnte. Nach erneuten Beratungen der drei Kollegien des Reichstags erfuhr diese „Reichszunftordnung" 1772 wesentliche Erweiterungen und Ergänzungen. Die einzelnen Artikel der Zunftordnungen von 1731 bis 1772 berührten alle wirtschaftlichen, politischen und rechtlichen Seiten des zünftigen Handwerks. Um die Überlegungen, welche die Gesandten zu Regensburg bei der Erneuerung des Handwerksrechts anstellten, wenigstens zu skizzieren, möchte ich als Beispiel das Problem des Zugangs zum städtischen Handwerk herausgreifen.

1666 eröffnete der Reichsfürstenrat die Verhandlungen mit einem „Conclusum", in dem er erklärte, die „Manufacturen und Commercien" ließen sich nur dann „in flore" bringen, „wann man die Innungen und Zünffte das gantze Reich auffhöbe und einen jedweden, der arbeithen wolte und könte ohngehindert, wann er sich beym Magistrat angegeben, arbeithen undt sein handtwerck treiben ließe; anitzo würdt es den Leuthen allzuschwehr und saur gemacht". Zumal den Gesellen würden auf dem Weg zur Meisterwürde zahlreiche Hindernisse in den Weg gelegt, „undt die besten würden wohl auß neidt von den Meistern gehindert . . . ".

Diese Stellungnahme, die deutlich die Handschrift merkantilistischer Wirtschaftspolitiker trug, setzte Kurfürst Friedrich Wilhelm von Brandenburg in die Tat um. Durch seine Vertreter im Reichstag — er konnte die Stimme Brandenburgs im kurfürstlichen Kollegium und diejenige Halberstadts im Fürstenrat geltend machen — beantragte er die Abschaffung der Zünfte. Die brandenburgischen Gesandten rügten vor allem den von den Zünften ausgeübten Zwang zur Anfertigung teurer und wertloser Meisterstücke und zur Einheirat in die Zunft sowie die hohen Aufnahmegebühren und schlossen, „ . . . wie dann eben auch keine ratio seye, daß derjenige, so eines Meisters Tochter heyrathe, deswegen geschickter sein wolle alß ein Anderer". Gegen diese radikale Lösung sprachen sich Österreich, Salzburg, Bayern, Sachsen-Altenburg, die geistlichen Fürsten und Kurfürsten sowie geschlossen das dritte Kollegium, die Bank der Reichsstädte, aus. Sie alle billigten der Zunft durchaus die Wahrnehmung wirtschaftlicher und sozialer Aufgaben zu und wollten lediglich Auswüchse im Zunftwesen beseitigen und verhindern. Beide Parteien einigten sich schließlich auf eine Mißbrauchsgesetzgebung. Zwar verlangte Halberstadt noch 1672, unterstützt von Hessen-Kassel, eine Ergänzung der künftigen Zunftordnung, nach der die Territorien zwecks „Vermehrung der Commercien, Manufakturen und Nahrungen" mit den Zünften nach Belieben verfahren dürften. Doch faßte das Reichsgutachten, über welches sich die drei Kollegien schließlich verständigten, diesen Punkt wesentlich milder. Es billigte nämlich der Obrigkeit nur das Recht zu, „guten Arbeitern oder Künstlern" das Bürger- und das Meisterrecht auch gegen den Willen der Zunft zu erteilen. Dennoch beschnitten die übrigen Bestimmungen des Gutachtens die Zunftstatuten erheblich. Beim Erwerb der Meisterschaft sollte künftig der fremde Geselle die gleichen Chancen wie der Meistersohn erhalten. Dem Lehrling sollte nicht mehr aus kleinlichen Beweggründen, etwa weil an seiner Lehrzeit einige Tage fehlten, das Aufrücken in den Gesellenstand ver-

J. J. Pachner von Eggenstorff, Sammlung aller Reichsschlüsse seit 1663, Regensburg 1740, Titelseite

wehrt werden. Die Anfertigung kostspieliger und unnützer Meisterstücke sollte verhindert werden.

An diesen Stand der Diskussion knüpften die Verhandlungen an, die ab 1726 geführt wurden. Vor allem das Städtekollegium versuchte nun, die Lockerungen der Zunftstatuten hinsichtlich des Meisterrechts und der Zunftzugehörigkeit zu verhindern. Solche Bestrebungen liefen darauf hinaus, klagten die Reichsstädte, den auf dem Lande ansässigen unzünftigen Handwerkern und „Pfuschern" zum Schaden der Zünfte die städtischen Märkte zu öffnen. Hinter diesem Argument verbarg sich das traditionelle Ziel städtischer Wirtschaftspolitik, das lokale Handwerk vor auswärtiger Konkurrenz zu schützen. Freilich drangen die Städte mit ihrem Anliegen nicht durch. Die Mehrheit des Reichstages beharrte nicht allein auf der Entscheidung von 1672, Fachkräften auch gegen den Willen der Zünfte die Ausübung eines Handwerks zu gestatten. Sie ging in der Zunftordnung von 1731 sogar noch einen Schritt weiter und erklärte die Beschränkung der Meisterstellen durch die Zunft sowie die Begrenzung der Gesellenzahl, insbesondere „bei einem vorzüglich fleißigen und geschickten, auch darum gar billig häuffigere Arbeit bekommenden Meister", kurzerhand zu Mißbräuchen, die abgestellt werden sollten. Mit dieser Begründung bekannte sich der Reichstag entgegen dem Gleichheitsprinzip der Zunft zu einem Leistungswettbewerb.

Die Zunftordnung von 1772 eröffnete den Zugang zum Arbeitsmarkt weiter. Die Mehrheit in den drei Kollegien gelangte zu der Überzeugung, daß namentlich in den Textilgewerben „die Weibs Personen ebenmäßig Hand anlegen können". Hinter dieser Erkenntnis steckte die Nachfrage nach „billigen" Arbeitskräften, welche die Manufaktur, die für den Merkantilismus typische Organisationsform des Gewerbes, entfaltete. Frauen stellten sich bei der Anfertigung von Textilien nicht allein geschickt an, sie erhielten obendrein einen geringeren Lohn als z. B. ein nach den Regeln der Zunft ausgebildeter Weber- oder Wollwirkergeselle.

Ein weiteres Problem der Reform des Handwerksrechts bildete der Sachverhalt, daß die Zünfte ursprünglich ganzen Bevölkerungsgruppen, den „unehrlichen Leuten", die Ausübung eines Handwerks verschlossen. Dabei handelte es sich um Angehörige verfemter Berufe, zu denen nicht nur Scharfrichter, Schinder und Totengräber zählten, sondern auch Schäfer, Müller und Leineweber. Ebenso war unehelich Geborenen der Zugang zu jedem zünftigen Handwerk versperrt. Die Weigerung der Zünfte, „unehrliche Leute", deren Angehörige und deren Nachkommen in ihre Reihen aufzunehmen, stieß bei merkantilistischen Wirtschaftspolitikern aus zwei Gründen auf Widerwillen. Der Wiederaufbau der zerstörten Gebiete und die Steigerung der Produktivität der Wirtschaft auf das Niveau, welches England, Frankreich und die Niederlande bereits erreicht hatten, erforderte ein großes Reservoir an Arbeitskräften. Verweigerte man andererseits den Angehörigen verfemter Berufe den Zugang zu Handwerk und Gewerbe, so drohte die Gefahr, daß dieser Personenkreis dem Betteln und Vagabundieren anheimfiel, eine Erscheinung, welche die Merkantilisten unbedingt, vor allem durch die Einrichtung der Werk- und Arbeitshäuser, zu beseitigen suchten. Bei seinem

374 Vollständige Sammlung

1732. Ew. Liebden, als ausschreibenden Fürsten Aprilis. des Chur-Rheinischen Creyses mit dem Freund-Vetter- und gnädiglichen Gesinnen und Kayserl. Befehl übersenden, um es von obhabenden Creyß-Ausschreib-Amts wegen in dem Creyß gewöhnlicher massen zu publiciren, und auf den Vollzug des heilsamen Begriffs mit aller Obsicht und Strenge halten zu lassen. Dieses gereicht zu des gemeinen Diensts Besten, und Wir verbleiben Euer Liebden mit ꝛc. Wien den 16ten August 1731.

Beylage sub Lit. B.

Wir Carl der Sechste, von Gottes Gnaden erwählter Römischer Kayser, zu allen Zeiten Mehrer des Reichs, König in Germanien, zu Castilien, Arragon, Legion, beeder Sicilien, zu Hierusalem, Hungarn, Böheim, Dalmatien, Croatien, Sclavonien, Navarra, Granaten, Toledo, Valentz, Gallicien, Majorica, Sevilien, Corduba, Corsica, Murcien, Giennis, Algarbien, Algeziern, Gibraltar, der Canarischen, und Indianischen Inseln, und Terræ firmæ, des Oceanischen Meers, Ertz-Hertzog zu Oesterreich, Hertzog zu Burgund, zu Braband, zu Mayland, zu Steyer, zu Cärnten, zu Crain, zu Limburg, zu Lützenburg, zu Geldern, zu Würtenberg, Ober- und Nieder-Schlesien, zu Calabrien, zu Athen, zu Neopatrien, Fürst zu Schwaben, zu Catalonien, und Asturien, Marggraf des Heiligen Römischen Reichs zu Burgau, zu Mähren, Ober- und Nieder-Laußnitz, gefürsteter Graf zu Habspurg, zu Flandern, zu Tyrol, zu Pfird, zu Kyburg, zu Görtz, zu Artois, Landgraf in Elsaß, Marggraf zu Oristani, Graf zu Goziani, zu Namur, zu Rossillion, und Ceritania, Herr auf der Windischen Marck, zu Portenau, zu Biscaja, und Molins, zu Salins, zu Tripoli, und zu Mechlen. Entbieten N. allen und jeden Churfürsten, Fürsten, Geist- und Weltlichen, Prälaten, Grafen, Freyen, Herren, Rittern, Knechten, und sonst allen andern Unsern, und des Reichs Unterthanen und Getreuen, sodann allen und jeden Unsern, und des Reichs Kriegs-Generalen, Hoh- und Niedern Officieren, und gemeinen Soldaten, zu Roß und Fuß, wie die Namen haben, was Würden, Stand, oder Wesens die seynd, denen dieser Unser Kayserlicher offener Brief, oder glaubwürdige Abschrift davon zu sehen, oder zu lesen fürkommen wird, Unsere Freundschaft, Gnade und alles Gutes, und thun euch hiemit zu wissen: Nachdeme vorgekommen, daß, ob zwar in verschiedenen Reichs-Abschieden, insonderheit aber der eingerichteten Reformation guter Policey, im Jahr 1530. Tit. 39. item 1548. Tit. 36. & 37. sodann 1577. Tit. 37. & 38. wegen Abstellung derer bey denen Handwerkern insgemein sowohl, als absonderlich mit denen Handwerks-Knechten, Söhnen, Gesellen, und Lehr-Knaben eingerissenen Mißbräuche, allbereits gar heilsame Fürsehung geschehen, solchem aber nicht allerdings nachgelebt worden, auch nach und nach deren mehr andere bey vorgemeldten Handwerkern eingeschlichen: Als ist vor nöthig erachtet worden, obgedachte Satzungen, und was wegen der Handwerker im jüngsten Reichs Abschied de Anno 1654. §. Wie nun solches von den Causis mandatorum & simplicis querelæ &c. 106. verordnet, nicht allein zu erneuern, sondern folgender Gestalt zu verbessern, und zu vermehren. I. Sollen im Heil. Röm. Reich die Handwerker unter sich keine Zusammenkünfte, ohne Vorwissen ihrer ordentlichen Obrigkeit, welcher bevorstehet, dazu jemand in ihrem Namen nach Gutbefinden zu deputiren, anzustellen Macht haben, auch an keinem Ort einige Handwerks-Artikel, Gebräuche und Gewohnheiten passiret werden, sie seyen dann entweder von der Landes- oder wenigst jedes Orts dazu berechtigten Obrigkeit (wie dann jedem Reichs-Stand ohnedem nach Gelegenheit der Zeit, der Läufte, und Umstände, Kraft beutzender Regalien, alle Lands-Herrliche Gewalt, und in Ansehung derselben, die Aenderung und Verbesserung der Innungs-Briefe in ihrem Gebiet allweg vorbehalten bleibt) nach vorgängiger genugsamer Erweg- und Einrichtung, nach der Sachen gegenwärtigem Zustand confirmirt, und bekräftiget, hingegen alle diejenige, welche von denen Handwerks Leuten, Meistern, und Gesellen allein für sich und ohne nutgedachter Obrigkeiten Erlaubniß, Approbation, und Confirmation aufgerichtet worden, oder inskünftige aufgerichtet, und eingeführet werden mögten, null, nichtig, ungültig, und unkräftig seyn, wann auch dieselbe im Heil. Röm. Reich, es seye, wo es wolle, sich mit

Reichszunftordnung vom 16. August 1731, Anfang des Textes

Bemühen, die Diskriminierungen der „unehrlichen Leute" auf dem Arbeitsmarkt abzubauen, konnte der Immerwährende Reichstag auf die Reichspolizeiordnung von 1548 zurückgreifen, die in ihrem Titel 37 versucht hatte, den Leinewebern, Barbieren, Badern, Schäfern, Müllern, Zöllnern, Pfeifern und Trompetern sowie deren Kindern den Zugang zum zünftigen Handwerk zu ebnen. Das Reichsgutachten von 1672 wiederholte nun diese Bestimmungen, dehnte sie aber gleichzeitig auf sämtliche Gerichtsdiener, Türmer, Holz- und Feldhüter sowie Totengräber aus.

1680 unternahm Braunschweig-Celle im Fürstenrat einen Vorstoß, um den Untertanen wendischer Abstammung die Aufnahme in die Zunft zu ermöglichen. Der Gesandte Anhalts aber zweifelte offenbar an der loyalen Haltung der Wenden zum deutschen Volkstum, denn er erklärte, der Ausschluß aus den Zünften „in regard der wendischen Geburth" sei „nicht von ohngefehr noch ohne ursach geschehen". Wohl wegen seiner lokalen Bedeutung — die Wenden, auch Sorben genannt, wohnten und wohnen zum Teil noch heute an der Elbe, an der Saale und in der Lausitz — erfuhr dieses für das Zusammenleben von Deutschen und Slawen wichtige Problem jedoch keine reichseinheitliche Regelung, zumal nicht in allen Gebieten im östlichen Mitteldeutschland eine „ostdeutsche zünftische Exklusivität" bestand.

Die Reichszunftordnung von 1731 setzte den Entwurf von 1672 über die „unehrlichen Leute" in Kraft, erweiterte ihn aber wiederum, indem sie auch den Nachtwächtern, Bettelvögten, Gassenkehrern und Bachfegern den Zugang zum zünftigen Handwerk öffnete. Als wesentliche und mutige Neuerung suchte sie ferner den unehelich Geborenen die freie Wahl des Arbeitsplatzes innerhalb des zünftigen Handwerks zu sichern.

Die letzten rechtlichen Beschränkungen für die verfemten Berufe beseitigte die Zunftordnung von 1772. Der Kaiser selbst, Joseph II., ein Vertreter des aufgeklärten Absolutismus, stellte im Rat der Kurfürsten durch den böhmischen Gesandten den Antrag, die Kinder der „Wasenmeister", der Schinder oder Abdecker, zum zünftigen Handwerk zuzulassen. Kurbayern griff diesen Vorschlag auf. Angesichts der noch 1771 im Reichsrecht verankerten Bestimmung, den Kindern der Abdecker erst in der zweiten Generation die Ausübung eines Handwerks zu erlauben, fragte der kurbayerische Gesandte, wovon diese Leute denn dreißig Jahre lang leben sollten, ohne dem „Publico" zur Last zu fallen. Gemeinsam mit Sachsen setzte sich Bayern auch für die freie Berufswahl der Nachkommen der Scharfrichter ein. Der Rat der Kurfürsten forderte daher einen Nachtrag zu dem bereits fertiggestellten Reichsgutachten, der den Kindern von Henkern und Schindern den Weg in das zünftige Handwerk bahnen sollte. Dieser Nachtrag fand die Zustimmung des Fürstenrats, in dem Joseph II. über den österreichischen Gesandten einen entsprechenden Antrag eingebracht hatte. Die zögernde Haltung des städtischen Kollegiums wurde von den Reichsstädten selbst mit erheblichen Bedenken erklärt, die in ihrer inneren Verfassung begründet seien. Nicht wenige Städte fürchteten nämlich, der Schinder, der nunmehr zu jedem Gewerbe zugelassen sei, könnte künftig im Stadtrat unter den „ehrlichen" Bürgern sitzen. Daher

384   Vollständige Sammlung

1732. Aprilis

bergen, damit sie jedermann lesen könne, öffentlich angeschlagen; insonderheit aber denen Lehr-Jungen bey ihrer Loßsprechung deutlich vorgehalten, und sie darüber zu deren künftiger Festhaltung ins Gelübd genommen werden. XV. Schließlichen, und zu desto mehrerer Conformität und steiffer Manutenenz aller in dieser verneuerten und verbesserten Ordnung enthaltener, vorhero reiflich erwogener Puncten und Articfeln, wäre mit denen Benachbarten gute Correspondenz zu halten, und selbige von denen angränzenden Creysen oder Ständen zu ersuchen, daß sie solcher höchst nöthig erneuerten Policey-und heylsamen Ordnung mit beyzutreten, auch ebenmäßig darob zu halten, sich mögten gefallen lassen. Nachdeme auch sonsten insgemein vielfältige Klagen vorkommen, was massen nicht allein die Handwerker, so nicht um den täglichen Lohn arbeiten, sondern ihre Arbeit überhaupt anschlagen, die Leute nach ihrem Gefallen mit der Schätzung ihrer Arbeit übernehmen, sondern auch jedermänniglich durch des Gesinds und der Tagwerker übermäßigen Lohn hoch beschwert wird; Also soll nicht nur ein Creyß-Stand mit dem andern, sondern auch ein jeder Creyß mit einem und andern benachbarten Creyß zu correspondiren, und sich einer billigmäßigen beständigen Tax- und Gesind-Ordnung zu vergleichen haben.

Wie nun alle und jede vorstehende Puncten und Articfeln dieser verneuerten und verbesserten Ordnung, welche zu Aufnehmen und Gedeyen gemeines Nutzens mit Rath, Wissen, und Willen derer Chur-fürsten, Fürsten und Stände des Heil. Röm. Reichs fürgenommen, gebessert und aufgerichtet seynd, Wir solche auch gnädigst gut geheissen haben; Also ist hierauf durch einen jeden Stand des Reichs, weß Würden oder Wesens der wäre, in seinen Gebiethen, durch dessen Statthalter, Vitzthümer, Amtleute, Pfleger und alle seine Bediente und Unterthanen mit aller Obacht und Strenge, sonderlich gegen die Ubertretter dieses Unsers Kayserlichen Gebots und Verbots zu halten, und selbige zu vollziehen. Zu welchem heilsamen Ende diese Unsere Kayserliche Verordnung aller Orten gewöhnlicher massen, ohne Verzögerung zu verkünden, und jedermänniglich bekannt zu machen. Das ist Unser Will und ernstliche Meynung, zu Urkund dieses Briefs besiegelt mit Unserm Kayserl. Insiegel, der geben ist in Unserer Stadt Wien, den 16. Augusti An. siebenzehen hundert, ein und dreyßig; Unserer Reiche, des Römischen im zwanzigsten, des Hispanischen im acht und zwanzigsten, des Hungarisch- und Böheimischen aber im ein und zwanzigsten Jahr.

Carl.

(L. S.)

Vt. J. A. Graf von Metsch.

Ad Mandatum Sacræ Cæsareæ Majestatis proprium.

Freyherr von Glandorf.

CXXXIX.
Kayserliches Commissions-Decret.

Notification von des *Tit.* Herrn Ignatii, und Herrn Johann Friedrich, beeder Freyherren von Otten *Legitimation* zur Chur-Mayntzischen *Principal*-Gesandtschaft und Führung des Reichs-*Directorii in Comitiis.*

Dictatum Ratisbonæ 13. *Junii* 1732.

Der Röm. Kayserl. Majestät Unsers allergnädigsten Herrn Herrn zu gegenwärtigem Reichstag gevollmächtigten höchstansehnlichen Principal - Commissarii, Herrn Frobeni Ferdinand, gefürsteten Landgrafen zu Fürstenberg-Mößkirchen ꝛc. Hochfürstl. Gnaden, thun des H. Röm. Reichs Chur-Fürsten und Stände allhier versammleten fürtrefflichen Räthen, Bothschaften und Gesandten gebührend zu wissen, daß bey Deroselben von wegen des hochwürdigsten Fürsten und Herrn Philipp Carls, des Heil. Stuhls zu Maynz Erz-Bischoffens, des Heil. Röm. Reichs durch Germanien Erz-Canzlern, und Churfürsten sich die wohlgebohrne Herr Ignatius Antonius, und Herr Johann Friedrich Caspar beyde Freyherren von Otten, Vater und Sohn, Ihrer Churfürstlichen Gnaden zu Maynz

Reichszunftordnung vom 16. August 1731, Ende des Textes

strebten die Städte eine Sonderregelung an, die es dem Schinder und seinen Familienangehörigen verwehren sollte, das in einigen Reichsstädten bestimmten Zünften zustehende Recht auf eine Beteiligung am Stadtregiment für sich zu beanspruchen. Gegen den Willen der beiden anderen Kollegien vermochten die Reichsstädte indessen das geplante Gesetz nicht in ihrem Sinne abzuändern. Folglich stimmten auch sie der Gesetzesvorlage zu, die damit in die Zunftordnung von 1772 einging.

Der Erhöhung der Zahl und der Leistungsfähigkeit der Arbeitskräfte dienten ferner die Bemühungen des Reichstags, die Freizügigkeit der wandernden Gesellen, denen eine Wanderzeit je nach Handwerkszweig von drei bis fünf Jahren bindend vorgeschrieben war, im ganzen Reichsgebiet zu sichern. Nach dem Gesetzentwurf von 1672 sollte ein nach den ortsüblichen Satzungen losgesprochener Lehrling im ganzen Reich die Rechte eines Gesellen genießen. Entschloß sich ein Handwerksgeselle vorübergehend außerhalb seines Berufes eine Stellung, z. B. als Diener, anzunehmen, sollte ihm die Rückkehr in sein erlerntes Handwerk ohne Einschränkungen jederzeit offenstehen. Auf den im österreichischen Handwerksrecht eingeführten „Attestationszettel" ging der Gesetzentwurf zurück, der für die wandernden Gesellen im ganzen Reich einheitliche „Handwercks-Attestata" vorschrieb, in denen jeder Meister von der Leistung, der Dauer des Dienstverhältnisses und der Führung seiner Untergebenen „Kundschafft" gab. Die Zunftordnung von 1731 erweiterte dieses „Arbeitsbuch" um einen Befähigungsnachweis, der über die bestandenen Prüfungen Auskunft erteilte, und gestaltete sie außerdem zu einer Art Personalausweis, der die bisher im zünftigen Handwerk vereinbarten Erkennungszeichen wie „Handwercks-Grüße, läppische Redens-Art und andere dergleichen ungereimte Dinge" ablösen sollte.

Ein Koalitions- oder Streikrecht, das die soziale Unterlegenheit der wandernden Handwerksburschen dem Meister oder der Zunft gegenüber hätte ausgleichen können, lag selbstverständlich nicht im Interesse merkantilistischer Wirtschaftspolitiker. Deshalb nimmt es nicht wunder, daß als Antwort auf den Ausstand der Augsburger Schuhmachergesellen noch 1726 ein kaiserliches Patent erging, das den Streikenden strenge Strafen androhte, falls sie nicht alsbald nach Augsburg zurückkehrten und sich dort der Obrigkeit stellten. In den nun folgenden Verhandlungen des Reichstags über die Neugestaltung des Handwerksrechts wurde die Arbeitsniederlegung als Kampfmittel der Gesellen einmütig verworfen. Mit einem deutlichen Seitenhieb auf die Haltung der bayerischen Behörden während des Augsburger Ausstandes, forderte der Fürstenrat ferner, keine Obrigkeit solle streikenden Handwerksgesellen künftig irgendwelche Unterstützung gewähren. Die Zunftordnung von 1731 drohte daraufhin Gesellen, die unter „irgends einigem Prätext" zum Streik aufrufen und einem Aufstand anzetteln, nicht allein „mit Gefängnuß, Zucht-Haus, Vestungs-Bau und Galeeren-Straff", sie sollten vielmehr „auch nach Beschaffenheit der Umstände und hochgetriebener Renitenz, nicht minder würcklich verursachten Unheils am Leben gestrafft werden".

Auch der Brauch der Handwerksgesellen, montags der Arbeit fernzubleiben, wurde im Reichstag diskutiert. Verbote des „Blauen Montag", 1672 und 1731 ausgesprochen,

Arbeitsbescheinigung der Regensburger Küferzunft für einen Küfergesellen, 23. Juli 1776

fruchteten wenig. Einzelne Territorien hatten diese Erfahrung schon viel früher machen müssen. Bei den Verhandlungen über die Mißstände im Handwerk 1771 wurden daher schärfere Maßnahmen gegen diese — aus der Sicht der Arbeitgeber — Unsitte gefordert. Vor allem auf die Initiative Brandenburg-Preußens kam 1771 eine Gesetzesvorlage zustande, die zunächst feststellte, daß als Folge des „Blauen Montag" „... dergleichen Gesellen liederlich und arm, die Meister unvermögender werden, und der Staat eine zwei Monath Arbeit im Jahr verlieret". Deshalb sollte künftig jeder Meister einen ohne Entschuldigung fehlenden Gesellen der Obrigkeit zur Bestrafung anzeigen. Dem Wirt der Gesellenherberge wurde bei Strafe verboten, während der Arbeitszeit Gesellen in der Herberge zu dulden oder ihnen gar Getränke zu verabreichen. Die Zunftordnung von 1772 übernahm diesen Entwurf als Gesetz.

Zu unmittelbaren Eingriffen in die Lohnbildung war der Reichstag freilich nicht in der Lage, schon deshalb nicht, weil die Kosten der Lebenshaltung in den einzelnen Territorien und Reichsstädten unterschiedlich hoch waren. Dennoch verlangten alle drei Kollegien, wohl noch unter dem Eindruck des Augsburger Gesellenstreiks, daß künftig die Reichskreise bei der Aufstellung von Lohnrichtlinien eingeschaltet werden sollten. Deshalb hieß es im Artikel XV der Zunftordnung von 1731: „Also soll ... auch ein jeder Creyß mit einem und anderen benachbarten Creyß zu corresponidren und sich einer billigmäßig-beständigen Tax- und Gesind-Ordnung zu vergleichen haben."

Gerade die reichsrechtliche Regelung des „Blauen Montag" und die Versuche, über Absprachen der Reichskreise das Lohnniveau gemäß den Zielsetzungen merkantilistischer Wirtschaftspolitiker zu stabilisieren, werfen indessen die Frage nach der Wirksamkeit der Reichsgesetzgebung auf. Zunächst ist der weit verbreiteten Auffassung, die in Regensburg gefaßten Beschlüsse hätten nur auf dem Papier gestanden, weil sich die politisch mächtigen Territorialstaaten nicht darum gekümmert hätten, entgegenzuhalten, daß der „Immerwährende Reichstag" eben kein unabhängiges Zentralorgan darstellte, das — vergeblich — versucht habe, den Reichsständen seinen politischen Willen aufzuzwingen. Der Reichstag bildete vielmehr eine Einrichtung, mit deren Hilfe Territorien und Reichsstädte Probleme von überregionaler Bedeutung zu lösen versuchten. Dazu zählten z. B. Fragen des Handwerksrechts, aber auch das Wiederaufbauprogramm, das 1671 als Reichsgesetz verabschiedet wurde, oder die Maßnahmen des Wirtschaftskrieges, die der Reichstag 1675 gegen Frankreich verhängte. Die Verantwortung für die Durchführung der Reichsgesetze oblag jedoch den Exekutivorganen der Reichsstände. So erschien die Reichszunftordnung 1731 und 1732 in allen bedeutenden Territorialstaaten als Verfügung des Landesherrn, wenn auch mitunter im Rahmen eigener Ausführungsbestimmungen. Aus Württemberg z. B. wurde berichtet, daß der Herzog unmittelbar nach dem Inkrafttreten der Zunftordnung alle seine Beamten anwies, jedem Zunftmeister ein Exemplar des Reichsgesetzes auszuhändigen.

Die schrittweise Einführung der Gewerbefreiheit stieß natürlich auf den Widerstand der Zünfte. Doch geht es nicht an, die dabei auftretenden Schwierigkeiten als Beweis für die Ohnmacht des Reichstags zu werten, wie das folgende Beispiel zeigt. Die

Reichszunftordnung, die Kaiser Joseph II. am 30. 4. 1772 ratifizierte, veröffentlichte in Bayern Kurfürst Maximilian bereits am 23. Mai 1772. Sein Nachfolger, Karl Theodor, sah sich jedoch gezwungen, die „Reichskonstitution" über den Zugang zum zünftigen Handwerk am 24. Dezember 1779 erneut einzuschärfen. Da sich die Vertreter der „ehrlichen Gewerbe" auch noch gegen diese „Weihnachtsverordnung" auflehnten, entschloß sich der Kurfürst zu drastischen Maßnahmen. Am 14. März 1781 befahl Karl Theodor, alle Zunftmeister, welche die Aufnahme von Schergen und Gerichtsdienern oder deren Knechten und Kindern verweigerten, seien sofort ins Zuchthaus zu stecken. Zünftige Gesellen, die es ablehnten, neben „unehrlichen Leuten" zu arbeiten, seien hingegen entweder „unter dem Militär auf lebenslänglich obligat zu machen" oder „auf Jahr und Tag in das Arbeitshaus zu sperren".

Die noch heute in wissenschaftlichen Untersuchungen gern zitierte zeitgenössische Abhandlung von J.J. Sieber mit dem Titel „Von den Schwierigkeiten in den Reichsstädten, das Reichsgutachten vom 16. 8. 1731 zu vollziehen" ist mittlerweile als subjektiv gefärbte Darstellung entlarvt worden. Gerade die Reichsstadt Goslar, deren Verhältnisse Sieber als Goslarer Ratssyndikus vor Augen hatte, bemühte sich nämlich, ihr Gewerberecht sofort den Richtlinien des Reichstags anzupassen. Auch andere bedeutende Reichsstädte wie Lübeck, Frankfurt, Nürnberg und Ulm folgten den Vorschriften des Reiches sofort. Als der „ausschreibende" Fürst des Bayerischen Reichskreises im Juli 1772 der Stadt Regensburg die neue Reichszunftordnung übermittelte, ließ der Rat das Gesetz sofort vervielfältigen und verteilte gedruckte Exemplare an alle Handwerksmeister. Welchen nachhaltigen Einfluß die Reichszunftordnung auf die Gestaltung des städtischen Gewerberechts ausübte, geht aus einer Entscheidung des Senats von Bremen hervor, der 1841, also 35 Jahre nach dem Untergang des Heiligen Römischen Reiches, die Gültigkeit der 1731 erlassenen Reichsgesetze in Bremen ausdrücklich bestätigte.

Literaturverzeichnis

Blaich, Fritz, Die Wirtschaftspolitik des Reichstags im Heiligen Römischen Reich. Ein Beitrag zur Problemgeschichte wirtschaftlichen Gestaltens, Stuttgart 1970.
Ders., The Influence of Mercantilist Growth Theory upon German Economic Policy after the Thirty Years War, in: Proceedings of the International Economic History Associations Conference 1970, Bd. 1, Leningrad 1970, S. 57–69.
Ders., Art. „Merkantilismus", in: Handwörterbuch der Wirtschaftswissenschaft, Bd. 5, Stuttgart usw. 1979.
Bog, Ingomar, Der Reichsmerkantilismus. Studien zur Wirtschaftspolitik des Heiligen Römischen Reiches im 17. und 18. Jahrhundert, Stuttgart 1959.
Fischer, Wolfram, Handwerksrecht und Handwerkswirtschaft um 1800. Studien zur Sozial- und Wirtschaftsverfassung vor der industriellen Revolution, Berlin 1955.

Fröhlich, Sigrid, Die Soziale Sicherung bei Zünften und Gesellenverbänden. Darstellung, Analyse, Vergleich, Berlin 1976.
Fürnrohr, Walter, Kurbaierns Gesandte auf dem Immerwährenden Reichstag. Zur baierischen Außenpolitik 1663 bis 1806, Göttingen 1971.
Kreutzberger, Eberhard, Das Gewerberecht der Reichsstadt Goslar im 18. Jahrhundert und der Reichsschluß von 1731, Diss. Saarbrücken 1959.
Meyer, Moritz, Geschichte der preußischen Handwerkerpolitik. Nach amtlichen Quellen. 2 Bände, Minden 1884, 1888. Nachdruck: Glashütten im Taunus 1972.
Proesler, Hans, Das gesamtdeutsche Handwerk im Spiegel der Reichsgesetzgebung von 1530 bis 1806, Berlin 1954.
Rall, Hans, Kurbayern in der letzten Epoche der alten Reichsverfassung 1745–1801, München 1952.
Reiser, Rudolf, Barockzeit in Regensburg, in: Castra Regina Jubiläumsjahr 1979, Jubiläumsbeilage der Regensburger Zeitung „Die Woche".
Welge, Hans-Dieter, Handwerkerrecht und Handwerkerpolitik der braunschweig-lüneburgischen Lande von 1648 bis 1731 und die Reichszunftordnung, Diss. Saarbrücken 1962.
Zorn, Wolfgang, Artikel „Zünfte", in: Handwörterbuch der Sozialwissenschaften, Bd. 12, Stuttgart usw. 1965.

Karl Heinz Göller

Sir George Etherege und Hugh Hughes als englische Gesandte am Reichstag

Von den äußeren Lebensumständen Sir George Ethereges (1635?-1692?) wissen wir nicht allzu viel — nicht einmal Ort und Zeit seiner Geburt und seines Todes sind bekannt.[1] Er gilt als einer der bedeutendsten englischen Komödienautoren der Restauration (engl. „restoration", Wiederherstellung der Monarchie im Jahre 1660, als Epochenbegriff benutzt für die Herrschaftszeit Charles' II., 1660-1686, sowie der auf ihn folgenden Herrscher bis zum Regierungsantritt von Königin Anna, A.D. 1702). Der Literatur dieser Zeit hat er seinen Stempel aufgedrückt.

1) Die Werke Ethereges
Dramen
A. Norman Jeffares, ed., Restoration *Comedy*, London and Totowa, N.J., 1974. H.F.B. Brett-Smith, ed., *The Dramatic Works of Sir George Etherege,* Oxford 1927, repr. 1971. Beste Einzelausgabe des *Man of Mode:* John Connaghan, ed., George Etherege, *The Man of Mode,* Edinburgh 1973; mit guter kritischer Einleitung und Bibliographie.
Gedichte
James Thorpe, ed., *The Poems of Sir George Etherege,* Princeton U.P. 1963.
Briefe
Sybil Rosenfeld, ed., *The Letterbook of Sir George Etherege,* Oxford 1928, zukünftig zitiert als *Letterbook*; Frederick Bracher, ed., *Letters of Sir George Etherege,* Los Angeles and London 1974, mit zahlreichen Anmerkungen und Kommentaren sowie guter Einführung; zukünftig zitiert als *Letters.*
Zu Person und Werk Ethereges sowie zur Restoration Comedy:
Vincenz Meindl, *Sir George Etherege: Sein Leben, seine Zeit und seine Dramen,* Wiener Beiträge zur Englischen Philologie, 14, Wien und Leipzig 1901; Edmund Gosse, „Sir George Etherege", *Seventeenth Century Studies,* London 1913, p. 259-298; Bonamy Dobrée, *Restoration Comedy,* Oxford 1924; idem, „His Excellency Sir George Etherege", *Studies in Biography,* 1680-1726, Oxford 1925; Eleanor Boswell, „Sir George Etherege", *Review of English Studies,* 7 (1931), 207-209; Frances Smith McCamic, *Sir George Etherege: A Study in Restoration Comedy,* Cedar Rapids, Iowa 1931; Dorothy Foster, „Sir George Etherege", *RES,* 8 (1932), 458 f.; Sybil Rosenfeld, „Sir George Etherege in Ratisbon", RES, 10 (1934), 177-189; L.C. Knights, „Restoration Comedy: The Reality and the Myth", *Explorations,* London 1946; John Harold Wilson, *The Court Wits of the Restoration,* New York 1948, repr. 1967; Sybil Rosenfeld, „The Second Letterbook of Sir George Etherege", *RES,* NS 3 (1952), 19-27; Allardyce Nicoll, *A History of English Drama: 1660-1900,* Cambridge 1952, Vol. I, 181-283; T.H. Fujimura, *The Restoration Comedy of Wit,* Princeton 1953; Dale Underwood, *Etherege and the Seventeenth Century Comedy of Man-*

In den Geschichten der englischen Literatur wird Etherege gemeinhin als Mitbegründer der Comedy of Manners (= Sittenkomödie) bezeichnet. Über den Realitätsbezug dieser Gattung streiten sich die Philologen noch heute. Was wir über Ethereges Regensburger Tätigkeit wissen, wirft aber auch Licht auf die spezifische Welt der Komödie der damaligen Zeit, die er mitgeschaffen hatte und in der er lebte. In seinen Dramen und den vielen hundert Briefen aus Regensburg an Vorgesetzte und Freunde beschreibt Etherege gekonnt und geistreich die schillernde Oberfläche einer uns entfernten Gesellschaft; selbst aus modischen Kleinigkeiten wie dem Schnitt der Kleidung konnte er auf den Charakter des Trägers schließen. Seine Sittengemälde sind daher gleichzeitig Satire der Zeit.

Etherege war somit keineswegs ungeeignet oder unbegabt für die verschiedenen politisch-diplomatischen Missionen, mit denen er vom Hof betraut wurde. Vom 23. November 1685 bis Januar 1689 war Etherege Gesandter (*envoy*) in Regensburg und (inoffizieller) Bevollmächtigter beim Reichstag. Er kannte sich in allen Schichten der Bevölkerung aus, vertraulichen Umgang pflog er mit Adligen, Geistlichen, Schauspielerinnen und Hausangestellten. Aber ihn kümmerte weniger das Wesen der Menschen als deren unterhaltsame Darstellung. Die Verbindung von Detailtreue mit intellektueller Darstellungslust und -kunst resultiert in einer ebenso zeitentrückten wie -typischen Weltsicht. Sie ist gekennzeichnet durch Toleranz, heitere Gelassenheit sowie Galanterie und Grazie.

Mehrere Autoren haben betont, daß Restaurationskomödie im Grunde nur in London möglich war, da sie eine ganz bestimmte Atmosphäre, einen Weltstadt-Hintergrund voraussetzte, um sich entfalten zu können. Etherege hat das verschiedentlich selbst festgestellt. Er hatte nichts gegen Regensburg, wußte aber ganz genau, daß man

---

ners, Yale Studies in English, 135, New Haven 1957; Vivian de Sola Pinto, *The Restoration Court Poets*, Writers and their Work, 186, London 1965; William Van Lennep, ed., *The London Stage*, Introduction, 1660–1700, Carbondale, 1965, p. 21–175; J. Loftis, *Restoration Drama. Modern Essays in Criticism*, New York 1966; Frederick Bracher, „The Letterbooks of Sir George Etherege", *Harvard Library Bulletin*, 15 (1967), 238–245; idem, „Sir George Etherege and his Secretary", *ibid.*, 331–344; idem, „Etherege as Diplomat", *ibid.*, 17 (1969), 45–60; D. Krause, „The Defaced Angel: A Concept of Satanic Grace in Etherege's *The Man of Mode*", *Drama Survey*, 7 (1969), 87–103; K. Muir, *The Comedy of Manners*, London 1970; Virginia Ogden Birdsall, *Wild Civility: The English Comic Spirit on the Restoration Stage*, Bloomington, Ind. 1970, hier: Chap. 4, „The Man of Mode", p. 77–104; Ronald Bergman, „The Comic Passions of *The Man of Mode*, *Studies in English Literature*, 10 (1971), 459–468; Robert D. Hume, "Reading and Misreading *The Man of Mode*, *Criticism*, 14 (1972), 1–11; Harold Clifford Brown, Jr., „Etherege and Comic Shallowness", *Texas Studies in Literature and Language*, 16 (1975), 675–690; D.L. Hirst, *Comedy of Manners*, London 1979; Elisabeth Fendl, „Die Feierlichkeiten anläßlich der Geburt des Englischen Thronfolgers 1688", in: Karl Möseneder, ed., *Feste in Regensburg*, Regensburg 1986, S. 259–262; K.H. Göller, „Sir George Etherege in Diplomatischer Mission in Regensburg: Die Julia-Affaire vor 300 Jahren", *Regensburger Alamanach 1987*, Regensburg 1986, S. 249–256.

auf eine ihm kongeniale Weise nur in London leben konnte, unter gleichgesinnten Freunden, die etwas von der Lebensart des „wit"[2] verstanden.

Dennoch hat sich Etherege in Regensburg nicht so unwohl gefühlt, wie man eigentlich erwarten sollte. Für seinen Lebensstil war die High Society von Whitehall offenbar keine unabdingbare Voraussetzung. Er führte in Regensburg eine Art Restaurationskomödie auf, die sich nur dadurch von den englischen Komödien der Zeit unterschied, daß er selbst als einziger „wit" den Tausenden von Regensburger „would-be-wits" gegenüberstand. Beobachter der damaligen Szenerie haben festgestellt, daß Etherege dabei keine schlechte Figur gemacht hat.

Weniger positiv wird Etherege von den meisten Autoren des 20. Jahrhunderts gesehen. Er gilt als libertinistischer, exzentrischer Stutzer („fop"),[3] der nur aufgrund schlimmer Fehleinschätzung seiner Fähigkeiten und Neigungen von Jakob II. zum englischen Geschäftsträger beim Reichstag gemacht werden konnte. Sir Leslie Stephen bringt das gängige Bild im Lexikon für englische Nationalbiographie (*Dictionary of National Biography*) auf die folgende Formel: „Im Jahre 1685 wurde er von Jakob II. nach Regensburg geschickt. Er verbrachte dort drei Jahre mit Glücksspielen (gambling), berichtete Stadtklatsch nach London, brachte sich in Schwierigkeiten, indem er eine Schauspielerin trotz der sozialen Vorurteile der Deutschen protegierte, hielt sich Musiker in seinem Haus und bettelte ständig um Theaternachrichten aus London" (*DNB*, „Sir George Etherege", vol. VI, S. 908).

Für dieses stereotype Bild Ethereges gibt es zwei Quellen. Zunächst einmal hat sich Sir George selbst als amoralischen Dandy und Epikuräer stilisiert. Er spielte in London, und fatalerweise auch in Regensburg, die Rolle des *wit* in der Restaurationskomödie, und selbst die des *fop* hat er nicht verschmäht. Auf diese Art konstruierte er bewußt und konsequent einen Typus seiner selbst, den ihm Freunde und Feinde nur zu bereitwillig abnahmen.

Die zweite, ebenso wichtige Quelle sind die Berichte von Ethereges Sekretär (1685–1689) und Amtsnachfolger Hugh Hughes (1689–1694).[4] Etherege hat bis zum letzten Tag seiner Regensburger Tätigkeit nicht herausbekommen, daß Hughes ein von holländischen Kreisen beauftragter und bezahlter Spion war. Auch Hughes spielte in Regensburg eine Rolle: die des sittenstrengen kalvinistischen Eiferers.

---

2) *wit:* „a person of lively fancy, who has the faculty of saying smart or brilliant things; a witty person, 1692" (*Shorter Oxford Dictionary*). („ein Mensch mit lebhafter Phantasie, der die Fähigkeit hat, geistreiche oder brillante Dinge zu formulieren; eine Person von Witz und Verstand").
3) *fop:* „one who is foolishly attentive to his appearance, dress, or manners; a dandy, an exquisite, 1672" (ebd.). („ein oberflächlicher Mensch, dessen Lebensinhalt darin besteht, Erscheinung, Kleidung und Benehmen dem jeweils letzten Schrei anzupassen; ein Stutzer, Geck, ein eitler Fant, eine gezierte Person"). Ältere Bedeutung: „Narr" (vgl. deutsch „jemanden foppen").
4) Vgl. D.B. Horn (ed.), British Diplomatic Representatives, 1689–1789, Camden 3rd ser., vol. 46, London 1932, S. 40.

Etherege und Hughes paßten zusammen wie Feuer und Wasser. Wenn Etherege sich Hughes als Sekretär ausgesucht hätte, verriete das Mangel an Menschenkenntnis, einer für Diplomaten besonders wichtigen Eigenschaft. Es gibt aber Gründe für die Annahme, daß Hughes ein Oktroi des Dienstherrn war. Hughes hatte nämlich unter zwei Vorgängern Middletons (Sir Leoline Jenkins und dem Grafen Godolphin) im Büro des Staatssekretärs gearbeitet. Außerdem war der dienstälteste Untersekretär dieses Amtes, Dr. Owen Wynne, Hughes Schwager. Hughes selbst stellte in einem lateinisch geschriebenen Brief fest, daß ihm der Posten des Sekretärs bei Etherege durch Wynne vermittelt worden sei.[5]

Beide Quellen des Etherege-Bildes sind im Sinne der modernen Forschung zur Perspektiven-Technik unzuverlässig und interpretationsbedürftig. Es scheint mir daher notwendig, die perspektivisch bedingten Verzerrungen des Etherege-Bildes zu analysieren und zu glätten, damit wir den Menschen und den Politiker richtig und umfassend erkennen und verstehen können.

Hugh Hughes ist dabei nur als negativer „Watson" für uns von Interesse. Während nämlich Dr. Watson seinen Freund Sherlock Holmes zu einer fast mythischen Figur sublimierte, stellte Hugh Hughes seinen Dienstherrn Etherege aus niedrigen Beweggründen als Libertin dar. Da Hughes weder als Diplomat noch als Mensch Interesse für sich beanspruchen kann, spielt er im Rahmen meiner Untersuchung nur die Rolle, die er auch in Regensburg spielte, die des Informanten. Im Mittelpunkt des Interesses steht Sir George Etherege. Ich werde zu zeigen versuchen, daß Etherege bei aller Frivolität und moralischen Indifferenz ein pflichtbewußter Diplomat und Politiker war, seinem König mit geradezu religiöser Frömmigkeit und Treue ergeben.

Während seiner knapp dreieinhalbjährigen Tätigkeit in Regensburg (23. Nov. 1685 — Jan. 1689) schrieb Etherege mehrere hundert Briefe und einige wenige Versepisteln, aber nur einen einzigen zusammenhängenden Bericht über Ereignisse in Regensburg, und zwar über die Feierlichkeiten am 25. Juli 1688 anläßlich der Geburt des Prince of Wales (* 10. Juni 1688), des späteren „alten Kronprätendenten" (*Old Pretender*). Dieser z.T. in der Handschrift Ethereges erhaltene Bericht ist nicht nur für unsere Kenntnis der geselligen Gepflogenheiten des Reichstags von Bedeutung; er verhilft auch zu einem besseren Verständnis der Persönlichkeit und des geistigen Habitus des englischen Dramatikers und Diplomaten. Oberflächlich betrachtet spricht es nicht gerade für das Berufsethos Ethereges, wenn er so ausführlich und mit solchem Gusto über eine Geburtstagsfeier, nicht aber über politische Probleme des Reichstags berichtet; bei genauerer Untersuchung aber erweisen sich scheinbar originelle oder gar exzentrische Einfälle als Bestandteile eines reichsstädtisch-regensburgischen Rituals, dem sich Ethe-

---

5) Vgl. Bracher, „Sir George Etherege", S. 338.

rege unterwarf und das er als Teil seiner Berufspflichten ansah. Betrachten wir unter diesem Gesichtspunkt zunächst den Bericht.[6]

Etherege behauptet eingangs, daß alle frommen und ehrlichen Leute in Regensburg der Geburt des englischen Prinzen mit Ungeduld und Spannung entgegengesehen hätten. Der katholische Jakob II. war 1685 als Nachfolger seines Bruders Karl II. (der erst auf dem Totenbett konvertierte) englischer König geworden. Das erklärte Ziel des bereits über fünfzigjährigen Monarchen war es, England zu rekatholisieren und den Fortbestand einer katholischen Stuart-Dynastie zu sichern. Starb Jakob ohne männlichen Erben, so ging die Krone auf seine protestantische Tochter Maria aus erster Ehe über, die mit dem Generalstatthalter der Niederlande, Prinz Wilhelm von Oranien, verheiratet war.

Katholizismus war für die meisten Engländer seit Maria der Katholischen gleichbedeutend mit Papismus, Tyrannei und finsterem Aberglauben. Bereits unter Karl II. hatte sich um Wilhelm von Oranien ein Zirkel von protestantischen Exilengländern gebildet, die von Holland aus die Thronfolge Wilhelms und Marias betrieben. In England hätte man Jakob — vor allem aufgrund seines fortgeschrittenen Alters — wahrscheinlich gewähren lassen; Rückhalt boten ihm die Anglikanische Hochkirche und die „konservative" Tory-Partei. Seine psychologisch ungeschickte Rekatholisierungspolitik jedoch trieb selbst Bischöfe und Tories ins Lager seiner Feinde, der „liberalen" Whigs. Die von den Königstreuen kaum noch erhoffte Geburt des Prinzen James Francis Edward besiegelte schließlich das Schicksal des Königs.

Etherege wartete tagelang mit wachsender Erregung auf die Nachricht aus England. Schließlich kam Post aus London an. Das Personal beobachtete mit Spannung, wie der Hausherr den Brief las, in dem ihm die Geburt des Prince of Wales mitgeteilt wurde. Etherege konnte die frohe Botschaft keine Minute zurückhalten, sie verbreitete sich wie ein Lauffeuer. Typisch für das Betriebsklima im Hause Etherege ist das Verhalten der Dienerschaft: ohne irgendeine Anweisung erhalten zu haben, stürmten sie in den Keller und begannen zu feiern — offenbar zur tiefsten Befriedigung des Hausherrn. Danach verbreitete Etherege die freudige Nachricht durch seinen Sekretär bei den Mitgliedern der kaiserlichen Kommission (*Imperial Commission*) sowie bei den restlichen Gesandten des Reichstages, die entweder in eigener Person oder durch die Haushofmeister ihre Glückwünsche überbrachten. Besonders aufgeregt kam Placidus Fle-

---

6) Abgedruckt bei Bracher, *Letters,* Appendix II, S. 279 – 285, ferner bei Rosenfeld, *Letterbook,* S. 368 – 376. Der Bericht wurde schon 1688 von Edward James gedruckt. Ein Exemplar der gedruckten Version befindet sich in der Bodleiana. Ein Teil des Ms. ist in Ethereges eigener Handschrift geschrieben (ab: „so great a solemnity"). Vgl. Bracher, „The Letterbooks". Bracher ist davon überzeugt, daß das *British Library Letterbook* (von Rosenfeld herausgegeben) nicht für Etherege gedacht war: „ ... it is highly unlikely that he ever saw it" (siehe: Bracher, „Sir George Etherege", S. 331).
Vgl. Elisabeth Fendl, „Die Feierlichkeiten anläßlich der Geburt des englischen Thronfolgers 1688", in: Karl Möseneder, ed., *Feste in Regensburg,* Regensburg 1986, S. 259 – 262.

ming, Abt des Schottenklosters St. Jakob, angerannt; nach emotionsgeladener gegenseitiger Beglückwünschung überlegten die beiden Königstreuen, wie man in Regensburg ein solch bedeutsames Ereignis angemessen feiern könne.

Interessant sind die Prämissen, über die sich die beiden zunächst Rechenschaft ablegten: „Wir gingen davon aus", so sagt Etherege, „daß wir uns in einer Stadt befanden, die den allgemeinen Reichstag ... beherbergte, eine Institution, die sozusagen im Herzen der Christenheit ihren Sitz hat ("... which is held in a manner in the heart of all Christendom", *Letterbook*, S. 369), wo Feste und öffentliche Feiern anläßlich der Krönung von Kaisern und der Wahl römischer Könige stattfanden; wo es mehr Gesandte (*ministers*) gibt als an den Höfen der größten Monarchen, die Nachrichtendienste in allen Teilen der Welt unterhalten ..." (*Letterbook*, S. 369).

Die beiden Königs-Anhänger kamen zu dem Ergebnis, daß sie die Geburt des Thronfolgers in einer der Majestät des Königs und der Ehre der Nation angemessenen Weise zu feiern hätten. Der Abt übernahm den religiösen, Etherege den weltlichen Teil der Feier. Zum Tedeum in der Jakobskirche wurden alle Würdenträger des Reichstags eingeladen. Um vier Uhr morgens eröffneten 24 Böllerschüsse das Fest. Danach begannen die liturgischen Feiern in der Schottenkirche, die bis 12 Uhr dauerten. Die Festpredigt hielt der Jesuit Laurentius Beer. Danach fand ein vom Weihbischof Graf Wartenberg[7] (aus dem Hause Wittelsbach) zelebriertes Hochamt statt, an dem alle Mitglieder des Reichstages, römische Katholiken, Reformierte und andere Denominationen teilnahmen. Der Markgraf Hermann von Baden, als Prinzipalkommissar Stellvertreter des Kaisers beim Reichstag, und der Konkommissar Graf von Windischgrätz hatten Trompeten und Zimbeln zur Verfügung gestellt, der Abt hatte die besten Chöre und Orchester aus der Stadt zur feierlichen Umrahmung des Gottesdienstes verpflichtet.

Vor seinem Hause, am heutigen Arnulfsplatz 4, der zur Zeit Ethereges „unterer Jakobsplatz" genannt wurde,[8] hatte Etherege zwei Holzhäuser aufbauen lassen. Das eine diente als Küche, in der ein ganzer Ochse gebraten wurde, was in Regensburg nur anläßlich der Krönung eines Kaisers üblich war. Bei dem anderen Haus handelte es sich um eine dreieckige Triumphpyramide, deren Spitze mit einer Kaiserkrone geschmückt war. Auf einer Empore spielte ein Oboenorchester. Darunter befand sich ein künstlicher Felsen, dekoriert mit den Bannern von England, Schottland, Frankreich und Irland. In den Ecken des Raumes sah man drei lebensgroße, holzgeschnitzte Tiere, zwei

---

7) Die Grafen von Wartenberg entstammten einer ehelichen Verbindung zur linken Hand (1588) des Bruders von Herzog Wilhelm V. von Bayern. Die Familie erlosch 1736. Für Regensburg bedeutsam ist durch seine historischen Schriften Graf Albert Ernst von Wartenberg (1635–1715), ab 1688 Weihbischof von Regensburg. Bekannt wurde er vor allem durch seine Ausgrabungen unter der Maria-Läng-Kapelle und seine weitreichenden Spekulationen über den Besuch von St. Petrus und Paulus in Regensburg. Vgl. Hans K. Ramisch, *Kunstführer Maria-Läng-Kapelle*, München 1967; ³1989, S. 2–6.
8) C. Gumpelzhaimer, *Regensburgs Geschichte, Sagen und Merkwürdigkeiten*, Regensburg 1830–1838, III, S. 1418. Vgl. Letters, S. 196.

Löwen und ein Einhorn, als Wappentiere Englands und Schottlands. Aus den Mäulern der Löwen und dem Horn des Einhorns floß Wein. Über dem Ensemble thronte der Gott Bacchus mit der Inschrift: Nunc est bibendum, nunc pede libero / pulsanda tellus.

Für das Festessen hatte Etherege im Umkreis von dreißig englischen Meilen alles Wildbret und Geflügel aufgekauft. Dreimal wurden für je 45 geladene Gäste 52 verschiedene Gerichte serviert. Gleichzeitig mit dem ersten Gang wurde draußen die hölzerne Küche eingerissen. Die Menge machte sich über den Ochsen her und belagerte den Weinbrunnen. Zwanzig Dutzend Brote wurden unter das Volk geworfen. Ferner ließ Etherege elf *omers* Wein ausschenken, eine etwas kryptische Mengenangabe.[9] Ich nehme an, daß Etherege hier — wie übrigens oft bei den Entfernungsangaben — eine deutsche Maßeinheit benutzt. Ein „Eimer" entspräche dann etwa 70 l, so daß Etherege insgesamt 770 l ausgeschenkt hätte.

Am zweiten Tag lud Etherege die Damen und Herren aus Stadt und Umgebung zu sich ein. Als alle im Hause versammelt waren, ließ Etherege 400 Silberstücke kommen und warf zwei oder drei Handvoll unter das arme Volk, das sich wiederum vor Ethereges Residenz eingefunden hatte. Dann gab er jeder Dame eine Handvoll und forderte sie auf, es ihm nachzutun.[10] Natürlich gab es draußen eine furchtbare Rauferei. Aber selbst dafür hatte Etherege vorgesorgt: An den Fenstern waren Diener postiert, die 300–400 Knallfrösche in die Menge warfen, was, wie Etherege bemerkt, eine „wunderbare Wirkung" hatte und viel Gelächter auslöste. Danach wurde das Haus von außen durch eine große Zahl von Wachsfackeln in kunstvollen Haltern und von innen durch sämtliche Lüster und Leuchter illuminiert. Das Bankett dauerte bis zwei Uhr morgens. Gegen Ende wurden auch die Bürgerfrauen und die Zimmermädchen, die bis dahin nur Zuschauer gewesen waren, als Gäste einbezogen, so daß Etherege an diesem Tage gut 400 Leute in seinem Haus bewirtete.

Am dritten Tag lud Etherege den Magistrat und den Rat der Stadt zu sich ein. Die Bewirtung war so köstlich, daß die Regensburger Würdenträger zugeben mußten, nie-

---

9) „Omer" und „Homer" finden sich nicht in: Ronald Edward Zupko, *A Dictionary of English Weights and Measures*. From Anglo-Saxon Times to the Nineteenth Century, Madison 1968. Darin: omber, ombor, ombra, — Amber; vessel, pail, von Gmc L'aphora, Maß für Korn und Flüssigkeiten, enthält 4 bushels, ca. 1,41 hl.
Omer wird nach dem *Oxford English Dictionary* manchmal „homer" geschrieben und daher oft mit diesem sehr viel größeren Maß verwechselt. Dieses hebräische Maß entspricht 80 Gallonen oder 352,3 l. Beide Maße kommen nicht in Betracht — das eine ist zu klein, das andere zu groß. Etherege dachte vielleicht an das englische *omber,* ein für Korn und Flüssigkeiten benutztes Maß von etwa 141 l. Die sich daraus ergebende Ausschankmenge für den ersten Tag der Feierlichkeiten (1 551 l) erscheint mir zu hoch.
Die Flüssigkeitsmaße variierten in den deutschen Landschaften stark voneinander. Auch in Regensburg wurden verschiedene Eimermaße unterschieden. Prof. Dr. Matzel verwies mich auf Wiltrud Eikenberg, *Das Handelshaus der Runtinger in Regensburg,* Göttingen 1976, S. 286 f.
10) Aus dem Fenster dem „pövel" Geld zuzuwerfen, gehörte offenbar zum Ritual eines größeren Festes. Der Graf von Windischgrätz warf bei der Feier der Einnahme von Buda den Gegenwert von 10 Kronen aus dem Fenster. Auch das Ausschenken von Wein war üblich. Vgl. *Letters,* S. 64.

mals zuvor ähnliches gesehen und erlebt zu haben. Nachdem bereits große Mengen Weines ausgeschenkt worden waren, schlug Etherege vor, daß alle nach Hause gehen und die Ehefrauen zum Tanz holen sollten. Einige stimmten freudig zu und begaben sich nach Hause, die meisten aber schützten vor, daß ihre besseren Hälften sich so schnell und ohne Vorwarnung nicht umziehen könnten — und tranken weiter. Wiederum wurde der draußen gaffenden Menge Wein ausgeschenkt, und alle tranken auf das Wohl der englischen Majestäten und des Prince of Wales. Etherege leerte drei der größten im Hause greifbaren Humpen auf den Magistrat. Der Rat der Stadt revanchierte sich, indem er Etherege die Bezahlung des Pulvers für die Böllerschüsse erließ, was Etherege aber nicht akzeptierte — dies war s e i n e Feier, und gerade die Böller waren ein bedeutsamer Teil des Saluts und der Huldigung an den Thronfolger. Auf das eigentlich vorgesehene Brillantfeuerwerk mußte Etherege verzichten, da sich das Arsenal mit dem Pulvermagazin in unmittelbarer Nähe seines Hauses befand.[11]

Aus Ethereges glänzend geschriebenem Bericht erkennen wir, wieviel Spaß ihm die Sache gemacht hat und wie sehr er sich mühte, den Geburtstag des Prinzen zu einem Fest *á la mode* zu machen. Die Gestaltung der Feier wirkt originell und einfallsreich, ja sogar kongenial im Sinne der Restaurationskomödie. Für mich war es daher eine Überraschung und eine Enttäuschung, daß die Geburtstagsfeier bis in die Einzelheiten einem offenbar in Regensburg üblichen Zeremoniell folgt. So sehr Etherege sonst Etikette und Förmlichkeit der Reichsstadt verachtete und schmähte: zumindest in dieser Angelegenheit tat er genau das, was man erwartete.[12] Das Bankett und die Abstufung der Stände bei den aufeinanderfolgenden Einladungen waren offenbar protokollarisch festgelegt, die Illumination des Hauses war ebenso üblich wie das Oboenorchester, die Wappen und Banner ebenso wie klassische Sprüche, die Ehrenpforte ebenso wie das Feuerwerk. Selbst die scheinbar von Etherege aufgesetzten Glanzlichter sind wahrscheinlich topischer Natur. So wurde schon 1667 anläßlich des Friedensschlusses zwischen England und den Holländischen Generalstaaten aus einem eigens zu diesem Zweck errichteten hölzernen Brunnen mit „sich herausstreckenden Armen, in Händen

---

11) Die Gesamtkosten des Festes betrugen £ 350. Mit Brief vom 20. Dezember 1688 teilte Etherege seiner Dienststelle mit, daß ihm diese Sonderausgaben noch nicht erstattet worden seien, ja, daß er nicht einmal das letzte Jahresgehalt empfangen habe. Da er in der vierten Januarwoche 1689 nach Paris abreiste und erst danach Zahlungen in Regensburg eintrafen (die Hughes beschlagnahmte), müssen wir annehmen, daß Etherege das Fest aus eigener Tasche bezahlt hat.
12) Zum Vergleich sind ähnliche Festbeschreibungen heranzuziehen, etwa: *Von dem Holländischen Herrn Abgesandten gehaltenen Freuden-Fest* und künstlich Geworffenen Feuerwercks so in dero Kaiserlichen freyen Reichsstadt Regenspurg gehalten worden / den 16. Alten 26. Neuen Octobris / dises 1667sten Jahrs. Über den Glücklich vollzogenen Frieden zwischen Ihro Königl. Mayjest. in Engelland & denen Hochmögenden Herrn Staaden & (Regensburg o.J., 1667?). In: Scottish National Library, D.C., m. 6 (II [1 – 2]).*Beschreibung der Solennitäten* / womit des Hochfürstlich Braunschweig-Lüneburg-Zellischen Herrn Abgesandtens Excellentz das Fest der Römisch-Königlichen Vermählung in Regensburg celebriret (Regensburg o.J., 1699?). In: Scottish National Library, D.C. m. 6 (II [1 – 2]).

einen Bund Pfeile haltend" roter und weißer Wein an das gemeine Volk auf der Gasse ausgeschenkt, allerdings nur sieben oder acht *Aymer*. Der Hochfürstlich Braunschweigisch-Lüneburg-Zellische Abgesandte ließ anläßlich der Vermählung des Römischen Königs bei einem ganz ähnlich beschriebenen Fest „dem versammelten Pövel eine gute Quantität Geldes" aus dem Fenster zuwerfen. Wenn es um das Ansehen seines Königs ging, das können wir aus alldem entnehmen, hielt sich Etherege durchaus an die Konvention.[13]

Etheregees Verhältnis zur Tagesarbeit als resident

Etheregees Äußerungen über seine Tätigkeit in Regensburg kann man nur verstehen, wenn man sie vor dem Hintergrund der Auffassung des Adels von Lebensführung und Arbeit sieht. Zum Adel zu gehören, *gentleman* zu sein, bedeutete damals etwas Ähnliches wie nicht für den Broterwerb arbeiten zu müssen, Herr seiner eigenen Zeit zu sein. Wer sich den Lebensunterhalt verdienen mußte, und sei es auch nur durch Stückeschreiben, der gehörte nicht zur vornehmen Gesellschaft (*leisure-class*). Mehrere Dramatiker dieser Zeit betonen, daß sie keineswegs als professionelle Autoren angese-

---

13) Gar so überraschend ist der Konformismus Etheregees in Etikettefragen nicht, wenn wir bedenken, daß Sir George weder *plenipotentiary* (Plenipotentiarius = „Bevollmächtigter") noch *envoy* (Botschafter), im eigentlichen Wortverstand nicht einmal *minister* (Gesandter) war. Er hatte in Regensburg die Funktion eines englischen *resident* (ständigen Vertreters), nahm also den untersten Rang in der diplomatischen Hierarchie ein. Verschiedentlich beklagte sich Etherege darüber, daß er keinen *character* (Rang) habe und daher nicht gleichberechtigt mit den anderen Botschaftern verhandeln könne. Seine Hauptaufgabe war es, Augen und Ohren offenzuhalten und alle ihm bedeutsam erscheinenden politischen Nachrichten zweimal pro Woche an den Staatssekretär Charles Earl of Middleton in Whitehall weiterzuleiten.
Obwohl der Regensburger Posten für politischen Ehrgeiz keinen allzu großen Spielraum ließ, war er sehr begehrt, wie wir aus der umfangreichen Korrespondenz des Dichters Matthew Prior entnehmen können, der gern Etheregees Nachfolger geworden wäre (vgl. L.G. Wickham Legg, *Matthew Prior, A Study of his Public Career and Correspondence*, Cambridge 1921). Auch Etherege hatte Konkurrenten, unter ihnen Abt Placidus Fleming vom Schottenkloster St. Jakob in Regensburg (1672–1720), der sich 1685 vergeblich bemüht hatte, *resident* in Regensburg zu werden, aber trotz der Unterstützung des damaligen Staatssekretärs Sir Leoline Jenkins kein Glück hatte (vgl. Mark Dilworth, *The Scots in Franconia. A Century of Monastic Life*, Edinburgh and London 1974, S. 129; zum politischen Hintergrund siehe Ludwig Hammermayer, „Restauration und 'Revolution von Oben' in Großbritannien", Hist. Jahrbuch, 87 (1967), S. 26–90). Der Posten in Regensburg war relativ gut dotiert und sicherlich auch aus diesem Grunde von Interesse; Sir George Etherege erhielt nach Ausweis des *Calendar of State Papers* für seine Tätigkeit als resident L 546 pro Jahr zuzüglich £ 50 im Vierteljahr für Sonderausgaben (*Calendar of State Papers. Domestic.* Jan. 1686-May 1687, S. 255: „Sir George Etherege, Resident at Ratisbon, 546 L; S. 361: Extraordinaries: 50 £ a quarter."). Dem Botschaftssekretär pro Jahr L 60 zu (vgl. *Letterbook*, S. 396: „Sir George ... promised me in England three score pound a year, with my own and my man's diet ..."); Hugh Hughes allerdings hat diese Summe von seinem finanziell ständig bedrängten Dienstherrn Etherege niemals vollständig und schon gar nicht pünktlich ausbezahlt bekommen.

hen werden möchten, ihre Stücke vielmehr nur zum Zeitvertreib und aus Langeweile zu Papier gebracht hätten.

In seinen Briefen an Freunde und Bekannte betonte Etherege auf geradezu penetrante Weise, daß er jede Art von Arbeit verabscheue und auch in der bayerischen Provinz dem Lebensideal des Stutzers und Dandys treu zu bleiben gedenke. Immer wieder beklagte er die räumliche Trennung von der eleganten Londoner Gesellschaft und bat um Berichte über modischen Zeitvertreib, Theaterereignisse und Gesellschaftsskandale, wobei er zu erkennen gab, daß jede andere Form des Lebens für ihn bloßes Vegetieren bedeute. Er kokettierte mit der eigenen Faulheit und behauptete Freunden gegenüber, der Reichstag komme seinem eigenen Lebensstil in idealer Weise entgegen, sei nämlich ebenso untätig wie er selbst. Am 19. Mai schrieb Etherege an Lord Sunderland: „Obwohl ich mit dem Reichstag keineswegs in allen Punkten übereinstimme, ist er mir in einer Beziehung kongenial: er ist genauso träge wie ich und genauso nachlässig (*negligent*), wie ich im idealen Fall zu sein wünschte. Die Reichstagsmitglieder haben nur selten wirkliche Arbeit, aber sie spinnen aus Wenigem einen langen Faden und schlagen so auf geschickte Weise die Zeit tot. Kein Schuljunge freut sich mehr über einen Feiertag, und sie sind in der Beziehung doppelt so gut dran wie anderswo, weil die Feste von zwei Religionen gefeiert werden. Eure Lordschaft haben mich genau an den richtigen Ort geschickt, um der Faulheit meiner Natur aufzuhelfen" (*Letterbook*, S. 199–200).

Es ist kein Wunder, daß dieses von Etherege gezeichnete und verbreitete Bild seiner selbst in die Literaturgeschichte eingegangen ist – es entspricht der Klischeevorstellung vom typischen *Restoration wit* und *fop*. Aber es entspricht nicht der Wirklichkeit. Schon ein Blick in die zwei gewaltigen Foliobände mit handgeschriebenen Briefen Etheregens an Middleton (z.T. noch nicht gedruckt, aber als Mikrofilm in der U.B. Regensburg zugänglich) überzeugt uns davon, daß Etherege seine Zeit nicht nur vertändelt haben kann; selbst die vom ersten bis zum letzten Brief gleichbleibend kalligraphische Schrift – vom sorgfältig gefeilten Prosastil ganz zu schweigen – läßt auf einen Autor schließen, der seine Aufgabe ernst nahm.

Der letzte Herausgeber eines Teiles von Etheregens Briefen, Frederick Bracher, ist davon überzeugt, daß Etherege durch die Kritik des Grafen von Windischgrätz zur Vernunft gebracht wurde und seit 1687 ein anderes Verhältnis zu seiner Aufgabe hatte. Aber Etherege hat sich, soweit ich sehen kann, zeitlebens hinsichtlich seiner Auffassung von Beruf, Ethos und Lebensgestaltung nicht gewandelt, wie er selbst betont und wie der Briefwechsel beweist. Es blieb ihm ein Bedürfnis, im Kreise der Höflinge als wit zu gelten, und es machte ihm nichts aus, *fop* genannt zu werden – er bezeichnete sich selbst so. Gleichzeitig jedoch war er ein zwar unprätentiöser, aber gewissenhafter Beamter, der, wenn er nicht gerade den Sir Fopling spielte, Freude an seiner Arbeit hatte, Vertrauen in die eigene Fähigkeit zeigte und ein höchsten Maßstäben gerecht werdendes Ethos bewies.

Schon am 13. März 1686 – lange vor der von Bracher festgestellten Konversion – schrieb Etherege an seinen Freund Corbet: „Ich bin auf einem Posten, wo es sehr viel

Auffahrt der Gesandten vor dem Alten Rathaus, 1722

mehr Arbeit gibt als die Leute glauben, und der Wunsch, mich meiner Pflicht so gut zu entledigen wie nur eben möglich, hat mich veranlaßt, meinen Kopf dabei zu benutzen. Dadurch habe ich meine Leidenschaft für das Spiel fast ganz aufgegeben."

Mai 1687 schrieb Etherege, er habe eine solche Freude an seinem Beruf, daß er viel stolzer auf einen gut formulierten amtlichen Bericht sei als auf einen witzigen Brief. In Nachrichten an Middleton beklagte er sich darüber, daß der Reichstag nur wenig Arbeit leiste und für jede Kleinigkeit auch noch lange brauche.[14]

Etherege spricht sehr viel öfter über seinen Beruf, als man aufgrund des uns überlieferten Bildes annehmen sollte. Er muß über zahlreiche Informationsquellen verfügt haben. Teils nennt er seine Informanten beim Namen, teils teilt er nur pauschal mit, daß er sich in bestimmten Kreisen umgehört habe. Aufgrund der Materialien im Briefwechsel ist es unwahrscheinlich, daß Etherege aus moralischen (oder anderen) Gründen von Amtskollegen oder von der Regensburger Gesellschaft „geschnitten" wurde. Natürlich erzählte man sich über ihn pikante Geschichten, die zum Teil sogar stimmten; aber deshalb war Etherege kein sozialer Außenseiter. Immer wieder berichtet er über Besuche von Freunden, Bekannten, Amtsträgern und Gesandten. Am 20. Oktober 1687 lud

---

14) „Letter to Lord Middleton", 26. Februar 1687, *Letterbook*, S. 227–238.

sich das gesamte kurfürstliche Kollegium, das vornehmste Gremium des Reichstags, bei ihm zu einer Gartenparty ein.[15] Daß Etherege monatelang keinerlei Besuch empfing, wie sein Sekretär behauptete und aufgrund dessen Zeugnis oft wiederholt wurde, ist anhand des Briefwechsels zu widerlegen. Sir George muß mit geradezu bewundernswerter Geduld Nachrichten gesammelt, Informanten kontaktiert, aktuelle Probleme diskutiert haben. Daß er sich nicht für alle politischen Ereignisse gleichermaßen interessierte, kann man ihm nicht vorwerfen. Es ergibt sich jedenfalls aus seinen Briefen das Bild eines verantwortungsbewußten, seiner Aufgabe durchaus gewachsenen Diplomaten und Beamten.

Verhältnis zu Konvention und Etikette

In einem wesentlichen Punkt allerdings entsprach Etherege keineswegs den an einen Diplomaten im 17. Jahrhundert gerichteten Erwartungen: er hielt nichts von Protokoll, Etikette und Zeremoniell.[16] Gelegentlich hatte er den Eindruck, daß die deutschen Mitglieder des Reichstages ihm in dieser Hinsicht wesensverwandt seien. So schrieb Etherege am 12. November 1686 an seinen Freund und Gönner George Villiers, Herzog von Buckingham: „Die diesen Ort auszeichnende Handelsware ist die Politik. Aber das eine muß ich doch von den Deutschen sagen: daß sie sich auf die Politik am besten von allen Völkern der Welt verstehen. Sie beschneiden und kürzen alle überflüssigen Präliminarien und alle nutzlosen Zeremonien, die sonstwo die Räder der Politik wie ein Bremsschuh hemmen ... sie sind offenherzig, ohne Reserve, Verstellung und Künstlichkeit" (*Letterbook*, S. 413).

Das ist – oberflächlich betrachtet – ein hohes Lob der deutschen Politik und des deutschen Verhandlungsstils. Der Kontext des Zitats aber enthält Signale, die zu Vorsicht und Wachsamkeit auffordern. Etherege behauptet nämlich, daß die Deutschen immer noch so Politik treiben wie weiland nach Tacitus die alten Germanen: beim Gelage und mit dem Becher in der Hand. Etherege findet einen solchen Verhandlungsstil zwar bewundernswert, lehnt ihn aber für seine eigene Person ab. Diskussionen dieser Art dauern ihm zu lange, und außerdem betrachtet er Alkohol als gesellschaftliches Stimulans, nicht aber als Selbstzweck. Trinken bezeichnet er als deutsche Erbsünde („Hereditary Sin", *Letterbook*, S. 414). In Regensburg wird nach Etherege ein Gesandter, der alle Amtsgenossen unter den Tisch trinken kann, ebenso hoch verehrt wie der Herzog von Lothringen wegen seiner Siege über die Türken – in jeder Stadt Deutschlands könnte ihm auf Steuerkosten ein Denkmal errichtet werden.

---

15) „Letter to Lord Middleton", 20. Oktober 1687, *Letters*, S. 150 f.
16) Vgl. dazu: Walter Fürnrohr, *Der Immerwährende Reichstag* zu Regensburg. Das Parlament des Alten Reiches, Regensburg-Kallmünz 1963, „Rang und Zeremoniell", S. 15 ff.

Das Lob des deutschen Verhandlungsstils hat also zumindest einen bitteren Beigeschmack — wenn es nicht ganz ironisch gemeint ist. Außerdem widerspricht die genannte Briefstelle dem Tenor sämtlicher anderen Äußerungen Etheregs. Immer wieder beklagt er sich darüber, daß die Diskussionen über Zeremoniell die Haupttätigkeit des Reichstages ausmachen. An seinen Freund Mr. Maule schreibt Etherege am 1. Januar 1688: „Ich lebe an einem Ort, der auf Zeremoniell besteht, aber Ihr versteht sicherlich nicht allzu viel von den Nichtigkeiten, mit denen die höchst ernsthaften Gesandten hier ihre Stunden verbringen" (*Letterbook*, S. 308).

Auch an weitere Freunde schreibt Etherege, es sei aus dem Reichstag und aus Regensburg nur über Etikettestreitigkeiten zu berichten, und diesen Gegenstand wolle er für my Lord Middleton reservieren, der sich aus dienstlichen Gründen damit zu befassen habe (*Letterbook*, S. 57—58).

Um klarzumachen, an welche Art von *ceremoniousness* Etherege dachte, wähle ich ein Beispiel, das mir besonders typisch zu sein scheint, weil im Mittelpunkt des Geschehens der Graf von Windischgrätz steht, Intimfeind Etheregs nicht nur in bezug auf Förmlichkeit. In einem Brief an Middleton stellt Etherege am 28. August 1687 fest, der Reichstag habe einstimmig beschlossen, dem Kaiser zum Sieg über die Türken bei Mohács zu gratulieren. Man konnte aber keine Einigung darüber erzielen, an wen die Grußbotschaft gerichtet werden sollte. Der Graf von Windischgrätz beanspruchte diese Ehre für sich, da er vom Kaiser als Interimsprinzipalkommissar eingesetzt worden sei. Das Kurfürstliche Kollegium bestritt diesen Rechtsanspruch mit der Begründung, Windischgrätz sei kein Reichsfürst.

Die Diskussion darüber, wer die Glückwunschadresse erhalten sollte, erstreckte sich vom 18. August bis zum 10. Oktober. Etherege berichtet in sechs Briefen darüber an Lord Middleton.[17] Ob der Kaiser am Ende die Glückwünsche erhielt, geht aus den Briefen des *Letterbook* nicht hervor. Die Vertreter der Kurfürsten verwiesen die Angelegenheit schließlich an ihre Durchlauchten. Anfang Oktober befahlen die Kurfürsten von Bayern, Köln und Brandenburg ihren Vertretern in Regensburg, Windischgrätz nicht als des Kaisers Hauptkommissar anzuerkennen, da dieser kein Reichsfürst sei. Von der Gegenpartei wurde geltend gemacht, Windischgrätz habe bereits zweimal Beschlüsse des Reichstags entgegengenommen. Dem aber wurde entgegengehalten, daß dies als Kompliment an den Korepräsentanten, aber keinesfalls als Präzedenzfall anzusehen sei, etc., etc.

Ceremoniousness, d. h. Bestehen auf Protokoll, Zeremoniell und Etikette, ist nach Etherege die Pest von Regensburg; sie behindert nicht nur die spontanen Beziehungen

---

17) 28. August 1687; 22. September; 25. September; 29. September; 6. Oktober; 20. Oktober. Schon Dezember 1685 hatte Etherege über ein ganz ähnliches Vorkommnis zu berichten. Am 1. September 1685 hatte das kurfürstliches Kollegium beschlossen, den Kaiser zu seinem Sieg zu beglückwünschen. Das reichsfürstliche Kollegium aber, das auf der Seite des Grafen von Windischgrätz stand, lehnte den Vorschlag ab.

der Menschen untereinander, sondern ist auch ein Feind der Lebensfreude. Dafür ein Beispiel aus dem *Letterbook* (Brief an Middleton, 21. November 1686): Die drei Kollegien, das kurfürstliche, reichsfürstliche und reichsstädtische, trafen sich in der Nebenstube und beschlossen einstimmig, am Nachmittag eine Farce zu besuchen, zu der eine Nürnberger Schauspielertruppe eingeladen hatte. Der Beauftragte der Schauspieler aber redete die Mitglieder des Reichstages unterschiedslos mit „Illustre Exzellenzen" an, woran der Theaterbesuch um ein Haar gescheitert wäre, wenn nicht einige gutmütige Ehemänner um ihrer besseren Hälften willen den Streit beigelegt hätten. Daraufhin wurde allerdings heftig über die Sitzordnung im Theater diskutiert, wobei der Theaterbesuch wiederum auf Messers Schneide stand. Da es sich bei dem „Theater" um eine simple Scheune und bei dem aufzuführenden Stück um eine Farce handelte, setzte sich schließlich der gesunde Menschenverstand durch, und man beschloß einen pell-mell-Theaterbesuch, d. h. ohne vorher festgelegte Sitzordnung.

Am meisten litt Etherege in Regensburg darunter, daß ein striktes Zeremoniell auch die persönlich-menschlichen Beziehungen bestimmte. Ohne *ceremony* konnte Etherege nur mit dem französischen Gesandten *Crécy* verkehren, den er, wahrscheinlich zu Unrecht, für seinen besten Freund hielt.[18] *Ceremony* beherrschte sogar die Beziehungen zwischen den Geschlechtern, wie Etherege in einem Regensburger Gelegenheitsgedicht beklagt:

> For pleasure here has the same fate
> Which does attend affairs of state.
> The plague of ceremony infects,
> Ev'n in love, the softer sex
> Who an essential will neglect
> Rather than lose the least respect.
> With regular approach we storm,
> And never visit but in form;
> That is, sending to know before
> At what o'clock they'll play the whore. (*Letterbook*, S. 62)

[Dem Vergnügen geht es hier ganz ähnlich wie auch den Staatsaffairen. Die Pest des Zeremoniells infiziert selbst in der Liebe das zartere Geschlecht. Sie verzichten lieber auf Essentielles, als daß sie Respekt verlieren. Wir greifen nur nach der Regel bei ihnen an und beachten bei Besuchen die Form, d. h. wir schicken vorher zu ihnen einen Boten um zu erfragen, um wieviel Uhr sie die Hure spielen wollen.]

---

18) „Letter to Monsieur Barrillon", 29. Dezember 1685, *Letterbook*, S. 54, „Letter to the Marquis d'Albeville", 23. Juni 1687, *Letterbook*, S. 219.
Barrillon war der französische Botschafter in England (s. *Letterbook*, S. 54, Fn. 1), d'Albeville der englische Gesandte in Holland (s. *Letterbook*, S. 149, Fn. 2).

Etherege verletzte nahezu sämtliche Tabus von Etikette, Zeremonie und Decorum in Regensburg, indem er Schauspielerinnen und professionelle Kartenspieler bei sich aufnahm, mit dem weiblichen Hauspersonal intime Beziehungen unterhielt, sich für die Schleifung der Stadtmauern und die Errichtung von Heimen für nicht mehr arbeitsfähige Freudenmädchen einsetzte, Streifzüge durch die weniger reputierlichen Kneipen Regensburgs unternahm und sich nachts mit Passanten prügelte. All das wissen wir allerdings nur von Hughes, der seinen Chef aus leicht durchschaubaren Gründen als Monstrum darstellen wollte.

Es kommt aber nicht darauf an, ob die faktischen Angaben Hughes der Wahrheit entsprechen. Bedeutsam ist die politische Wirkung dieser Berichte, die zumindest von den Adressaten geglaubt und wahrscheinlich politisch gebraucht wurden. Hughes brachte es fertig, die angebliche Unmoral und Formlosigkeit Etheregs in ein Verhaltensmuster einzuordnen, zu dem Jesuitismus, Papismus und weitere in England als kriminell angesehene -ismen gehören. Etheregs „lack of ceremony" ist somit nicht nur Formverletzung, sondern politisches Ungeschick, das ihn gleichermaßen den in England einflußreichen Kräften wie auch dem protestantischen Lager in Deutschland entfremdete. Nicht zu Unrecht hatte Etherege immer stärker den Eindruck, in einem feindlichen Land zu leben, „not favourable to his Majestie's interest" (*Letters*, S. 261). Dezember 1688 mußte Etherege erkennen, daß die meisten Amtsträger in Regensburg auf der Seite Wilhelms von Oranien standen.

Etheregs politische Position

Natürlich zeichnete Etherege kein objektives, unvoreingenommenes Bild vom Reichstag und von den deutschen Politikern. Er selbst war allerdings davon überzeugt, daß er völlig neutral und ohne Ansehen der Person und der Partei in Regensburg arbeitete, verkehrte und verhandelte. Zumindest behauptet er das in zahlreichen Briefen an offizielle Stellen und an Freunde. So heißt es in einem Brief an Wynne vom 13. März 1686: „Meine Verhaltensregel hier (in Regensburg) war, mit allen gut auszukommen, die der Würde seiner Majestät den schuldigen Respekt zollen. Mein Verkehr war unparteilich, und so gut ich es vermochte, habe ich ohne Berücksichtigung eigener Neigungen und ohne Begünstigung einer bestimmten Partei über Vorgänge berichtet" (*Letterbook*, S. 160). Aus einem späteren Brief an Wynne ist zu entnehmen, daß nicht alle dieser Meinung waren und daß es Verleumder gab. Etherege schreibt am 8. Mai 1687: „Seine Majestät hat mich nicht hierher geschickt, damit ich den Stolzen den Hof mache oder den phantastischen Launen eines bestimmten Mannes schmeichle, sondern um mit allen gut auszukommen und um unparteiliche Berichte über Vorgänge zu liefern, und ich habe mich daher einer Höflichkeit und Mäßigung befleißigt, die nur durch bösartige Verleumdung in Frage gestellt werden kann" (*Letterbook*, S. 195).

Ganz ähnlich schreibt Etherege am 23. Juni 1687 an seinen Amtsgenossen, den Marquis d'Albeville: „Sämtliche Berichte über politische Angelegenheiten, die ich vor Abschluß des Waffenstillstandes von hier nach England übermittelt habe, beweisen, daß ich mich gemäß meinen Instruktionen mit aller nur denkbaren Unparteilichkeit verhalten habe" (*Letterbook,* S. 219).

Ob eine solche Unparteilichkeit wünschenswert oder auch nur möglich ist, darf bezweifelt werden. Im Falle von Etherege ist leicht nachzuweisen, daß er weder unparteilich noch objektiv berichtete, vielmehr leidenschaftlicher Parteigänger einer Richtung war, die man nach 1688 als jacobite, jakobitisch, bezeichnete. Mit diesem Begriff verband sich damals zwar nicht die Assoziation eines politischen Programms, er bedeutete aber sehr viel mehr als bloß „Anhänger von König Jakob". Für Etherege stand der König im Zentrum seines politischen Denkens und Handelns; seinem König war er mit geradezu rührender Anhänglichkeit und Treue ergeben. Immer wieder betonte er, daß es für ihn nur eine wirklich beständige Leidenschaft gebe: die Treue dem König gegenüber. An den Grafen Dover schrieb er am 28. Dezember 1687: „Die Leidenschaft, die am meisten Gewalt über mich hat, ist der Wunsch, seiner Majestät treu zu dienen und mit all denen gut auszukommen, die wegen ihrer Verdienste die besondere Gunst des Königs erworben haben" (*Letterbook,* S. 302).

Die Treue dem König gegenüber war für Etherege etwas Ähnliches wie eine Religion, die einzige Religion übrigens, die ihm zeitlebens etwas bedeutete. John Dryden hatte in seinem Gedicht „The Hind and the Panther"[19] die einzelnen Kirchen unter dem Bild verschiedener Tiere dargestellt. Dieses Gedicht war Gegenstand mehrerer bissiger Parodien. Über eine dieser Parodien schreibt Etherege: „Sollen sie ruhig fortfahren und die Kirchen in irgendwelche Tiere verwandeln, wie es ihnen gefällt. Ich werde niemals meine Religion wechseln, die mich lehrt, dem König, meinem Herrn, immer gehorsam und treu zu sein" (14. August 1687, an Mr. Guy, *Letterbook,* S. 245).

Die politische Position Ethereges wäre 1679—1680 von den politischen Gegnern (= *Exclusioners),* die den späteren König Jakob als Katholiken von der Thronfolge ausschließen wollten, mit dem Begriff Tory bezeichnet worden. Er war wie die meisten Restaurationspolitiker der ersten Stunde glühender Royalist, dem König und dessen Sache allerdings nicht nur unreflektiert-emotional ergeben, sondern aufgrund einer durchaus bewußten politischen Position, die sein Handeln, ja sogar seine Freundschaften und seinen gesellschaftlichen Verkehr bestimmte. Den Ministern des Reichstages warf er vor, sie seien ständig mit ihrem Rang (*character*) bekleidet, selbst bei Gelegenheiten, wo man gemeinhin mehr ablegt als nur den Rang, so z. B. beim Besuch der Maîtresse; Etherege aber hat zeitlebens niemals sein politisches Credo aufgegeben — es wurde ihm zur zweiten Natur und gab sämtlichen Äußerungen eine bestimmte Färbung.

Etherege bezeichnete es als seine Hauptaufgabe in Regensburg, den über Jakob II. ausgestreuten Lügen und Verleumdungen entgegenzutreten. Als Hauptverbreiter sol-

---

19) *The Poems of John Dryden,* ed., James Kinsley, Oxford 1958, II, 467—537.

cher Lügen nennt Etherege in einem Brief an Wynne[20] Robert Ferguson, der damals unter dem Beinamen the *plotter* bekannt war. Er hatte sich durch die Teilnahme an dem sog. Argyll-Aufstand[21] (1685) einen Namen gemacht. Als zweiten Hauptschuldigen nennt Etherege Gilbert Burnet (1643–1715), Historiker und Bischof, Vertrauter Wilhelms von Oranien und seit der Thronbesteigung Jakobs II. dessen Todfeind. Burnet wurde wegen Landesverrats von Jakob verbannt und ging nach Holland, wo er sich naturalisieren ließ.

Burnet gehörte nach Etherege zu der holländischen kalvinistischen „Kabale". Sir George haßte und fürchtete diesen Kreis aber sicherlich nicht aus religiösen Gründen. Wenn er den Geist des Kalvinismus als *hellish* bezeichnete,[22] so nur deshalb, weil die Kalvinisten im Lager der Feinde des Königs standen. Einen guten Teil des Jahres 1688 verbrachte Etherege in Regensburg damit, die von den Kalvinisten in Holland ausgestreuten Lügen zu widerlegen. Aus zahlreichen seiner Briefe spricht ein geradezu ungläubiges Erstaunen darüber, daß des Kaisers weise Gesandte in Regensburg lächerliche Erfindungen Burnets, die man in England keinem Schuljungen hätte aufbinden können, für bare Münze hielten.[23] Mit Nachdruck betont Etherege, daß die schrecklichen und boshaften Lügen über James nur von solchen Menschen nicht in ihrer ganzen Verwerflichkeit erkannt würden, die *wilfully blind* seien.[24]

Regensburg aber war für Etherege auch in dieser Beziehung ein wenig kongeniales Pflaster. Immer deutlicher wurde ihm klargemacht, daß die von Wilhelm von Oranien vorbereitete Invasion Englands für Kaiser und Reich nicht so bedeutsam war wie die französischen Verletzungen des Waffenstillstandes. Die Gesandten des Kaisers, wie Graf von Lamberg oder Eberhard von Danckelmann, Vertreter des Kurfürsten von Brandenburg, hörten Etherege geduldig an, lächelten mitleidig und versicherten, der Prinz von Oranien habe bestimmt keine bösen Absichten auf die Person des englischen Königs oder auf die Krone. Als der holländische Gesandte Pierre Valkenier, ein leidenschaftlicher Parteigänger Wilhelms von Oranien, das Manifest erhalten hatte, in dem behauptet wurde, der englische Kronprinz sei ein untergeschobenes Kind, und es in Regensburg drucken lassen wollte, ergriff Etherege alle nur denkbaren Maßnahmen, um den Druck zu verhindern. Er erhielt die Zusage des Magistrats und des Prinzipalkommissars, daß das Manifest nicht in Regensburg gedruckt werden würde. Am 8. Dezember 1688 aber hatte er ein Exemplar frisch aus der Druckerpresse („wett from the

---

20) „Letter to Owen Wynne", 5. Februar 1688, *Letters*, S. 177 f.
21) Der protestantische Graf von Argyll versuchte nach der Thronbesteigung Jakobs von Holland aus eine Invasion Schottlands, parallel zur Landung des Herzogs von Monmouth in England. Monmouth war ein illegitimer Sohn Karls II., auf den sich nach dem Tod seines Vaters die Hoffnungen vieler englischer Protestanten richteten. Beide Unternehmen mißlangen, und die Rebellen wurden hingerichtet.
22) „Letter to the Earl of Carlingford", 17. November 1688, *Letters*, S. 251.
23) „Letter to Middleton", 16. November 1688, *Letters*, S. 252.
24) „Letter to the Earl of Carlingford", 17. November 1688, *Letters*, S. 251.

Press"; *Letters*, S. 258) in der Hand, dazu die Nachricht, daß 500 Exemplare gedruckt worden waren.

Etherege wußte nicht, daß er in Regensburg von vornherein auf verlorenem Posten stand. Der Kaiser und mit ihm das gesamte Reich starrte auf Frankreich, das sich während dieser Zeit zum Erzfeind entwickelte. Jakob II. und mit ihm Sir George Etherege galten in Regensburg als Parteigänger der Franzosen und wurden dem feindlichen Lager zugerechnet. Etherege war undiplomatisch genug, seine Präferenz für Frankreich und den französischen Botschafter in Regensburg bei zahlreichen Gelegenheiten offen zu demonstrieren. Zurückhaltung und Vorsicht, teilweise aber auch offene Feindseligkeit waren die Reaktionen seiner deutschen Gesprächspartner. Mit ohnmächtiger Wut und mit Entsetzen mußte Etherege zusehen, wie er immer stärker in das politische Abseits gedrängt wurde.

Die Entrüstung Ethereges war deshalb so groß, weil die Propagandakampagne der Generalstaaten und der protestantischen Fürsten erfolgreich geblieben war, seine Gegenmaßnahmen aber versagt hatten. Den römisch-katholischen Fürsten im Reiche war (nach Etherege) mit Erfolg klargemacht worden, daß die Invasion Englands durch den Prinzen von Oranien weniger mit Religionsangelegenheiten als mit Machtpolitik zu tun habe, nämlich dazu beitrage, die Macht Frankreichs zu mindern („to lessen the greatness of France").[25]

Nur daran war man in Deutschland interessiert. Mit Zorn stellte Etherege am 3. Januar 1689 fest, daß die verschiedenen deutschen Staaten sich noch nie so einig waren wie darüber, daß mit dem Beginn des Frühlings der Feldzug gegen Frankreich beginnen müsse. Markgraf Ludwig von Baden selbst teilte Etherege mit, des Kaisers Sinn sei nur darauf gerichtet, die Franzosen vom Rheinufer zu vertreiben, selbst wenn daraus ein blutiger Krieg zwischen dem Reich und Frankreich entstehen sollte. Die religiösen Probleme Englands hingegen berührten ihn nicht.[26]

Etherege und die (katholische) Religion

Etherege war in vielen Punkten derselben Meinung wie die deutschen protestantischen Fürsten, nur war er für eine französisch-englische Allianz, wie sie auch von Jakob lange Zeit betrieben worden war. An religiösen, speziell konfessionellen Problemen war Etherege so gut wie überhaupt nicht interessiert, es sei denn, sie wirkten sich politisch aus. Seine Position würde heute „liberal" genannt werden; im Gegensatz zu seinem geliebten König war er kein Katholik. In einem Brief vom 22. September 1687 schreibt Etherege an einen unbekannten Adressaten: „Durch die Gnade Gottes kenne ich die Grenzen meines Verstandes, und ich gebe mir daher keine Mühe herauszufin-

---

25) „Letter of Viscount Preston", 27. Dezember 1688, *Letters*, S. 262.
26) „Letter of the Earl of Carlingford", 12. Januar 1688, *Letters*, S. 265 f.

den, wie diese Welt gemacht worden ist oder wie man sich in der nächsten amüsiert ..." (*Letterbook*, S. 264).

An einer besonders erhellenden, für das Verständnis seiner Philosophie grundlegenden Stelle spricht Etherege über das „innere Licht", dem er sich in Lebensfragen anvertraut: „In Religionsfragen habe ich immer auf Meinungsfreiheit bestanden. Mir ist es völlig gleichgültig, ob jemand anders in dieser Welt hinsichtlich der Religion so denkt wie ich. Aus diesem Grunde bin ich auch nicht in Versuchung, darüber zu reden, sondern folge ruhig meinem inneren Licht und überlasse das denen, die mit dem Ehrgeiz geboren worden sind, Propheten oder Gesetzgeber zu werden" (*Letterbook*, S. 305).

Noch deutlicher hätte sich Etherege über Religion nicht äußern können. Er war an theologischen, zumal an dogmatischen Fragen völlig uninteressiert. Wenn er sich überhaupt zu solchen Problemen äußert, geschieht es aus amüsierter Distanz. So schreibt er z. B. am 12. Januar 1687 an seinen Regensburger Amtsvorgänger Mr. Poley: „Sie werden oft in freundlicher Weise von Graf de Crécy und seiner Frau Gemahlin erwähnt. Das einzige, was sie kritisch an uns beiden auszusetzen haben, ist die Tatsache, daß wir beide Häretiker sind, und ich glaube, Sie sind der halsstarrigste" (*Letterbook*, S. 310).

Nur unter dieser Prämisse, nämlich Etheregas Liberalität und Toleranz in religiösen Fragen, sind seine Äußerungen über die Protestanten zu verstehen. Sie sind aus rein politischen Gründen seine Gegner; die Art ihrer Gottesverehrung ist ihm gleichgültig. Gelegentlich hat man den Eindruck, daß er den Begriff „protestantisch" mit weltabgewandter Askese, Niedergeschlagenheit, puritanischer Leibfeindlichkeit assoziiert, so, wenn er die Protestanten in England und in Deutschland als „true blue" bezeichnet (*Letterbook*, S. 178). Diese Redewendung wurde insbesondere auf die schottischen Presbyterianer der Whig-Richtung angewendet, die „blau" als ihre Symbolfarbe gewählt hatten, um sich dadurch vom königlichen „Rot" abzusetzen.

Für Etherege sind alle Protestanten tatsächliche oder potentielle Feinde seines Königs und daher auch seine politischen Gegner. Vielleicht ist es nicht so sehr verwunderlich, daß Etherege vor allem mit Freunden der eigenen Richtung und Partei verkehrte; für mich war aber doch recht überraschend, daß auch die meisten seiner Briefe an Parteigänger, genauer gesagt, an Katholiken gerichtet sind. Etherege hat in dieser Beziehung erstaunlich sorgfältig differenziert. So fragt er nach einem Anfall von Tertianfieber in Regensburg, welchen Londoner Arzt man hinsichtlich der Therapie dieser Krankheit konsultieren könne; Dr. Short sei ja nun leider tot, und das sei der Arzt, dem er am meisten vertraut habe. Dr. Short war römisch-katholisch; er starb am 28. September 1685.

Eine besonders enge Freundschaft verband Etherege mit dem Abt des Regensburger Schottenklosters, Placidus Fleming.[27] Da beide längere Zeit Konkurrenten um das Amt

---

27) Zu Placidus Fleming (1642–1720) siehe Hammermayer, „Restauration", S. 42–49. Dort auch weitere Literaturangaben.

des *resident* gewesen waren, hätte man eher eine Fortsetzung der Rivalität als Freundschaft erwartet. Nach Ausweis des Briefwechsels war Etherege für die Herzlichkeit der persönlichen Beziehungen verantwortlich. Er setzte sich sehr nachdrücklich für eine finanzielle Unterstützung des Schottenklosters seitens des englischen Königs ein und hatte 1687 auch Erfolg. Etherege schrieb an Middleton: „Ich freue mich zu hören, daß unser Abt etwas bekommen hat. Ich brauche ihn hier dringend und möchte um nichts in der Welt, daß Lord Melford[28] ihn verführt. Hoffentlich ist er so beständig, daß nichts ihn veranlassen kann, seiner alten Frau untreu zu werden, um in Schottland zu huren" (*Letterbook*, S. 312).

Mit der „alten Frau" meint Etherege Regensburg und das Schottenkloster. Fleming war der Edinburgher Bischofssitz angeboten worden, was für ihn aber offenbar keine allzu große Verlockung bedeutete, da er sich in Regensburg recht wohlfühlte. Etherege war aus mehreren Gründen an Fleming interessiert. Zunächst einmal hielt er die von Fleming unterhaltene Seminarschule für junge Schotten aus guter Familie für bedeutsam. Ferner stand Fleming immer wieder für Gespräche und freundschaftliche Kontakte zur Verfügung. Vor allem aber — und das ist nach meiner Überzeugung der wichtigste Punkt — war Fleming einer der treuesten Anhänger Jakobs, der Sache der Stuarts auch nach der Absetzung Jakobs bedingungslos ergeben.

Nicht zuletzt durch ständigen Umgang mit Persönlichkeiten wie Fleming hat Etherege den Kontakt mit England und den dortigen politischen und geistigen Strömungen völlig verloren. Inständig bat er Middleton, den Abt bei guter Laune zu halten, damit dieser guten Mutes nach Regensburg zurückkehre und „St. Benedikt mit Hochachtung von St. Ignatius spreche und beide in Eintracht miteinander leben können" (*Letterbook*, S. 276).

Solcherart konnte in den 80er Jahren nur ein Außenseiter über die Jesuiten sprechen. Selbst Fleming war in dieser Beziehung konformistischer. Seine wesentlichste Qualifikation für das schottische Bischofsamt (so hieß es damals), war sein in England wohlbekannter Anti-Jesuitismus.[29] In dieser Hinsicht war Etheregs Sekretär sehr viel näher am Volksempfinden. Nachdem Hughes Nachfolger Etheregs geworden war, beschrieb er Fleming als Mann „von heftigem, waghalsigem Charakter, gefährlicher und desparater als irgendein Jesuit in der Welt" (*Letterbook*, S. 156).[30]

Das Verhältnis Etheregs zum Katholizismus und zu den Jesuiten ist ein Indiz dafür, daß er entscheidende Faktoren der Meinungs- und Gesinnungsbildung in England nicht kannte bzw. unterschätzte. Er sah nahezu alle Ereignisse im Reich und in Eng-

---

28) John Drummond, First Earl of Melford, 1649—1714, Staatssekretär für Schottland, 1686 zum Katholizismus konvertiert.
29) Vgl. dazu Malcolm Hay, *Failure in the Far East*. Why and how the Breach between the Western World and China first began. London 1957, *passim*. Den Hinweis auf Hay verdanke ich Father M. Dilworth, Edinburgh.
30) Zu Hughes vgl. Bracher, „Sir George Etherege and his Secretary", S. 331—344.

land durch die Brille seines geliebten Königs und somit falsch. Seine Regensburger Amtsperiode ist daher eher einer Tragödie als einer Komödie zu vergleichen. Zunächst stand Etherege fassungslos der pro-oranischen Mehrheit der Regensburger Geschäftsträger und der deutschen Fürsten gegenüber und glaubte irrtümlicherweise, daß diese geradezu diabolische Fehlhaltung durch mehr und bessere Information zu berichten sei. Dann aber stellte er mit Entsetzen fest, daß auch seine eigenen Landsleute — und nicht nur die im Ausland — in das Lager Wilhelms übergingen oder sich bereits darin befanden. Etherege verzweifelte an England und den Engländern; er begann seine Landsleute zu hassen.

Am 12. Januar 1689 schrieb Etherege an Carlingford, er könne dem König in Deutschland nicht mehr länger nützlich sein und beabsichtige daher, ihm in einem andern Land („in some other Countrey", *Letters,* S. 265) zu dienen. Wo immer er sich aber aufhalten werde — niemals würde er dem Beispiel seiner perfiden Landsleute folgen.

Am 19. Januar wußte Etherege dann, daß das „andere Land" Frankreich sein würde — am Tag zuvor war ihm aus Paris die Ankunft Jakobs gemeldet worden. Etherege verkaufte seine Sattelpferde, verschenkte seine Jagdhunde und trat in der letzten Januarwoche die Reise nach Paris an. Was er dort getan hat, ist aus den wenigen erhaltenen Berichten nicht zu erschließen. Von insgesamt 29 Briefen sind elf an das Schatzamt in London gerichtet, woraus wir schließen können, daß es um seine Finanzen schlecht bestellt war; Etherege war offenbar aus der Liste der Gehaltsempfänger gestrichen worden.

Hugh Hughes

Der Sekretär Ethereges (Hugh Hughes) blieb in Regensburg. Seine Partei hatte den Sieg davongetragen, Wilhelm von Oranien war König von England, Jakob II. im französischen Exil. Hughes war davon überzeugt, das Seine zum Siege der protestantischen Sache beigetragen zu haben, und er zögerte keinen Augenblick, auf seine Verdienste hinzuweisen.

Auf welche Weise er in Regensburg seinen Dienstherrn verleumdet und betrogen hat, kann man anhand der *Letterbooks* leicht feststellen. Daß er ein von Ethereges Gegnern bezahlter Spitzel und Agent war, hat Bracher anhand der Havard Letterbooks dargelegt.[31] Etherege mußte mit Überraschung und Befremden feststellen, daß seine Briefe an den Staatssekretär in London von Gesandten des Reichstages zitiert wurden. Entrüstet wandte er sich an seine vorgesetzte Dienststelle und verlangte nachdrücklich, daß die undichte Stelle im Amt aufgespürt und abgesichert werden möge. Dr. Wynne reagierte wütend und gereizt: es gebe in seinem Amt keine undichten Stellen — Ethe-

---

31) Bracher, „Sir George Etherege", S. 332—340.

rege möge gefälligst nach anderen Erklärungen des merkwürdigen Phänomens suchen. Sir George machte sofort einen Rückzieher: er habe nur zum Ausdruck bringen wollen, daß jemand im Londoner Amt sitze, der Wynnes Vertrauen mißbrauche.

Wir wissen heute, daß das Leck in Ethereges eigenem Amt war, daß nämlich Etheregees Sekretär Hugh Hughes Informationen an den holländischen Gesandten Valkenier sowie (wahrscheinlich) an interessierte deutsche Stellen weitergab. Bis März 1688 kopierte Hughes alle ihm wichtig erscheinenden Briefe in sein privates *Letterbook* und gab sie an die Holländer weiter; danach war die Angelegenheit Wilhelms von Oranien so weit gediehen, daß Regensburger Berichte nicht mehr gefragt waren.

Nachdem Etherege Regensburg in Richtung Paris verlassen hatte, übernahm Hughes den Posten. Er wurde aber nicht einmal zum *resident* ernannt, sondern blieb *secretary*, mit einem Gehalt, das weit unter dem seines Vorgängers lag (£ 300 zuzüglich „extraordinary expenses").[32] Diese Tatsache allein beweist, daß man mit Hughes in Whitehall nicht besonders zufrieden war. Hatte Etherege in Regensburg den Londoner Dandy zu konservieren versucht, so blieb der ehemalige Jesuiten-Kopfjäger Hughes seiner Obsession ebenso treu. Überall vermutete er katholische Anschläge, papistische Unterwanderung und jesuitische Verschwörungen. Seine besondere Aufmerksamkeit richtete er auf das Regensburger Schottenkloster, das er in seinen Berichten nach London zu einer konterrevolutionären Spionagezentrale umstilisierte. Von Abt Fleming wußte er zu vermelden, daß dieser plane, Wilhelm von Oranien anläßlich dessen nächsten Besuchs in Holland zu ermorden.[33] Aus Flemings Briefen ist zu entnehmen, daß er Hughes nicht ganz für voll genommen hat.[34] Aber auch der Staatssekretär wurde der Klatschgeschichten überdrüssig. Hughes erhielt die dienstliche Anweisung, nur noch über Ereignisse zu berichten, die mit England zu tun hatten. Als das nicht den gewünschten Effekt erzielte, wurde er 1692 nach England zurückberufen.

Das war aber keineswegs das Ende der diplomatischen Karriere Hughes', nicht einmal seiner Regensburger Tätigkeit. Mit demselben Eifer wie früher die Jesuitenjagd betrieb er jetzt seine Rehabilitation, offenbar mit Erfolg, denn zwei Jahre später, 1694, befand sich Hughes immer noch in Regensburg. Erst im Dezember dieses Jahres reiste Hughes mit Familie nach England zurück.

Etherege ist allein deshalb zu bedauern, weil er mit einem so niedrigen, heimtückischen und bösartigen Mann wie Hughes zusammenarbeiten mußte. Für die Holländer, aber auch für die protestantische deutsche Partei war Hughes ein nützlicher Zuträger. Der Graf von Windischgrätz, Ethereges Todfeind, bot Hughes eine kaiserliche Pen-

---

32) Ebd., S. 341.
33) Hughes erzielte mit seinen Berichten durchaus Wirkung. So heißt es z. B. in der *Edinburgh Review*, 119 (1864): „From the time of the abdication of James II Ratisbon became the focus of the Jacobite intrigues in Germany for the restoration of the exiled family ..." (S. 182).
34) Bracher, „Sir George Etherege", S. 342.

sion an und schrieb in dieser Angelegenheit an den Kaiser.[35] Alles in allem war Hughes ein serviler Kriecher, als Diplomat ebenso unzulänglich wie als Mensch, und heute nur noch wegen seiner Berichte über Etherege von Interesse.

Poetische Gerechtigkeit gibt es im Leben meist nicht. Die letzte Nachricht, die wir von Hughes haben, stammt aus Wien, wo er dreizehn Jahre nach dem Tode Ethereges offenbar ein hohes diplomatisches Amt bekleidete. 1704 schrieb er von dort einen Brief an Sir Hans Sloane, in dem er um Protektion der Royal Society für einen Almanach-Autor bat.[36] Der ehemalige Sekretär war offenbar in den oberen Rängen der Society arriviert; er spielte die Rolle des Patrons für einen mittellosen Autor.

Von Ethereges letzten Jahren wissen wir nur wenig. Nicht einmal das Todesjahr steht fest. Im gedruckten Text der *Records of the Scots Colleges I* (Aberdeen, 1906) finden sich die Jahresangaben 1699 (1694). Im Ms. *Syllabus Benefactorum Monasterii S. Jacobi Scotorum Ratisbonae* at St. Benedict's Abbey, Fort Augustus, Scotland steht als Todestag der 28. Juli 1699. Die Jahreszahl wurde aber später mit Bleistift zu 1691 verändert. Nach Aussage seines Neffen starb Etherege im Mai 1692, und dies gilt nun als das wahrscheinlichste Todesdatum.[37]

Die Mönche des Regensburger Schottenklosters haben Ethereges Andenken in Ehren gehalten. Noch in den *Dennistoun Mss.*[38] (jetzt in der Scottish National Library, Edinburgh) aus dem 19. Jahrhundert findet sich in einem *Necrologium* die Notiz: „28. Juli 1699: Georgius Etherege, Equer [sic] Auratus Regni Magnae Britanniae Jacobo II a consiliis et ab eodem ad comitia Imperii ablegatur. Decedens an: 1688 numerosum apparatum politicorum et historicorum librorum Monasterio reliquit. Obiit Parisiis factus Catholicus."

Er starb in Paris, nachdem er zum katholischen Glauben übergetreten war: Die Konversion paßt so sehr zum Charakterbild Ethereges, daß sie von den frommen Mönchen kaum erfunden worden ist. Hunderte von Adligen waren unter Jakob zum Katholizismus konvertiert, weil das politisch opportun war, man dadurch Karriere

---

35) In diesem Zusammenhang kann ich mir nicht versagen, Dr. Johnsons Definition von pension vorzutragen. Er definiert in seinem *Wörterbuch* dieses Wort folgendermaßen: „pension: an allowance made to any one without an equivalent. In England it is generally understood to mean a pay given to a state hireling for treason to his country."
36) Bracher, „Sir George Etherege", S. 343 f.
37) Bracher, *Letters*, S. XXIII f.
Mark Dilworth, Keeper of the Scottish Catholic Archives, teilte mir am 30. Juli 1980 mit, daß Dennistoun „a rough draft of the Necrology" transkribiert habe, und zwar nicht besonders sorgfältig. Die Jahreszahl 1694 (in Klammern) befinde sich nicht in der Vorlage. Die endgültige Version enthält wesentliche Verbesserungen und Änderungen. Sie wurde von Dilworth ediert: *The Innes Review*, 9 (1958), 173–203. Der Eintrag über Etherege befindet sich S. 202–203.
38) *Manuscripts* of the late James Dennistoun Esq. of Dennistoun, 10 Vols, Adv. 19. 2. 25, Vol. X: *Scots Monasteries Abroad*. Der Katalog (Adv. 19. 2. 27) wurde 1856 zusammengestellt: Catalogue of the Manuscripts of the late James Dennistoun Esq. of Dennistoun, bequeathed by him to the Faculty of Advocates and now deposited in this Library, 1856.

machte.[39] Etherege aber wurde katholisch, als das für einen Engländer mit Ehrgeiz politischer Selbstmord war. Er tat diesen Schritt meiner Ansicht nach, um alle Brücken nach England hinter sich abzubrechen, als letzte Geste der Loyalität dem König gegenüber.

Daß Etherege vor seinem Tode konvertierte, hat erst Bracher ausgegraben und publik gemacht. Bis zu Edmund Gosse (1913) las man in den Literaturgeschichten und Enzyklopädien, Etherege sei in Regensburg gestorben, nachdem er in volltrunkenem Zustand nach einem Bankett die Treppe heruntergefallen sei. Und noch in der neuesten Ausgabe des Lexikons der Weltliteratur von Gero von Wilpert heißt es: „Etherege mußte Deutschland wegen skandalösen Lebenswandels verlassen und nach Paris fliehen." Das negative Bild von Etherege, das durch die Verleumdungen seines Sekretärs zustande gekommen war, hat sich also in der Literatur durchgesetzt. Wir sollten daraus entnehmen, daß man den Hugh-Hughes dieser Welt gar nicht früh genug entgegentreten kann ...

---

39) Vgl. dazu anon., „Scottish Religious Houses Abroad", *The Edinburgh Review,* 119 (1864), 168—202.

Max Piendl

Prinzipalkommissariat und Prinzipalkommissare am Immerwährenden Reichstag

Der Reichstag, die Versammlung privilegierter Reichsstände, war zwischen 1495 und 1648 zu einer zwar gefestigten, aber keineswegs ständigen Institution geworden. Auf Einberufung durch den Kaiser traf man sich von Ort zu Ort, fast ausschließlich in Reichsstädten; bevorzugt war Nürnberg, zunehmend häufiger aber dann Regensburg. Seit 1594 haben die Kaiser sämtliche allgemeinen Reichsversammlungen nach Regensburg ausgeschrieben. Die Reichsstadt Regensburg bot verschiedene Vorteile: verhältnismäßig nahe beim Wiener Hof, was für die Anreise des Kaisers nicht nur praktisch, sondern in Gefahrenzeiten auch wichtig war; eine protestantische Reichsstadt, in deren Mauern aber verschiedene katholische Reichsstände ihren Sitz hatten. Das bedingte eine Wohnbevölkerung mit annähernd gleichen Teilen der beiden Konfessionen. Hiezu kommt das katholische Umland mit den beiden Klöstern Prüfening und Prüll. Den Ständen beider Konfessionen konnte demnach Rechnung getragen werden, sei es in der Quartierfrage oder auch in der seelsorgerischen Betreuung, um nur Beispiele zu nennen.

Alle diese Reichstage wurden im Grunde genommen als Fürstenversammlungen einberufen. Doch ließen sich in neuerer Zeit manchmal schon Fürsten durch Abgesandte vertreten. Eine glanzvolle Reichsversammlung fand in Regensburg 1653/54 statt, begleitet von zahlreichen Prunkveranstaltungen wie nie zuvor. Kaiser Ferdinand III. und der neuerwählte König sowie Kurfürsten und Fürsten waren anwesend. Sie endete mit dem sogenannten Jüngsten Reichsabschied, der letztmals eine umfassende Publikation der Beratungs- und Schlußergebnisse brachte. In Regensburg sagte man damals, aus dem Reichstag sei ein Reichsjahr geworden. Nachträglich hört sich das wie ein Vorzeichen an.

Erst 1662 ließ Kaiser Leopold I. einen neuen Reichstag nach Regensburg zum 8. Juni ausschreiben. Eine Notlage stand im Hintergrund; der Kaiser benötigte Hilfe gegen den drohenden türkischen Angriff. Mitte dieses Jahres kamen Vertretungen der Reichsstände in der Donaustadt an. Da erging vom Kaiser aus Wien die dringende Aufforderung an den Erzbischof Guidobald von Salzburg, sich nach Regensburg zu begeben, um dort für ihn die Geschäfte zur beginnenden Reichsversammlung wahrzunehmen. Dieser kam dem Wunsch des Kaisers nach, traf im August bei den Karthäusern in Prüll ein und hielt am 19. August seinen feierlichen Einzug in der Stadt, um anschließend im Reichsstift St. Emmeram seine Residenz zu beziehen. Die restlichen Vertretungen der Stände bezogen die Quartiere in der Stadt, wofür der Reichserbmarschall Graf Pappenheim im Einvernehmen mit der Reichsstadt verantwortlich war. Die Zusammenkunft der Vertretungen zögerte sich freilich sehr hinaus, wenn auch eine wichtige Voraussetzung für die künftigen Beratungen schon erreicht war, die Kontaktaufnahme und die Gespräche. Erst am 10. Januar 1663 konnte Erzbischof Guidobald die anwesenden Vertretungen in den Bischofshof, der gewöhnlichen Residenz des Kaisers bei Reichstagen, berufen lassen. Nach einem feierlichen Gottesdienst im Dom begann die erste Sitzung der Versammlung im Saal des Rathauses. Nur Vertretungen der Reichsstände waren also anwesend, während den Platz des Kaisers unter dem Baldachin der Erzbischof von Salzburg einnahm.

So begann also der Reichstag in Regensburg im Jahre 1663, bei dessen Anfang keine Rede davon war, daß diese Versammlung immer beisammenbleiben werde. Aber nur Delegierte waren zunächst anwesend, sowohl vom Kaiser wie auch von den Reichsständen. Erst im Dezember hielt der Kaiser seinen Einzug in Regensburg, um auf die schleppenden Verhandlungen selbst mehr Einfluß zu gewinnen. Nun trafen auch Kurfürsten und Fürsten bei diesem Reichstag ein. So bot sich wieder durch die Feste und Zeremonien, die sich am Rande der Versammlung abspielten, in der Stadt ein glanzvolles Bild. Der Kaiser, dem es in erster Linie nur um die Türkenhilfe ging, verließ im darauffolgenden Mai wieder Regensburg, nachdem eine angemessene Reichshilfe beschlossen war. Ebenso verreisten die Fürsten. Zurück blieben ihre Gesandten, um die restlichen Geschäfte abzuwickeln. Deren Arbeit zog sich aber mehr und mehr hin. Des öfteren kam es zwar zu Ansätzen, um zu einem Reichsabschied, wie es früher üblich war, zu gelangen. Doch blieb immer wieder ein offener Rest von Fragen, der es weder dem Kaiser noch der Mehrheit der Reichsstände für zweckmäßig erscheinen ließ, den Reichstag einem Ende zuzuführen. So verblieb eben eine Versammlung weisungsgebundener Bevollmächtigter zurück. Aus diesem Relikt entstand jener ständige Gesandtenkongreß, der von der Reichshistorie nachträglich als Immerwährender Reichstag bezeichnet wurde.

Zum Verständnis dieser gesamten Entwicklung sind zwei wichtige Dinge zu berücksichtigen; zum einen: Das Heilige Römische Reich Deutscher Nation war seit den Zeiten Maximilians I. immer mehr zu einem dualistischen Gebilde geworden, noch mehr seit dem Westfälischen Frieden. Kaiser und Reich standen sich als Verhandlungspartner gegenüber. Mag die Bedeutung des Kaisertums zurückgegangen und auf wenige Bereiche — etwa das Reichslehensrecht und eine ihrerseits mit den Ständen konkurrierende Gerichtsbarkeit — eingeschränkt worden sein, der Rang des Kaisers im Verhältnis zu den Reichsständen ist nie bestritten worden. Diesen Rang des Kaisers zu wahren und die Allgegenwärtigkeit des Kaisers sichtbar zu machen, war die Aufgabe der kaiserlichen Prinzipalkommissare.

Zum anderen: Das Zeitalter des Barock begünstigte das gesteigerte Bedürfnis nach äußerer Geltung, nach Rang und Titel. Man war auf Reputation bedacht. Den Prachtaufwand des Prinzipalkommissars aber haben sich die Reichsstände selbst gewünscht, wenn sie auch argwöhnisch darauf achteten, daß er nirgendwo in ihre und, wie es hieß, des Reichs Gerechtsame über die sakrosankte Observanz hinaus eingriff.

Dies alles betrifft aber doch nur das äußere Bild. Den tieferen Sinn der Umwandlung erkennt der rückschauende Beobachter darin, daß der Immerwährende Reichstag als Gesandtenkonferenz eine Vorstufe für ein Reichsparlament geworden ist. Denken darf man natürlich an kein Parlament im Sinne des 19. und 20. Jahrhunderts, des konstitutionellen und schließlich demokratisch-parlamentarischen Zeitalters, immerhin aber eine Institution, die im europäischen Umkreis typische Stilmerkmale der Zeit aufweist.

Den Reichstag eröffnete 1663 der Erzbischof Guidobald von Salzburg im Auftrag des Kaisers als Commissarius, wie es damals hieß. Die Institution der Commissare als solche ist aber älter als der Immerwährende Reichstag. Auch zu Zeiten der von Ort zu Ort ziehenden Reichstage bedurfte der Kaiser, wenn er nicht selbst anwesend war, eines Vertreters, der streng an die Weisungen des kaiserlichen Hofes gebunden, nicht Stellvertreter im juristischen Sinne, sondern Repräsentant war. Zwei frühe Beispiele seien genannt, die Reichstage zu Lindau 1496 und zu Worms 1497. Mit dem nunmehrigen Gesandtenkongreß wurde auch diese Institution zu einer Dauereinrichtung.

Von kaiserlicher Seite selbst wird vom kaiserlichen Hauptkommissar gesprochen, bevor sich, in enger Anlehnung an die lateinische Titulatur eines commissarius principalis perpetuus, das Wort Prinzipalkommissar allgemein durchsetzte. Principalis commissarius heißt es vor allem deswegen, weil es zunächst zeitweise, dann regelmäßig Usus wurde, dem Prinzipalkommissar einen Conkommissar zur Seite zu stellen, meistens in Person eines diplomatisch erfahrenen Juristen.

Der Prinzipalkommissar war der Repräsentant des Kaisers am Reichstag. Dies ist ausdrücklich und deutlich hervorzuheben. In einer Instruktion des Kaisers Franz II. vom Jahre 1797 für den Fürsten Karl Alexander von Thurn und Taxis bei seiner Bestellung zum Prinzipalkommissar heißt es u. a. wörtlich: „ . . . in allen gegenwärtigen und künftigen reichstäglichen Angelegenheiten nach Ihrer vernünftigen Einsicht und fürstlichen Gemütsgaben, auch gegen Uns angeerbter Treue und Devotion recht zu tun, und vorgedachtermaßen das Ansehen, die Würde und Vorzüge Unserer höchsten Repräsentantschaft wie auch Unsere kaiserliche Authorität mit den ihr gebührenden Vorrechten und den kaiserlichen höchsten Dienst nach Ihren besten Kräften zu befördern sich angelegen sein lassen . . . " Er stellte also in seiner Person die Würde, nicht die Person des Kaisers dar, ein alter ego in begrenztem Sinne. Die Aufgaben selbst sind im Schlußabsatz des Ernennungsdekretes sehr deutlich zusammengefaßt: „Dahingegen hätte Er . . . als kaiserlicher Prinzipalkommissarius im kaiserlichen Allerhöchsten Namen der allgemeinen Reichsversammlung vorzustehen und all dasjenige besten Fleißes vorzunehmen, zu beratschlagen, zu verabschieden und in das Werk richten zu helfen, was der Sachen Bestes und die gemeine Wohlfahrt erheischt, sodann in seinen Verrichtungen das kaiserliche Interesse, Vorrecht, Ehr, Dienst und wahren Nutzen, ingleichen des Heiligen Römischen Reichs Satz- und Ordnungen jederzeit vor Augen zu haben und darwider weder zu tun noch zu raten; die Ihm vorkommende Geheimnisse aber bis in Seine Grube verschwiegen zu halten, und Seine Kaiserliche Majestät und auch das Heilige Römische Reich für Schaden getreulich zu warnen."

Das Amt des Prinzipalkommissars — was es sei und was es nicht sei — hat niemand besser beschrieben als der Begründer der Reichsstaatslehre, sicherlich der fleißigste, aber auch von allen guten und bösen Geistern geplagte Jurist und Vielschreiber des schreiblustigen 18. Jahrhunderts, Johann Jacob Moser. In seinem „Teutschen Staatsrecht" und vor allem in dem 1774 erschienenen Buch „Von den Teutschen Reichs-Taegen" gibt er eine Liste von ihm bekannt gewordenen Inhabern des Amts, wobei er es nicht versäumt, wie es eben seinem Stile entspricht, auch jene „Merkwürdigkeiten" auszuführen, die sich jeweils in der Zeit eines Prinzipalkommissars begeben haben. Zum Amt selbst findet er sehr präzise Formulierungen. Die Ernennung eines Kaiserlichen Prinzipalkommissars geschehe vom Kaiser, und zwar von ihm allein und nach seinem freien Belieben; er fügt aber hinzu, der Kaiser müsse „auf einige Umstände Reflexion machen". Ein regierender Fürst müsse es nicht unbedingt sein, Reichsstandschaft sei erwünscht, aber nicht notwendig, da der Prinzipalkommissar nicht den Reichsständen verpflichtet sei. Daß er ein Fürst sein müsse, darauf „beharren die Reichsstände nunmehro unbeweglich". Weiterhin führt er aus, es stehe nirgends geschrieben, daß der Prinzipalkommissar katholischer Konfession sein müsse: „doch hat der Kaiser allezeit der Römisch-Katholischen Religion zugetane Personen dazu genommen". Obwohl selbst weltlicher Herr und Oberhaupt des Reiches, wurden vom Kaiser mehrfach geistliche Fürsten ernannt; waren diese freilich Kardinäle, dann löste bei den protestantischen Ständen die Titulatur „der Heiligen Römischen Kirche Kardinal" lebhafte Proteste aus, da sie im Schriftverkehr nur „Kardinal" gelten ließen.

Wichtiger ist Moser aber die Würde: „Ein Kaiserlicher Prinzipalkommissar ist nicht nur ein Ambassadeur", sondern kraft Reichsherkommen mehr und er hält sich auch selbst für mehr; bezeichnend dafür sei es, daß er nach Antrittsbesuchen keine „Re-Visiten" mache. Ein kaiserliches Creditiv mittels eines verschlossenen Briefes führt den Prinzipalkommissar bei den Gesandten ein; der Reichserbmarschall erhält zugleich die Weisung, ihm „den gehörigen Respect" zu erweisen, womit natürlich nicht das Persönliche, sondern das gesamte große Zeremoniell mit feierlich-prozessionsähnlichem Einzug, begleitet mit der genau abgestuften Zahl von Böllerschüssen, gemeint ist.

Zu den Obliegenheiten lassen wir Moser am besten selbst sprechen: „Des kaiserlichen Prinzipal-Commissarii Amt besteht darin, des Kaisers Stelle bei dem Reichskonvent zu vertreten, mithin dem Konvent allerlei zu proponieren und zu notifizieren, ... die, so etwas ... in Comitialsachen anzubringen, anzuhören, die Reichsschlüsse anzunehmen und dem Kaiser einzuschicken, wie auch dessen ... Entschließung dem Reich mitzuteilen."

Alles andere komme auf Person und Fähigkeit des Prinzipalkommissars selbst an, der sich auch mit dem „Ceremoniel und Lustre" begnügen und alles übrige dem Conkommissar überlassen könne. Was ihn am deutlichsten hervorhebe, sei die Tatsache, daß er bei den Sitzungen des Reichstages selbst mit bedecktem Haupt auf dem kaiserlichen Thron sitze und das Reichsoberhaupt repräsentiere.

Über die Formalitäten bei der Amtsübernahme gibt die Dienstinstruktion Aufschluß. „Zum offenbaren Zeichen seiner Legitimation als Unserm kaiserlichen Principal-Commissarius" sei das Creditiv an die beim Reichstag versammelten Gesandten und Kurfürsten, Fürsten und Stände, weiterhin der kaiserliche Gewaltbrief, alle in Ur- und Abschrift beigefügt. Diese beiden Stücke sollen nach altem Herkommen durch einen Kavalier dem Kurmainzischen Reichsdirektorium zugestellt werden. Der Amtsantritt sei auf herkömmliche Art den anwesenden Gesandten der Reichsstände anzuzeigen. Es ist sodann auf ein weiteres beiliegendes Schriftstück verwiesen, aus dem neben den Akten im Archiv der kaiserlichen Prinzipalkommissare in Regensburg „der stille Unterricht zu schöpfen ist, wie Wir einige neuere Ceremonial-Anstände beigelegt zu sehen wünschen". Ein besonders wichtiger Absatz sei wörtlich eingerückt: „. . . wobei dann im allgemeinen der in seinem kaiserlichen Reskripte an die Principal-Commission vom 3. März 1717 festgesetzte Grundsatz stets vor Augen zu halten ist, daß der bei der Reichsversammlung bevollmächtigte Principal-Commissarius mit dem kaiserlichen Charactere repraesentativ angestellt sei und mit demselben dorten kein anderer Umgang als in der Eigenschaft Unseres kaiserlichen Principal-Commissarius sein könne; gestalten die Gesandten an denselben uns in dieser Eigenschaft abgeschickt sind, insbesondere aber der gemeinschaftliche sorgfältigste Bedacht jederzeit dahin zu nehmen ist, daß keine Neuerungen entstehen, wodurch das Ansehen, die Würde und Vorrechte unserer kaiserlichen Repräsentantschaft herabgesetzt werden, oder unangenehme Kollisionen zwischen der kaiserlichen Principal-Commission und den Reichstagsgesandten oder sonsten entstehen können . . .". Interessant ist auch der Hinweis, der Prinzipalkommissar möge mit Rücksicht auf die „kaiserliche Authorität" der Person des Conkommissars mehr Ehre bezeigen als den kurfürstlichen Gesandten.

Kommen wir aber zu den Persönlichkeiten selbst, die das Amt des Prinzipalkommissars bekleidet haben. Es ergibt sich folgende Liste:

30. 11. 1662 — 1668 Guidobald Graf von Thun, Fürsterzbischof von Salzburg, seit 1667 Kardinal, + 1668
 4. 7. 1668 — 1669 David Graf von Weißenwolf, interimsweise
31. 8. 1669 — 1685 Marquard Schenk von Castell, Fürstbischof von Eichstätt, + 1685
25. 3. 1685 — 1687 Sebastian Graf von Pötting, Fürstbischof von Passau
20. 7. 1688 — 1691 Hermann Markgraf von Baden, + 1691
13. 2. 1692 — 1699 Ferdinand August Fürst von Lobkowitz, Herzog von Sagan, + 1715
 8. 5. 1700 — 1712 Johann Philipp Graf von Lamberg, Fürstbischof zu Passau, Kardinal, + 1712
 3. 11. 1712 — 1716 Maximilian Karl Fürst von Löwenstein-Wertheim, + 1718
 6. 12. 1716 — 1725 Christian August Herzog von Sachsen-Zeitz, Erzbischof von Gran, Primas Ungarns und Kardinal, + 1725

2. 10. 1726 – 1735 Frobenius Ferdinand Fürst zu Fürstenberg-Meßkirch, + 1744
12. 10. 1735 – 1743 Joseph Wilhelm Ernst Fürst zu Fürstenberg-Stühlingen, + 1762.

Wenn ich hier diese Reihe unterbreche, so hängt dies engstens mit dem tiefen Einschnitt zusammen, den der Tod Kaiser Karls VI. brachte. Die Ablehnung der Kandidatur Maria Theresias für ihren Gemahl, die Wahl des bayerischen Kurfürsten Karl Albrecht zum Kaiser und der daraus entstandene bayerisch-österreichische Erbfolgekrieg brachten auch das Prinzipalkommissariat in eine schwierige Lage. Zwei Häuser wurden in ähnlicher Form in diese politischen Verwicklungen hineingezogen, Fürstenberg sowie Thurn und Taxis. Der bisherige Prinzipalkommissar, Joseph Wilhelm Ernst Fürst zu Fürstenberg, dessen Auftrag eigentlich mit dem Tod des Kaisers erloschen war, glaubte Karl VII. beistehen zu müssen. Er behielt das Amt bei, ohne eigentlich eine neue Ernennung zu haben. Sofort traf ihn die Ungnade Maria Theresias; die Güter seiner Gemahlin in Böhmen wurden unter Sequester gestellt, es folgte sogar ihre Ausweisung. In nicht geringe Verlegenheit kam sodann Fürst Alexander Ferdinand von Thurn und Taxis, als ihm der neue Kaiser das Prinzipalkommissariat anbot. Es ist verständlich, wenn er mit der Annahme zuerst zögerte, nachdem ihm der Wiener Hof sofort seinen Unmut deutlich zu erkennen gab. Eine Absage war für ihn, der in Frankfurt residierte und wohin sich auch der Kaiser und dann der Reichstag zurückgezogen hatte, unmöglich. Das Generalpostmeisteramt bedingte eine engste Zusammenarbeit mit dem Kaiser. Der Kurerzkanzler von Mainz, zugleich in seiner Eigenschaft als Protektor des Reichspostwesens, griff hier vermittelnd ein. Als sich darauf die Wogen in Wien wieder glätteten, gab Fürst Alexander Ferdinand schließlich seine Zusage. Er ging sogar noch einen Schritt weiter; zum Schutze des Kaisers stellte er ein Dragonerregiment auf eigene Kosten auf. Karl VII. rechnete ihm das hoch an: 1744 wurde das Reichspostlehen in ein Thron- und Fahnenlehen umgewandelt.

Nach dem raschen Tod Karls VII. bestellte der zum Kaiser gewählte Franz I. von Habsburg-Lothringen 1745 wiederum Joseph Wilhelm Ernst zu Fürstenberg zum Prinzipalkommissar. Doch schon 1748 legte dieser das Amt nieder, angeblich aus Altersgründen; in Wirklichkeit sah er sich gezwungen, seine arg zerrütteten Finanzen zu ordnen. Durch ein kaiserliches Dekret vom 25. Januar 1748 erhielt Fürst Alexander Ferdinand seine Bestellung als Nachfolger.

Wie ist es zu erklären, daß der Kaiser diesem Fürsten, der doch 1742 zum habsburgischen Gegner, Karl VII., übergegangen war, nicht nur verzieh, sondern ihn sogar für dieses wichtige Amt bestellte? Es steht fest, daß Kaiserin Maria Theresia beide Prinzipalkommissare der bayerischen Kaiserepoche, Fürstenberg sowie Thurn und Taxis, als wichtige Repräsentanten kaiserlicher Rechte wieder in Gnaden aufgenommen hat. Die wahren Hintergründe dieser raschen Wandlung werden wohl überhaupt mit den gesamten Gegebenheiten der Reichsverfassung zu erklären sein. Man wird es Alexander Ferdinand von seiten Österreichs, das die treuen Dienste des Hauses Thurn und Taxis für Kaiser und Reich zu schätzen wußte, nicht so verargt haben, als man gemeinhin annehmen mag. Dies zeigt nur zu gut die so rasch darauf erfolgte Ernennung zum

*Fürst Alexander Ferdinand von Thurn und Taxis, kaiserlicher Prinzipalkommissar
1743 – 1745 und 1748 – 1773*

Prinzipalkommissar. Daß die Wahl auch von seiten Kaiser Franz' I. auf ihn gefallen ist, wird leicht zu erklären sein. Sicherlich hat man erkannt, daß der Fürst von Thurn und Taxis als Inhaber des Generalpostmeisteramtes sowohl dem Kaiser eng verbunden sein mußte, als auch durch die Post zu den einzelnen Reichsständen laufend in engster Beziehung stand. Kein anderer Reichsfürst dürfte so gute Voraussetzungen für die Vertretung des Kaisers am Reichstag besessen haben. Schließlich darf man letzthin nicht übersehen, daß ein Fürst Thurn und Taxis auch seinem Vermögen nach in der Lage war, sich die kostspielige Repräsentation zu leisten, die nun einmal mit diesem Amte verbunden war.

Umgekehrt hat auch Fürst Alexander Ferdinand wichtige Gründe, die ihm den Entschluß zur Übernahme dieses Amtes — trotz der damit verbundenen erheblichen Kosten — leicht machen. Er ist sich klar darüber, daß er dadurch sehr weitgehend für die Interessen seines Hauses wirken kann, einesteils für den weiteren Ausbau der Post und anderteils für die Aufnahme in den Reichsfürstenrat. Die Belange der Post stehen aber sicherlich im Vordergrund. Es darf nicht übersehen werden, daß wegen der Post nicht nur ein ständiger und guter Kontakt zum Kaiser, sondern auch zu den einzelnen Reichsständen erforderlich war. Das Amt als Prinzipalkommissar am Reichstag konnte diesen Interessen in bestmöglicher Form dienen. Von hauspolitischen Zielen muß man also in gewissem Sinne sprechen, die hier im Vordergrund standen. Diese waren aber so wichtig, daß selbst das soeben fertiggestellte Palais in Frankfurt kein Hinderungsgrund mehr sein konnte.

Alle diese Gegebenheiten dürften es weiterhin erklären, daß das Prinzipalkommissariat nunmehr ununterbrochen bei diesem Fürstenhause verblieb. In der Zeit von 1663 bis 1748 ist bekanntlich ein sehr häufiger Wechsel zu beobachten. Nach dem Tode des Kaisers Franz I. erhielt Fürst Alexander Ferdinand 1765 wiederum seine Ernennung durch Joseph II. Mit Dekret vom 27. April 1773 wurde der Sohn, Fürst Carl Anselm, zum Prinzipalkommissar bestellt. Dieser empfing von Kaiser Leopold II. am 10. Oktober 1790 und von Franz II. am 15. Juli 1792 neuerliche Ernennungen. Noch zu Lebzeiten des Fürsten Carl Anselm wurde wegen dessen angegriffener Gesundheit am 10. März 1797 der Erbprinz und spätere Fürst Karl Alexander zum letzten Prinzipalkommissar ernannt.

Hier ist es erforderlich, auch die Gehaltsfrage anzuschneiden. Moser spricht darüber nur sehr diskret. Er meint aber, daß der Prinzipalkommissar in der Regel Ansehnliches aus eigenen Mitteln aufwenden müsse. Der Prinzipalkommissar erhielt vom Kaiser ein jährliches „Salär" im Betrage von 25 000 Gulden. Diese Summe, die vierteljährlich zur Auszahlung kam, wurde jedoch von Wien nie in der vollen Höhe angewiesen. Es erfolgte jeweils ein Abzug mit der Bezeichnung „Arrtrae" von zehn Prozent, dazu kam noch ein Stempelgeld, so daß sich der Jahresbetrag auf 22 496 Gulden verringerte. Die Abzüge konnten aber auch höher liegen. In den Jahren 1795 bis 1799 wurden für Kriegssteuer weitere 15 Prozent in Abzug gebracht, so daß noch 18 746 Gulden zur Auszahlung gelangten. Der Betrag dieses Salärs mag einerseits als hoch erscheinen;

wenn man freilich die kostspielige Repräsentation bedenkt, die gerade von den Fürsten Thurn und Taxis in einer früher nicht dagewesenen Form geübt wurde, so handelt es sich um eine verschwindend kleine Summe. Es sei nur erwähnt, daß beispielsweise im Jahre 1774 allein für die Hofküche des Fürsten die Ausgaben 64 610 Gulden betragen haben.

Für die Ernennungsdekrete zum Prinzipalkommissar sind überdies erhebliche Gebühren in Wien angefallen. Wir kennen die Ausgaben anläßlich der Amtsbestellung des Fürsten Carl Anselm im Jahre 1773: „Für das kaiserliche Hofdekret wegen der Principal-Commissionsstelle 4800 Gulden."

Wenn wir die Liste der Prinzipalkommissare bis 1748 verfolgen, dann ist festzustellen, daß deren Amtszeit relativ kurz war. Manche traten schon nach wenigen Jahren zurück. Der Grund hiefür kann leicht ermittelt werden: nur wenige konnten die riesigen Ausgaben mit den Haushaltsmitteln ihrer Hochstifte oder Häuser auf lange Dauer tragen. Fürst Frobenius Ferdinand zu Fürstenberg-Meßkirch, der zehn Jahre blieb, um dann seinem Neffen und Adoptivsohn, Joseph Wilhelm Ernst zu Fürstenberg-Stühlingen, den Platz einzuräumen, war vorsichtig genug, vor der Annahme der hohen Würde die finanziellen Verhältnisse zu klären. Es stellte sich heraus, daß schon damals der tatsächliche Aufwand jährlich mehr als 60 000 Gulden betrug. Der erste Fürstenberg konnte sich den Luxus nur leisten, weil er reiche Vettern beerbt, der jüngere, weil er die Gräfin von Waldstein, eine reiche böhmische Erbin geheiratet hatte. Dabei war aber der Aufwand bis zur Mitte des 18. Jahrhunderts noch relativ bescheiden. Man mietete sich im Reichsstift St. Emmeram ein und suchte möglichst viele billige Waren zollfrei aus den eigenen Herrschaften einzuführen.

Im Januar 1748 erschien in Regensburg der Hofmarschall des Fürsten Thurn und Taxis, um die Vorbereitungen für die Übersiedlung des Fürsten von Frankfurt nach Regensburg zu treffen. Er fand das bisherige Wohngebäude des Fürsten zu Fürstenberg in St. Emmeram als wenig geeignet. So empfahl er den Freisinger Hof, der 40 Zimmer enthielt, darunter „un grand salon". Bereits kurze Zeit später wurde mit dem Eigentümer dieses Hofes, dem Bischof von Freising und Regensburg, Kardinal Johann Theodor, ein Mietvertrag geschlossen. Nunmehr konnten die Bauarbeiten beginnen, die diesem Gebäude die Ausstattung und den Glanz verleihen sollten, wie dies für den Fürsten Thurn und Taxis als Repräsentanten des Kaisers am Reichstag erforderlich war.

Fürst Alexander Ferdinand hielt am 1. März 1748 erstmals seinen Einzug in Regensburg. Der Regensburger Chronist schreibt hierzu: „Bei seiner Ankunft wurde derselbe am Burgfrieden durch die bürgerliche Cavallerie empfangen und die Kanonen wurden von den Stadtwällen gelöset." Beim Gesandten des schwäbischen Grafenkollegiums stieg er ab. Er legitimierte sich beim Reichstag und verließ am 5. März wieder die Stadt. Am 20. Mai kam er nochmals für etwas längere Zeit nach Regensburg, um seine Amtsgeschäfte als Prinzipalkommissar zu übernehmen. Als Wohnung diente bei diesem Aufenthalt einstweilen das Kloster Prüfening. Bei dieser Gelegenheit schreibt der

Chronist: „Man wurde bald gewahr, welch fürstlichen Aufwand der neue Prinzipal-Commissarius machen und wie vieles zu seinem Etablissement erfordert würde."

Erst gegen Ende des Jahres 1748 waren die Bauarbeiten am Freisinger Hof so weit gediehen, daß Fürst Alexander Ferdinand nach Regensburg übersiedeln konnte. Am 7. November kam er zusammen mit seiner Mutter auf zwölf Schiffen in der Stadt an. Vom Weintor ging die Fahrt mit sechsspännigen Wagen unter Begleitung der reichsstädtischen Kavallerie und unter dem Donner der Kanonen zur fürstlichen Residenz. Der Regensburger Chronist fügt noch hinzu: „Im Dezember setzte sich nun der Fürst ins Publikum. So wie dieses fürstliche Haus hier etabliert war, kamen viele Fremde und Sehenswürdigkeiten hier an."

Außer dem Freisinger Hof wurden bereits 1748 verschiedene Gebäude in der Stadt für die sonstigen Erfordernisse der Hofhaltung, vor allem für die Unterbringung der Pferde usw., angemietet. Schon bald zeigte sich aber, daß der Freisinger Hof und die Wirtschaftsgebäude nicht ausreichten. So kamen 1749 durch einen Vertrag vom Reichsstift St. Emmeram weitere Wohnräume und Wirtschaftsgebäude mit Stallungen und Wagenremisen hinzu. Seit 1. November 1753 wurde das Quartier in St. Emmeram noch bedeutend erweitert. Diese Vergrößerung stand in ursächlichem Zusammenhang mit der am 3. September 1753 stattgefundenen Vermählung des Erbprinzen Carl Anselm mit der Herzogin Augusta Elisabeth von Württemberg. Dem Erbprinzen hat man also die frühere Residenz des Prinzipalkommissars in St. Emmeram als Palais zugewiesen. Dieses wurde fortan als „Inneres Palais" bezeichnet.

Aus all dem wird ersichtlich, daß mit dem neuen Prinzipalkommissar aus dem Hause Thurn und Taxis eine grundlegende Änderung gegenüber früher eingetreten ist. Nicht nur der gesamte Hofstaat des Fürsten, auch die Generalpostdirektion und die Geheime Kanzlei als oberste fürstliche Verwaltungsstelle haben in Regensburg ihren Sitz aufgeschlagen. Das Zandthaus in der Gesandtenstraße wurde für Zwecke der Verwaltung hinzugewonnen. Damit war Regensburg zugleich die Residenzstadt des Fürsten Thurn und Taxis, wenn auch in angemieteten Gebäuden, wie es wegen der rechtlichen Verhältnisse für einen Reichsstand in der Reichsstadt nur möglich sein konnte. Die laufenden Geschäfte für die oberste Leitung der Reichspost machten es erforderlich, daß die Verwaltung immer unmittelbar beim Fürsten ihren Sitz hatte. Neben Regensburg gab es noch die fürstliche Sommerresidenz in Schloß Trugenhofen im Schwäbischen, die in den Monaten Mai bis einschließlich September dem Fürsten regelmäßig als Wohnsitz diente. Auch dorthin erfolgte jeweils ein Umzug mit Hofstaat und Verwaltung. Aus dem Jahre 1792 wissen wir, daß sich im Sommer in Trugenhofen beim Fürsten annähernd 350 Personen aufgehalten haben, darunter 39 Angehörige des Adels. Man kann für Regensburg die Zahl der Hofstaaten, Dienerschaft und Verwaltungspersonal in der Umgebung des Fürsten zusammen auf mindestens 400 Personen schätzen.

Nachdem die Amtszeit der Fürsten Thurn und Taxis als Prinzipalkommissare mehr als ein halbes Jahrhundert umfaßt und die Überlieferung hier sehr gut ist, darf es ge-

*Huldigung der Regensburger Bürgerschaft vor Prinzipalkommissar Carl Anselm
von Thurn und Taxis in Vertretung Kaiser Franz' II., 1793*

Ball beim kaiserlichen Prinzipalkommissar Kardinal Christian August von Sachsen-Zeitz, 1717

stattet sein, an diesen Beispielen die Tätigkeit und den Hof der Prinzipalkommissare noch näher zu betrachten.

Zu den verschiedenen feierlichen Handlungen, die von den Fürsten Thurn und Taxis als Prinzipalkommissare in Regensburg zu vollziehen waren, zählt insbesondere die Huldigung und der Treueid auf den Kaiser durch die Bürgerschaft. Diese unter großem Aufwand vollzogene Zeremonie hat Fürst Alexander Ferdinand am 2. April 1750 für Kaiser Franz I. und am 28. April 1766 für Kaiser Joseph II. in feierlichster Form vorgenommen. Unter Fürst Carl Anselm ist die Huldigung noch am 31. März 1791 für Kaiser Leopold II. und am 11. April 1793 für Kaiser Franz II. erfolgt. Diese Huldigung war also jeweils nach dem Regierungsantritt eines Kaisers durchzuführen. Kaiser Franz I., dessen Kaiserwahl bereits in das Jahr 1745 fällt, hat die Huldigung durch die Bürgerschaft immer wieder verschoben. Erst im Jahre 1750 wurde dazu der Prinzipalkommissar Fürst Alexander Ferdinand bevollmächtigt.

Die Hofhaltung des Fürsten Thurn und Taxis in Regensburg war in dieser Zeit besonders für die Aufgaben als Prinzipalkommissar am Reichstag zugeschnitten. Es darf also nicht verwundern, wenn bei besonderen Anlässen, vor allem der feierlichen Akkreditierung von Gesandten beim Reichstag oder auch bei Audienzen für diese, der gesamte Prunk und das Zeremoniell des Prinzipalkommissars aufgeboten wurden. Das Zeremoniell einesteils und die Verwendung der Räume in der fürstlichen Residenz anderteils beschreiben die von einem Hofkavalier geführten „Reichstags-Ceremonial-Protokollbücher" am besten anläßlich der Audienzen von Gesandten. Das feierlichste Zeremoniell griff Platz, wenn der kurmainzische Gesandte „nomine imperii" vom Prinzipalkommissar empfangen wurde.

„Den 31. Dezember 1773 legten S. Excellenz der kurmainzische Herr Gesandte Freiherr von Linker nomine imperii bei S. Hochfürstl. Durchlaucht dem Herrn Prinzipal-Commissario den neuen Jahreswunsch ab. S. Excellenz der Herr Gesandte ließen sich den 30. Dezember bei dem Herrn Hofmarschall erkundigen, in welcher Stunde der kurmainzische Legationssekretaire kommen könnte, um sich im Namen seines Herrn Gesandten die Stunde zur Audienz bei S. Hochfürstl. Durchlaucht zu erbitten. S. Hochfürstl. Durchlaucht gaben solchen die Stunde um 9 Uhr vormittags den 31. Dezember, in welcher Stunde er auch erschiene und von S. Hochfürstl. Durchlaucht im Rittersaal empfangen wurde und von hochdemselben die Stunde zur Audienz nämlichen Tages um 1/4 über 12 Uhr erhielt. Weil aber wegen des Tages vorhero gehaltenen Concerts die Schiedwand in dem Rittersaal ausgebrochen war und wieder hineinzumachen vergessen worden, das Ceremoniel also nach gehöriger Ordnung nicht besorget werden konnte, so wurden der Herr Hofmarschall Baron von Vrints zu S. Excellenz dem H. kurmainzischen Gesandten Freiherrn von Linker geschickt, um sich anzufragen, ob dieser Umstand zu ein oder andern Unannehmlichkeiten Veranlassung geben könnte, mit dem Offerto, daß, wenn es S. Excellenz gefällig, noch eine Stunde mit der Audienz zu warten, die Schiedwand sogleich hineingemachet würde, widrigenfalls aber man durch die Kanzleiverwandten und Sekretaires den Unterschied dieser

Wand ersetzen würde, und S. Hochfürstl. Durchlaucht würden sowohl den Empfang als die Begleitung machen auf eine nämliche Art, als wann die Schiedwand in dem Rittersaal hergestellet wäre, womit dann S. Excellenz der Herr Gesandte sich zufrieden stellten und in angesetzter Zeit zur Audienz in einem mit sechs Pferden mit Vorausstretung ihrer Hausofficiers und sämtlicher Livrée erschienen. Es wurde zu dieser Audienz der sämtliche Hofstaat beordert, zwei Lauffer stunden unten an der Treppe und die sämtliche Livrée ware ein Spalier von der untersten Treppe an bis an den Rittersaal, allwo die Heiducken auf beiden Seiten des Rittersaals ihren Platz hatten, die sämtlichen Hausofficiers und Musik waren in dem Rittersaal und die Kanzlei machte die Schiedwand von dem Rittersaal und zugleich die Spalier; die Herren geheimen Räte und die übrigen Cavaliers waren in dem Vorzimmer des Audienzsaals. Vor dem Audienzzimmer stunden die zwei Kammerdiener mit denen Degen und den Hute unter dem Arm. Der Portier hatte den Befehl, bei S. Excellenz Ankunft zweimal zu läuten; der Truchseß nebst sechs Pagen und fünf Cavaliers gingen S. Excellenz bis an den letzten Staffel der Treppen entgegen, wo sie vor S. Excellenz voran herauf gingen. S. Hochfürstl. Durchlaucht der H. Principal-Commissarius empfingen S. Excellenz drei Schritte vor dem dritten Zimmer in dem Rittersaal, führten vorbemeldten Herrn Gesandten in das Audienzzimmer, behielten jedoch allezeit die rechte Hand und einen halben Schritt vorwärts. Bei Ankunft S. Hochfürstl. Durchlaucht des Herrn Principal-Commissarii und des Herrn Abgesandten vor dem Audienzzimmer eröffneten die zwei dahin gestellten Kammerdiener beede Flügeln der Türe des Audienzsaals. Der diensthabende Cavalier stund hinter dem Stuhl S. Hochfürstl. Durchlaucht und der Freiherr von Jett hinter dem Stuhl des Herrn Abgesandten; beede Stühle wurden gegeneinander übergesetzt, doch so, daß der Stuhl S. Hochfürstl. Durchlaucht des Herrn Principal-Commissarii mehr zur rechten stunde, wo jedoch des Herrn Abgesandten sein Stuhl so gesetzt wurde, daß solcher mit beeden Füßen auf dem Teppich zu stehen kam. Nachdem sich S. Hochfürstl. Durchlaucht und der Herr Abgesandte gesetzt hatten, traten die beeden Hofcavaliers ab und beede Kammerdiener machten beede Flügel der Tür des Audienzzimmers zu. Nach geendigtem Neuen-Jahrs-Compliment und da S. Hochfürstl. Durchlaucht der Herr Principal-Commissarius aufgestanden waren, eröffneten beede Kammerdiener die beeden Flügel der Tür des Audienzzimmers, der Truchseß, sechs Pagen und fünf Cavaliers traten voraus und begleiteten S. Excellenz den Herrn Abgesandten bis unter den letzten Staffel der Treppen am Wagen, blieben so lange stehen, bis S. Excellenz wieder abfuhren. S. Hochfürstl. Durchlaucht aber der Herr Principal-Commissarius begleiteten S. Excellenz so wie bei dem Empfang bis drei Schritte in den Rittersaal, der ganze Hof war in der Ordnung gestellet wie bei dem Empfang. Auf diese Art endigte sich diese große Audienz."

Kleine Verschiedenheiten im Zeremoniell zeigen sich, als am 25. Februar 1774 beispielsweise der Gesandte von Kurköln sein Beglaubigungsschreiben überreicht. Auch hier ist der ganze Hof in Gala. Der Unterschied zur vorigen Audienz besteht nach dem Zeremonialprotokoll darin, „daß nur vier Cavaliers und vier Pagen ihn empfingen und

S. Hochfürstl. Durchlaucht dem Herrn Gesandten nur bis an die zweite Antichambre entgegengingen und des Herrn Gesandten sein Stuhl so gestellet war, daß er nur mit einem Fuß den Teppich berühren konnte".

Die nächste Abstufung im Zeremoniell bei der Audienz von Gesandten ergibt sich am Beispiel der Legitimation des Gesandten von Pfalz-Neuburg am 14. März 1774. Dieser ist also in die Gruppe der Gesandten zu zählen, die auf der Fürstenbank sitzen. Das Zeremonialprotokoll kennzeichnet den Unterschied zu den vorigen Audienzen dadurch, „daß vier Pagen und drei Herren Cavaliers ihm bis an den letzten Stufen der Stiegen entgegengingen und ihn heraufbegleiteten, S. Hochfürstl. Durchlaucht der Herr Principal-Commissarius empfingen ihn in der Mitte der zweiten Antichambre und führten ihn in den Audienzsaal, allwo des Herrn Gesandten sein Stuhl so gestellet war, daß er mit keinem Fuß den Teppich berühren konnte".

Am einfachsten ist das Zeremoniell für die reichsstädtischen Vertretungen bei Audienzen bemessen. Ihre Ankunft wird durch einmaliges Läuten angekündigt. Der Hoffourier empfängt sie auf der Mitte der Treppe und führt sie vor die Türe des Rittersaales. Hier nimmt sie der Truchseß in Empfang, geleitet sie in das erste Zimmer und meldet sie dem Fürsten. Dann führt er sie bis an das Audienzzimmer, wo der diensthabende Kammerdiener einen Flügel der Türe öffnet. Der Fürst empfängt die Delegation im Audienzzimmer stehend.

Dieses Zeremoniell wird erst voll verständlich, wenn man sich vergegenwärtigt, daß es sich um die Reichsetikette handelt. Daran war der Prinzipalkommissar strengstens gebunden.

Bereits als Fürst Alexander Ferdinand seine Regensburger Residenz 1748 bezog, ist in der Stadt der zahlreiche Hofstaat aufgefallen. Man kannte diesen Aufwand von den früheren Prinzipalkommissaren nicht.

Der Hofstaat des Fürsten Thurn und Taxis hatte in der zweiten Hälfte des 18. Jahrhunderts in seiner oberen Spitze gewöhnlich folgende Zusammensetzung: zwei Geheime Konferenzräte, Hofmarschall, Oberstallmeister, Reisemarschall, Hoftruchseß, Oberstjägermeister, mehrere Hofkavaliere, zwei Hofdamen, Oberhofmeisterin, Beichtvater, Leibmedici und mehrere Hofräte. Wie bei anderen Höfen unterhielt man auch eine eigene Pagerie, in der junge Adelige für den höfischen Dienst herangebildet wurden. Am Regensburger Hof des Fürsten sind gewöhnlich sechs bis acht Pagen festzustellen. An ihrer Spitze stand der Pagenhofmeister.

Zur Förderung des gesellschaflichen Lebens und dessen Ausgestaltung am Hofe unterhielt man eine eigene Hofmusik, die sich im Laufe des 18. Jahrhunderts großer Berühmtheit erfreute. Fürst Alexander Ferdinand konnte hier auf eine frühere Tradition am Frankfurter Hof zurückgreifen. Ausgezeichnete Musiker aus vielen europäischen Ländern wirkten in dieser Zeit am fürstlichen Hof in Regensburg. Seit dem Regierungsbeginn des Fürsten Carl Anselm ist unter dem neuen Musikintendanten Theodor Freiherrn von Schacht ein weiterer Ausbau der Hofmusik und des Hoftheaters festzustellen. Schon am 10. Mai 1760 hat Fürst Alexander Ferdinand mit der Reichsstadt Re-

Residenz der kaiserlichen Prinzipalkommissare im Reichsstift St. Emmeram um 1735

gensburg einen Vertrag wegen Überlassung des städtischen Ballhauses am Ägidienplatz „zum Nutzen des französischen Spektakle" geschlossen. Bis zum Tode dieses Fürsten stand das neue Hoftheater unter dem Zeichen der „Comédie française". Ab 1774 folgte die italienische Oper, um 1778 auf Betreiben von Baron Berberich durch eine deutsche Schaubühne abgelöst zu werden. Dieser schloß sich von 1784 bis 1786 nochmals die italienische Oper an.

Nach dem Vorbild anderer Höfe, wie etwa des Kaiserhofes in Wien, hat man ein eigenes Hatztheater eingerichtet, das von den Kreisen der Hohen Gesellschaft, aber auch vom Fürsten gerne besucht wurde. Es lag auf der gegenüberliegenden Donauseite in Steinweg, also auf bayerischem Boden.

Am Namenstag des Kaisers, bei dem alljährlich der Prinzipalkommissar mit großem Pomp zu einem feierlichen Gottesdienst im Dom auffuhr, trat nunmehr Fürst Carl Anselm 1774 erstmals an die Öffentlichkeit. Wie kaum bei einer anderen Gelegenheit zeigte hier der Prinzipalkommissar öffentlich sein prunkvolles Zeremoniell. Hören wir hierzu, was Dr. Ernst Wilhelm Martius in seinen Lebenserinnerungen über Regensburg und insbesondere über die Auffahrt des Prinzipalkommissars zum Dom schreibt:

„Ich hatte mich nicht bloß einer freundlichen und ehrenvollen Behandlung zu erfreuen, sondern bekam in der alten Reichsstadt, wo sich der Reichstag befand, gar manches Interessante zu sehen. Die Vereinigung von vielen Gesandtschaften, nicht bloß der deutschen Reichsstände, sondern aller europäischen Großmächte verbreitete Luxus und Wohlstand über die Stadt. Das deutsche Reich entfaltete hier in den Hofhaltungen der Diplomaten noch einen besonderen Glanz. Vorzüglich entwickelte der Fürst von Thurn und Taxis, Carl Anselm, als kaiserlicher Principal-Commissarius, bei feierlichen Anlässen einen ungewöhnlichen Reichtum und eine Pracht, dergleichen ich früher noch nicht gesehen hatte. Am Namenstag des Kaisers Joseph hielt er eine feierliche Auffahrt in den Dom. Er trug bei diesem Anlaße die prächtige Tracht eines Granden von Spanien, schwarzseidenen Mantel, Agraffe und Knöpfe reich von Brillanten, und saß in einer von acht Rossen gezogenen Staatskutsche, welche mit dem Pferdegeschirre von karmoisinroter Seide, stark mit Gold durchwirkt, 80 000 Gulden gekostet hatte."

Am 6. Mai 1792 traf das Fürstliche Haus in Regensburg ein schweres Brandunglück. Im Dachstuhl der Residenz des Prinzipalkommissars am Emmeramsplatz, also im Freisinger Hof, brach ein Feuer aus, das innerhalb von 36 Stunden das gesamte Gebäude zerstörte. Lediglich die ausgebrannten Fassaden blieben stehen. Die wertvolle Einrichtung konnte zum größten Teil gerettet werden, allerdings mit beträchtlichen Beschädigungen.

Unmittelbar nach dem Brand war in aller Eile zu klären, wo nunmehr der Fürst in Regensburg seine Residenz aufschlagen solle. Es ergab sich, daß ein Gebäude des Reichsstiftes St. Emmeram, das unmittelbar westlich des Freisinger Hofes am Emmeramsplatz liegt, für diese Zwecke die besten Voraussetzungen bot. Fürstabt Coelestin Steiglehner gab seine Zustimmung und war auch bereit, die dort eingebauten Getreidekästen zu räumen. Der fürstliche Baudirektor Joseph Sorg, der Sohn des Hofbildhauers Simon Sorg, begann nun mit größter Eile mit dem Umbau. Die Baumaßnahmen waren so weitgehend, daß der Emmeramer Fürstabt später schrieb: Es sei „das ganze Gebäude so verändert, daß nun kaum eine andere Herrschaft als ein Fürst Taxis, der noch viele andere Gebäude bewohnt, darin wohnen könne". Der Fürst Thurn und Taxis ließ sich demnach dieses Haus zu einer Residenz umgestalten, die den in Regensburg gegebenen Verhältnissen gerecht wurde. Die gesamten Bauarbeiten wie auch die Vorkehrungen für die reiche Innenausstattung hat Sorg mit solcher Schnelligkeit vorangetrieben, daß Fürst Carl Anselm die neue Residenz bereits am 5. November beziehen konnte, um seinen hohen Pflichten beim Reichstag nachzukommen.

Zwei wichtige Schöpfungen, die auf Fürst Carl Anselm während seiner Wirkungszeit als Prinzipalkommissar am Reichstag in Regensburg unmittelbar zurückgehen, dürfen in diesem Zusammenhang nicht übersehen werden: die Einrichtung der fürstlichen Hofbibliothek im Jahre 1773 und die Stiftung der Allee um den Gürtel der Altstadt Regensburg 1779.

Unmittelbar nach seinem Regierungsantritt befahl Fürst Carl Anselm die Einrichtung einer fürstlichen Bibliothek, die öffentlich zugänglich sein sollte. Den Grundstock bildeten kleinere Büchersammlungen des Hauses in Brüssel und Frankfurt sowie besonders die Privatbibliothek des Fürsten Alexander Ferdinand.

F.K.G. Hirsching räumt in seinem „Versuch einer Beschreibung sehenswürdiger Bibliotheken Teutschlands" der „Fürstlich Thurn und Taxisschen öffentlichen Bibliothek" allein 46 Seiten ein. Er ist voll des Ruhmes über die herrlichen Werke, die er hier vorfand. Des Bibliotheksstifters Fürst Carl Anselm gedenkt er mit den Worten: „Seinem großen fürstlichen Herzen, dessen Güte allgemein und unbezweifelt geliebt und verehrt wird, hat Regensburg auch dieses Denkmal fürstlicher Güte, diese gemeinnützige Anstalt zu danken."

Am 12. April 1779 ließ Fürst Carl Anselm bei der Stadt den Antrag einbringen, daß er um die mittelalterlichen Befestigungsanlagen von Regensburg eine Allee errichten wolle. Sie sollte angelegt werden „zum Nutzen und Vergnügen der hiesigen Inwohnerschaft" sowie auch „zur Zierde der Stadt und zur Gesundheit der Einwohnerschaft". Der Fürst wünscht „ein dauerndes Denkmal zu hinterlassen", so drückte er sich selbst aus.

Die Prinzipalkommissare waren keineswegs willfährige Werkzeuge des Kaisers oder Sachwalter Habsburgs. Wir wissen von Kardinal Guidobald, wie selbständig er zu handeln wußte. Uns will scheinen, daß die Prinzipalkommissare der Aera Thurn und Taxis ihre Stellung noch einmal verstärkten. Als Erbgeneralpostmeister mußten sie ja mit besonderem Interesse und Nachdruck am Fortbestand des Alten Reiches interessiert sein. Die Kaiserliche Reichspost konnte ja nur in einem fortbestehenden Reich ihre Grundlage und Existenz haben. Wenn schon die Kaiser aus dem Haus Habsburg-Lothringen in ihren erbländischen Interessen aufgingen, saß auf dem den Kaiser repräsentierenden Regensburger Thron der kaiserliche Prinzipialkommissar. An ihm hing noch immer die sichtbare Würde des Alten Reiches. Noch bis zum Ende des Reiches bestand die Hoffnung, die Hülle mit neuem Inhalt auszufüllen. Eine andere Welt- und Reichsauffassung ist darüber hinweggegangen, diejenige Napoleons.

Quellen und Literatur (Auswahl)

Fürst Thurn und Taxis-Zentralarchiv Regensburg: Besonders die Bestände Haus- und Familiensachen Akten und Urkunden sowie Hofmarschallamt.
Für Hinweise danke ich Herrn Prof. Dr. Dr. Karl S. Bader (Zürich).
Bader, Karl S., Regensburg und das Reich (Blätter für deutsche Landesgeschichte 98, 1962, S. 64—89).
Behringer, Wolfgang, Thurn und Taxis. Die Geschichte ihrer Post und Unternehmungen, München-Zürich 1990.
Bierther, Kathrin, Der Regensburger Reichstag von 1640/41 (= Regensburger Historische Forschungen 1), Kallmünz 1971.
Bülow, H. W. v., Über Geschichte und Verfassung des gegenwärtigen Reichstags, 2 Bde., Regensburg 1792—1793.
Comitial-Taschenbuch für das Jahr 1800. Regensburg, Regensburg 1799.
Feste in Regensburg. Von der Reformation bis zur Gegenwart, hg. v. Karl Möseneder, Regensburg 1986, S. 233—243.
Freytag, Rudolf, Das Prinzipalkommissariat des Fürsten Alexander Ferdinand von Thurn und Taxis. (Jahrbuch des Historischen Vereins Dillingen 25, 1912, S. 1—26).

Freytag, Rudolf, Regensburger Kaisertage zur Zeit des ausgehenden Reichs (Erzähler 48/49, 1921, S. 5—23).
Freytag, Rudolf, Vom Sterben des Immerwährenden Reichstags (VHVOR 84, 1934, S. 203—209).
Fürnrohr, Walter, Der Immerwährende Reichstag zu Regensburg (VHVOR 103, 1963, S. 165—255).
Fürnrohr, Walter, Die Vertreter des habsburgischen Kaisertums auf dem Immerwährenden Reichstag, Teil 1 (VHVOR 123, 1983, S. 71—140), Teil 2 (VHVOR 124, 1984, S. 99—148).
Gemeiner, Carl Theodor, Geschichte der öffentlichen Verhandlungen des zu Regensburg noch fortwährenden Reichstags von dessen Anfange bis auf neuere Zeiten, 3 Bde., Regensburg 1794—1796.
Gumpelzhaimer, Christian Gottlieb, Regensburgs Geschichte, Sagen und Merkwürdigkeiten von den ältesten bis auf die neuesten Zeiten, Bd. 3 und 4, Regensburg 1838.
Härter, Karl, Reichstag und Revolution 1789—1806. Die Auseinandersetzung des Immerwährenden Reichstags zu Regensburg mit den Auswirkungen der Französischen Revolution auf das Alte Reich (= Schriftenreihe der Hist. Kommission bei der Bayer. Akademie der Wissenschaften 46), Göttingen 1992.
Hirsching, Friedrich Karl Gottlieb, Versuch einer Beschreibung sehenswürdiger Bibliotheken Teutschlands, 3 Bde., Erlangen 1786—1791.
Lünig, Johann Christian, Teutsches Reichsarchiv, 24 Bde., Leipzig 1710—1722.
Martius, Ernst Wilhelm, Erinnerungen aus meinem 90jährigen Leben, Leipzig 1847.
Menzel, Carl Philipp, Neuestes teutsches Reichs-Tags-Theatrum, Nürnberg 1733.
Moser, Johann Jacob, Teutsches Staatsrecht, 50 Teile, dazu Zusätze und Register, Nürnberg, Frankfurt und Leipzig 1737—1753.
Moser, Johann Jacob, Von denen Teutschen Reichs-Tags-Geschäfften, Frankfurt 1768.
Moser, Johann Jacob, Von Teutschen Reichs-Taegen, 2 Bde., Frankfurt und Leipzig 1774.
Pachner v. Eggenstorff, Johann Joseph, Vollständige Sammlung aller von Anfang des noch fürwährenden teutschen Reichstages de anno 1663 bis anhero gefaßten Reichsschlüsse, 4 Teile, Regensburg 1740—1777.
Piendl, Max, Die fürstliche Residenz in Regensburg im 18. und beginnenden 19. Jahrhundert (Thurn und Taxis-Studien 3, 1963, S. 47—125).
Piendl, Max, Die fürstliche Hofhaltung in Schloß Trugenhofen 1792 (Thurn und Taxis-Studien 10, 1978, S. 125—139).
Piendl, Max, Das Fürstliche Haus Thurn und Taxis in Regensburg, Regensburg 1980.
Probst, Erwin, Fürstliche Bibliotheken und ihre Bibliothekare (Thurn und Taxis-Studien 3, 1963, S. 127—228).
Schönfeld, Roland, Bürger und Reichstag in Regensburg — Besinnliches zum Vergehen glanzvoller Zeit (Regensburger Almanach 23, 1991, S. 62—69).
Strobel, Richard, Die Allee des Fürsten Carl Anselm in Regensburg (Thurn und Taxis-Studien 3, 1963, S. 229—267).

Autorenverzeichnis

DIETER ALBRECHT
Geboren 1927, em. ordentlicher Professor der Neueren und Neuesten Geschichte an der Universität Regensburg.

Veröffentlichungen (Auswahl):
- Die deutsche Politik Papst Gregors XV. (1956).
- Richelieu, Gustav Adolf und das Reich (1959).
- Die auswärtige Politik Maximilians von Bayern 1618—1635 (1962).
- Briefe und Akten zur Geschichte des Dreißigjährigen Krieges, Neue Folge, 2. Abt., Band 5 (1964).
- Der Notenwechsel zwischen dem Hl. Stuhl und der Deutschen Reichsregierung 1933—1945, 3 Bände (1965-1980).
- Regensburg im Wandel. Studien zur Geschichte der Stadt im 19. und 20. Jahrhundert (1984).
- Joseph Edmund Jörg. Briefwechsel 1846—1901 (1988).
- Die Protokolle der Landtagsfraktion der Bayerischen Zentrumspartei 1893—1914, 5 Bände (1989-1993).

FRITZ BLAICH
Geboren 1940, gestorben 1988, ordentlicher Professor für Wirtschaftsgeschichte an der Universität Regensburg.

Veröffentlichungen (Auswahl):
- Die Reichsmonopolgesetzgebung im Zeitalter Karls V. Ihre ordnungspolitische Problematik (1965).
- Die Wirtschaftspolitik des Reichstages im Heiligen Römischen Reich (1970).
- Die Epoche des Merkantilismus (1973).
- Kartell- und Monopolpolitik im kaiserlichen Deutschland. Das Problem der Marktmacht im deutschen Reichstag zwischen 1879 und 1914 (1973).
- Der Trustkampf (1901-1915). Ein Beitrag zum Verhalten der Ministerialbürokratie gegenüber Verbandsinteressen im Wilhelminischen Deutschland (1975).
- Die Wirtschaftskrise 1925/26 und die Reichsregierung. Von der Erwerbslosenfürsorge zur Konjunkturpolitik (1977).
- Grenzlandpolitik im Westen 1926—1936. Die „Westhilfe" zwischen Reichspolitik und Länderinteresse (1978).

- Staat und Verbände in Deutschland zwischen 1871 und 1945 (1979).
- Die Energiepolitik Bayerns 1900 — 1921 (1981).
- Wirtschaft und Rüstung im „Dritten Reich" (1987).

KARL HEINZ GÖLLER
Geboren 1924, em. ordentlicher Professor für Englische Philologie an der Universität Regensburg, Ehrenpräsident des Mediaevistenverbandes e.V., Vizepräsident der Europäischen Mittelalterakademie.

Veröffentlichungen (Auswahl):
- König Arthur in der englischen Literatur des späten Mittelalters (1963).
- Geschichte der Altenglischen Literatur (1971).
- Romance und Novel (1972).
- Das Regensburger Dollingerlied, mit Herbert Wurster (1980).
- The Alliterative Morte Arthure: A Reassessment of the Poem (^{2}1994).

OTTO KIMMINICH
Geboren 1932, ordentlicher Professor für öffentliches Recht, insbesondere Staatsrecht, Völkerrecht und Politik an der Universität Regensburg.

Veröffentlichungen (Auswahl):
- Deutsche Verfassungsgeschichte (1987).
- Einführung in das Völkerrecht (1992).
- Einführung in das öffentliche Recht (1972).
- Schutz der Menschen in bewaffneten Konflikten (1979).
- Rechtsprobleme der polyethnischen Staatsorganisation (1985).
- Umweltschutz — Prüfstein der Rechtsstaatlichkeit (1987).
- Das Recht auf die Heimat (1989).
- Religionsfreiheit als Menschenrecht (1990).
- Deutschland und Europa — Historische Grundlagen (1992).
- Der völkerrechtliche Hintergrund der Aufnahme und Integration der Heimatvertriebenen und Flüchtlinge in Bayern (1993).

MAX PIENDL
Geboren 1918, gestorben 1989, Direktor des Fürst Thurn und Taxis Zentralarchivs und der Fürst Thurn und Taxis Hofbibliothek, Honorarprofessor für Archivwissenschaften an der Universität Regensburg.

Veröffentlichungen (Auswahl):
- Das Landgericht Kötzting. Historischer Atlas von Bayern, Teil Altbayern, Heft 5 (1953).
- Das Landgericht Cham. Historischer Atlas von Bayern, Teil Altbayern, Heft 8 (1955).
- Herzogtum Sulzbach – Landrichteramt Sulzbach. Historischer Atlas von Bayern, Teil Altbayern, Heft 10 (1957).
- Fontes monasterii s. Emmerami Ratisbonensis. Bau- und kunstgeschichtliche Quellen (1961).
- Der fürstliche Marstall in Regensburg, in: Thurn und Taxis Studien 4 (1966), S. 1–183.
- Das Fürstliche Haus Thurn und Taxis. Zur Geschichte des Hauses und der Thurn und Taxis-Post, Regensburg 1980.
- St. Emmeram in Regensburg. Die Baugeschichte seiner Klostergebäude, in: Thurn und Taxis Studien 15 (1986), S.133–364.

ALOIS SCHMID
Geboren 1945, Professor für Landesgeschichte mit besonderer Berücksichtigung Bayerns an der Universität Eichstätt.

Veröffentlichungen (Auswahl):
- Das Bild des Bayernherzogs Arnulf (907–937) in der deutschen Geschichtsschreibung von seinen Zeitgenossen bis zu Wilhelm von Giesebrecht (1976).
- Max III.Joseph und die europäischen Mächte. Die Außenpolitik des Kurfürstentums Bayern von 1745–1765 (1987).
- Staatsverträge des Kurfürstentums Bayern 1745–1764 (1991).
- Franz I. Stephan von Habsburg-Lothringen (1745-1765), der unbekannte Kaiser (1991).
- Regensburg III: Die Reichsstadt und ihre Klöster. Historischer Atlas von Bayern, Teil Altbayern, Heft 60 (1994).

PETER SCHMID
Geboren 1945, wissenschaftlicher Mitarbeiter der Historischen Kommission bei der Bayerischen Akademie der Wissenschaften, apl. Professor der Geschichte an der Universität Regensburg.

Veröffentlichungen (Auswahl):
- Regensburg. Stadt der Könige und Herzöge im Mittelalter (1977).
- Der Gemeine Pfennig von 1495. Vorgeschichte und Entstehung, verfassungsgeschichtliche, politische und finanzielle Bedeutung (1989).
- Tassilo III. und Karl der Große. Zum Ende des Stammesherzogtums Bayern (1989).

FRIEDRICH-CHRISTIAN SCHROEDER

Geboren 1936, ordentlicher Professor für Strafrecht, Strafprozeßrecht und Ostrecht an der Universität Regensburg, Vorstand des Instituts für Ostrecht München.

Veröffentlichungen (Auswahl):
- Der Täter hinter dem Täter. Ein Beitrag zur Lehre von der mittelbaren Täterschaft (1965).
- Der Schutz von Staat und Verfassung im Strafrecht. Eine systematische Darstellung, entwickelt aus Rechtsgeschichte und Rechtsvergleichung (1970).
- Strafrecht — Besonderer Teil (in Nachfolge von R. Maurach, zusammen mit M. Maiwald), (1988, 1991).
- Pornographie, Jugendschutz und Kunstfreiheit (1992).
- Das Strafrecht der UdSSR de lege ferenda (1958).
- Wandlungen der sowjetischen Staatstheorie (1979).
- Das Strafrecht des realen Sozialismus (1983).
- 74 Jahre Sowjetrecht (1992).
- Die Carolina. Die Peinliche Gerichtsordnung Kaiser Karls V. von 1532 (1986).

GERHARD B. WINKLER

Geboren 1931, ordentlicher Professor für Kirchengeschichte an der Universität Salzburg.

Veröffentlichungen (Auswahl):
- Der dem Stift Wilhering inkorporierte Pfarrverband und seine rechtliche Entwicklung (1955).
- Erasmus von Rotterdam und die Einleitungsschriften zum Neuen Testament. Formale Strukturen und theologischer Sinn (1974).
- Die nachtridentinischen Synoden im Reich. Salzburger Provinzialkonzilien 1569, 1573, 1576 (1988).
- Bernhard von Clairvaux. Sämtliche Werke lateinisch und deutsch, bisher 4 Bände (1990-1993).

Personenregister

Adalbero, Graf   24
Adam von Ebrach   27
Adolf von Nassau, König   20
Aegidi, Ludwig Karl von   122
Albert von Pietengau, Bischof von
   Regensburg   23
c'Albeville, Marquis   156 f.
Albrecht I., König   20, 100, 119
Albrecht I., Herzog von
   Niederbayern-Straubing   30
Albrecht III., Herzog von Oberbayern   32
Albrecht IV., Herzog von
   Oberbayern   30−34, 36−41
Albrecht, Herzog von Preußen   52
Alexander Ferdinand, Fürst von Thurn und
   Taxis   169, 172−176, 178, 180 f
Anna, Königin von England   143
Anselm Casimir von Umstadt, Erzbischof und
   Kurfürst von Mainz   88, 98 ff.
Anstruther, Sir Robert   88
Argyll, Archibald Campbell, Earl of   159
Arnold von St. Emmeram   23
Arnulf von Kärnten, König   14, 23
Arnulf, Herzog von Bayern   14
Augusta Elisabeth, Fürstin von Thurn und
   Taxis   176
Augustinus, Kirchenvater   122
Augustijn, Cornelis   76
Ayala, Balthasar de   120

Baldus de Ubaldis   118
Barberini, Maffeo s. Urban VIII.
Barrillon, Paul, Marquis de Branges   156
Bartolini, Riccardo   41
Beer, Laurentius   148
Behaim, Lorenz   68
Berber, Friedrich   123
Berberich, Franz Ludwig Freiherr von   181
Bernini, Lorenzo   92
Billik, Eberhard   74
Boehmer, Johann Gottfried   44
Bonifaz VIII., Papst   119
Boriwoi, Herzog von Böhmen   16
Bracher, Frederick   152, 162−166
Brandi, Karl   75 f., 85
Brenz, Johannes   75
Bretislaus, Bischof von Prag   17, 21
Bretislav, Herzog von Böhmen   16, 21, 23

Brück, Gregor   74
Brulart de Léon, Charles   88
Bryce, James, Viscount   122
Buckingham, George Villiers, Duke of   154
Burkhard, Franz   73
Burnet, Gilbert   159
Butzer, Martin   72, 75, 78, 80, 87

Calvin, Jean   74, 83f., 87
Carl Anselm, Fürst von Thurn und
   Taxis   174-181
Carlingford, Nicholas, Earl of   159 f., 163
Carolus Crassus s. Karl der Dicke
Carpzow, Benedikt   44
Casimir, Markgraf von Brandenburg   52, 69
Christian August, Herzog von Sachsen-Zeitz,
   Erzbischof von Gran, Kardinal   171, 177
Cicero, Marcus T.   68
Cochläus, Johannes   74 f.
Contarini, Gasparo   74, 81, 84f.
Corbet, Robert   152
Corvinus s. Matthias
Crécy, Louis Comte de   156, 161
Cruciger, Caspar   74
Cusanus, Nikolaus   78

Danckelmann, Eberhard von   159
Dennistoun, James, Esquire of   165
Dover, Henry Jermyn, Earl of   158
Dryden, John   158

Eberhard, Graf von Sempt-Ebersberg   24
Eck, Johannes   72, 85f.
Eggenberg, Ulrich Fürst von   100
Eggenstorff, J.J. Pachner von   133
Eleonore, Kaiserin   88, 100
Emmeram, Hl.   23
Erasmus von Rotterdam   85f.
Ernst, Graf   13 f.
Etherege, Sir George   127, 143-166

Fardulf, Priester   13
Farnese, Alessandro   76
Fastrada, Königin   13
Feige, Johann   73
Felix, Bischof von Urgel   12
Ferdinand I., Kaiser   42, 84
Ferdinand II., Kaiser   88−91, 94 ff., 98 ff.,
   102 ff., 108

Ferdinand, Erzherzog, König von Ungarn, seit 1637 Kaiser Ferdinand III. 88 f., 95, 100, 106, 167
Ferdinand II., Großherzog von Toskana 88
Ferdinand von Bayern, Erzbischof und Kurfürst von Köln 88, 98 ff., 103
Ferdinand August, Fürst von Lobkowitz 171
Ferguson, Robert 159
Fleming, Placidus OSB. 147 f., 151, 161 f., 164
Flutter, Sir Fopling 152
Franz I., Kaiser 172, 174, 178
Franz II., Kaiser 169, 174, 178
Friedrich I. Barbarossa, Kaiser 17 – 20
Friedrich II., Kaiser 20
Friedrich III., Kaiser 31, 34, 38 ff.
Friedrich II., König von Preußen 127
Friedrich II., Kurfürst von der Pfalz 73
Friedrich V., Kurfürst von der Pfalz 88 ff.
Friedrich, Markgraf von Brandenburg 40
Friedrich Wilhelm I., Kurfürst von Brandenburg 129, 132, 155, 159
Friedrich Wilhelm I., König von Preußen 130
Friedrich der Weise, Kurfürst von Sachsen 52, 68 f.
Frobenius Ferdinand, Fürst zu Fürstenberg-Meßkirch 172, 175
Fuchsstein, Hans von 34, 38
Fürstenberg, Friedrich Graf von 74
Fürstenberger, Gesandter 52

Gattinara, Mercurio 84
Gentili, Alberico 120
Georg der Reiche, Herzog von Niederbayern 39
Georg, Markgraf von Brandenburg 52, 69
Georg Wilhelm, Kurfürst von Brandenburg 88, 95, 103
Gereon, Nikolaus 100
Gerold, Präfekt 11
Godolphin, Sidney, Earl of 146
Görtz, Johann Eustach Graf von 124
Gosse, Edmund 166
Granvelle, Nicolas Perrenot de 73, 76, 84, 87
Gropper, Johannes 72, 77, 85
Grotius, Hugo 120
Güterbock, Carl 45
Guidi di Bagno, Giovanni Francesco 94
Guidobald, Graf von Thun, Fürsterzbischof von Salzburg 167 ff., 171, 183
Gustav II. Adolf, König von Schweden 89, 95 f., 104, 106

Hase, Heinrich 73
Heinrich I., König 14
Heinrich II., Kaiser 15, 23-26
Heinrich III., Kaiser 16, 21
Heinrich IV., Kaiser 16, 27, 100
Heinrich V., Kaiser 16
Heinrich VI., Kaiser 18
Heinrich (VII.), König 20
Heinrich VII., Kaiser 20
Heinrich Gross von Trockenau, Bischof von Bamberg 68
Heinrich IV., Bischof von Regensburg 37
Heinrich I., Herzog von Bayern 15, 23
Heinrich II. der Zänker, Herzog von Bayern 15
Heinrich V. von Lützelburg, Herzog von Bayern 15 f.
Heinrich X. der Stolze, Herzog von Sachsen und Bayern 13 f.
Heinrich XI. Jasomirgott, Herzog von Bayern, dann Herzog von Österreich 19, 27
Heinrich XII. der Löwe, Herzog von Sachsen und Bayern 19 f.
Hermann von Baden, Markgraf 148, 171
Hieronymus, Kirchenvater 115
Hippel, Robert von 45 f., 69
Hirsching, Friedrich Carl Gottlob 182 f.
Hoffmeister, Johannes 74
Holmes, Sherlock 146
Horix, Johann 45
Hughes, Hugh 143, 145 ff., 149 ff., 155, 157, 159, 161-166
Huguccio, Kanonist 118
Hutten, Ulrich von 68

Irenicus, Franciscus 41

Jakob I., König von England 88, 90
Jakob II., König von England 145, 147, 158ff., 162-165
Jakob (III.), Kronprätendent von England 146 f., 150, 158 f.
James, Prinz s. Jakob (III.)
Jaromir, Herzog von Böhmen 16
Jedin, Hubert 76, 87
Jenkins, Sir Leoline 146, 151
Joachim II., Kurfürst von Brandenburg 83, 85
Johann Philipp, Graf von Lamberg, Fürstbischof von Passau 159, 171
Johann Theodor, Herzog von Bayern, Fürstbischof von Freising und Regensburg 175
Johann Friedrich der Großmütige, Kurfürst von Sachsen 83 f.
Johann Georg I., Kurfürst von Sachsen 88, 95, 103
Johnson, Samuel 165

Joseph II., Kaiser 136, 141, 174, 178, 182
Joseph von Paris OFM Cap. 88, 98, 104 ff., 108
Joseph Wilhelm Ernst, Fürst zu Fürstenberg-Stühlingen 172, 174
Julius von Pflug, Bischof von Naumburg 72, 74

Karl der Große, Kaiser 10–13, 22
Karl III. der Dicke, Kaiser 100
Karl IV., Kaiser 20, 131
Karl V., Kaiser 10, 41 f., 44, 47, 57, 72–76, 78, 81, 83 ff., 94 f., 107
Karl VI., Kaiser 172
Karl VII. (= Karl Albrecht), Kaiser 172
Karl II., König von England 143, 147, 159
Karl IV. Leopold, Herzog von Lothringen 154
Karl Alexander, Fürst von Thurn und Taxis 174
Karl Theodor, Kurfürst von Bayern 141
Kaunitz, Wenzel Fürst von 123
Kern, Bernd-Rüdiger 71
Koch, Johann Christian 45
Konrad I., König 14, 25
Konrad II., König 16
Konrad III., König 17 ff.
Konrad IV., König 23
Konstantin, Kaiser 76

Laktanz, Kirchenvater 79
Lamormaini, Wilhelm SJ. 88, 100
Leopold I., Kaiser 155, 165, 167ff.
Leopold II., Kaiser 174, 178
Leopold, Herzog von Österreich 18
Leopold, Markgraf 19
Linker, Freiherr von 178 f.
Lothar III. von Supplinburg, Kaiser 18, 26
Ludwig I. der Fromme, Kaiser 100
Ludwig II. der Deutsche, König 13 f., 22 f., 26
Ludwig IV. das Kind, König 13
Ludwig IV. der Bayer, Kaiser 20, 30
Ludwig XIII., König von Frankreich 90, 104, 106
Ludwig I. der Kelheimer, Herzog von Bayern 20
Ludwig IX. der Reiche, Herzog von Niederbayern-Landshut 32
Ludwig, Markgraf von Baden 160
Luther, Martin 68f., 74 f., 78, 83, 85 ff.

Major, Georg 75
Malblanc, Julius Friedrich 44 f.
Malvenda, Peter 74
Manderscheid, Dietrich, Graf von 73

Manzoni, Alessandro 95
Maria Theresia, Kaiserin 172
Maria I., Königin von England 147
Maria II., Königin von England 147
Maria, Königin von Ungarn 83
Marquard Schenk von Castell, Fürstbischof von Eichstätt 171
Martius, Ernst Wilhelm 181
Matthias Corvinus, König von Ungarn 39
Maule, Thomas 155
Maximilian I., Kaiser 39, 41, 50, 68, 107, 168
Maximilian I., Kurfürst von Bayern 75, 88 ff., 92, 94, 98, 100–103, 108, 141
Max II. Emanuel, Kurfürst von Bayern 127, 155
Max III. Joseph, Kurfürst von Bayern 123
Maximilian Karl, Fürst von Löwenstein-Wertheim 171
Melanchthon, Philipp 72, 75 f., 79, 82–85, 87
Melford, John Drummond, Earl of 162
Methodius, Hl. 14
Middleton, Charles, Earl of 146, 151–156, 159, 162
Monmouth, John Scott, Duke of 159
Moriz von Hutten, Fürstbischof von Eichstätt 74
Morone, Giovanni 74, 76
Moser, Johann Jacob 170, 174

Näf, Werner 5
Napoleon I., Kaiser 127, 183
Nausea, Friedrich, Bischof von Wien 84
Neuber, Hans 68
Neuhauser, Johannes 32
Notker von St. Gallen OSB. 22

Otto I., Kaiser 15, 23
Otto II., Kaiser 15
Otto II., Herzog von Bayern 20
Otto von Bamberg, Bischof 17, 21
Otto von Freising, Bischof 26
Otto von Schwaben, Herzog 15

Pappenheim, Graf von 168
Pastor, Ludwig von 74, 76, 84 f.
Paul V., Papst 89
Perhtold, Graf im Nordgau 24
Pflug s. Julius
Philipp IV. der Schöne, König von Frankreich 119
Philipp II., König von Spanien 90
Philipp III., König von Spanien 89
Philipp IV., König von Spanien 88
Philipp von Sötern, Erzbischof und Kurfürst von Trier 88, 98 ff., 103

Philipp I., Landgraf von Hessen 78, 83 f.
Philipp Ludwig, Pfalzgraf von
   Pfalz-Neuburg 75
Pigge, Albert 74
Pippin, König von Italien 13, 22
Pistorius, Johannes 72, 87
Platon 62, 79
Poley, Edmund 161
Preston, Richard Graham, Viscount of 160
Prior, Matthew 151
Pufendorf, Samuel 122
Radbruch, Gustav 44
Randelzhofer, Albrecht 123, 125
Ranke, Leopold von 85
Ratislaw, Herzog von Mähren 14
Reiser, Rudolf 127
Richard I. Löwenherz, König von
   England 18
Richelieu, Armand-Jean du Plessis, Duc
   de 89, 92 – 96, 98 f., 104, 106, 108
Ritter, Moriz 89
Rocci, Ciriaco 88
Ruden, Eberhard 73
Rudolf I. von Habsburg, König 20
Rudolf II., Kaiser 42
Rudolf von Scheerenburg, Bischof von
   Würzburg 68
Rusdorf, Johann Joachim von 88

Schacht, Theodor Freiherr von 180
Schaffstein, Friedrich 46
Schatzgeyer, Caspar OFM. 69
Schmidt, Gerhard 70
Schnepf, Erhard 75
Schöffer, Ivo 50
Schwarzenberg, Barbara von 69
Schwarzenberg, Christoph Freiherr von 69
Schwarzenberg, Johann Freiherr von 45 f.,
   51 f., 66 – 69
Schwarzenberg, Kunigunde von 68
Schwarzenberg, Sigmund von 68
Sebastian, Graf von Pötting, Fürstbischof von
   Passau 171
Short, Arzt 161
Sieber, J.J. 141
Sloane, Sir Hans 165
Sorg, Joseph 182
Sorg, Simon 182
Soto, Domingo de, OP. 115, 120
Spitihnev, Herzog von Böhmen 16
Steiglehner, Coelestin, OSB. 182
Stephan, Sir Leslie 145
Stern, Jakob 73
Stupperich, Robert 76
Suarez, Franciscus de, SJ. 120

Sunderland, Robert Spencer, Earl of 152
Supplinburg, Lothar von s. Lothar III.

Tacitus, Publius 154
Tassilo III., Herzog von Bayern 11 f.
Tengler, Ulrich 50
Theodora, Herzogin 19
Thomasius, Christian 44 f.
Thurn und Taxis s. Alexander Ferdinand;
   Augusta Elisabeth; Carl Anselm;
   Karl Alexander
Tilly, Johann Tserclaes Graf von 88 f., 103
Trauttmansdorff, Ferdinand Graf von 123
Tursi, Carlos Doria, Duque de 88

Udalrich, Herzog von Böhmen 16
Urban VIII., Papst 88, 92, 94 f., 108
Uta, Kaiserin 21

Valkenier, Pierre 159, 164
Veltwick, Gerhard 72
Viktor II., Papst 16
Villiers s. Buckingham
Vitoria, Franciscus de, OP. 120
Vrints (Treuenfeld), Theobald Freiherr
   von 178

Waldstein, Gräfin von 175
Wales, Prince of s. Jakob (III.)
Wallenstein, Albrecht von, Herzog von
   Friedland und Mecklenburg 88 f., 92,
   94 – 100, 102 f., 108
Wartenberg, Albert Ernst Graf von,
   Weihbischof von Regensburg 148
Weigand von Redniz, Bischof von
   Bamberg 68
Weißenwolf, David Graf von 171
Wenzel, König 100
Wilhelm IV., Herzog von Bayern 84
Wilhelm V., Herzog von Bayern 148
Wilhelm III. von Oranien, König von
   England 147, 157, 159 f., 163 f.
Wilpert, Gero von 147
Windischgrätz, Amadeus Graf von 148 f.,
   152, 155, 164
Witzel, Georg 78
Wladislav, Herzog, später König von
   Böhmen 17
Wolf, Erik 66
Wolfradt, Anton, Abt von Kremsmünster 100
Wynne, Owen 146, 157, 159, 163 f.

Zachariä, Karl Salomo 122
Zasius, Ulrich 75
Zollern, Eitelfritz von 40
Zwingli, Huldrych 78